비전공자를 위한
데이터베이스 입문

비전공자를 위한
데이터베이스 입문
———

초판 발행 2024년 04월 25일

지음 강진영

발행인 한창훈
펴낸곳 루비페이퍼
출판등록 2013년 11월 6일(제 385-2013-000053호)
주 소 경기도 부천시 길주로 252 1804

강의 문의 032_322_6754
도서 문의 031_8039_4526
루비페이퍼 홈페이지 www.RubyPaper.co.kr
ISBN 979-11-93083-14-7

이 책은 저작권법에 따라 보호받는 저작물이므로 무단 전재와 무단 복제를 금하며,
이 책 내용의 전부 또는 일부를 이용하려면 저작권자와 루비페이퍼의 서면 동의를 받아야 합니다.

책값은 뒤표지에 있습니다.

잘못된 책은 구입처에서 교환해 드리며, 관련 법령에 따라서 환불해 드립니다.

단 제품 훼손 시 환불이 불가능 합니다.

머리말

데이터를 활용한 정보 처리가 필수인 시대입니다. IT 전문가가 아닌 사람들도 데이터베이스에 입문할 수 있도록 도와주는 책을 쓰고자 합니다. 대부분의 데이터베이스 입문서는 SQL 문법에 집중하지만, 이 책에서는 업무 협업에 필요한 용어와 개념 확립도 담고자 합니다.

끊임없이 변화하는 기술의 흐름 속에서도 세상은 변하지 않는 핵심 가치들을 간직하고 있습니다. 시대가 변해도 한국인은 여전히 밥을 주식으로 삼습니다. 과거에는 아궁이와 가마솥을 사용해 밥을 지었지만 오늘날에는 전기밥솥을 사용합니다. 이처럼 기술의 진화는 도구와 방법을 변화시킬 수 있지만, 개념과 원리를 바꾸지 않습니다.

IT 세계도 그렇습니다. 프로그래밍 언어와 도구들은 계속해서 발전하고 있지만, 알고리즘 등 프로그래밍의 기본 개념들은 시간이 지나도 변하지 않습니다. 데이터베이스 분야에서도 데이터베이스를 관리하는 시스템(DBMS)은 시대에 따라 변화하나 정규화, 데이터 구조와 같은 개념은 그대로입니다. 시대에 맞추어 바뀌는 기술, 그리고 시간이 지나도 불변하는 원리. 이 책에서는 그 모두를 담고 싶었습니다.

초보 개발자들은 SQL을 익히지만, 협업 프로젝트에서는 데이터베이스에 대한 심층적인 이해가 필요합니다. 이 책은 데이터베이스에 대한 체계적인 지식을 제공하여 모든 이들이 데이터를 효과적으로 다룰 수 있도록 돕습니다.

또한 비전공자들도 쉽게 이해할 수 있도록 간단하고 명확한 용어를 사용하고, 실제 예시와 그래픽을 통해 개념을 설명합니다. 특히 핵심 개념을 반복 강조하며, 명료히 습득할 수 있도록 다양한 연습 문제들로 보충합니다.

이 책은 데이터베이스에 대한 체계적인 지식을 구축하려는 모든 이들을 위한 길잡이가 되고자 합니다. 첫 번째 장에서는 데이터베이스의 기본 개념과 DBMS에 대해 설명합니다. 두 번째 장에서는 데이터베이스의 근간을 이루는 이론적인 내용을 다루며, 이는 업무 협의에 도움이 될 것입니다. 세 번째 장에서는 ERD를 통해 데이터베이스의 구조를 한눈에 볼 수 있도록 돕고, 나머지 장에서는 SQL 사용법을 실습을 통해 배울 수 있도록 구성했습니다. 특히 다섯 번째와 여섯 번째 장의 끝부분에는 ChatGPT를 이용한 실습 예제를 소개하여 독자들이 새로운 방법으로 학습할 수 있도록 했습니다.

'백견이 불여일타'라는 IT 세계의 오랜 지혜를 바탕으로, 이 책은 단순히 지식을 전달하는 것을 넘어, 실제로 적용하며 실습하는 과정을 중시합니다. SQL을 통해 직접 정보를 조회하고, 문제 해결 과정에서 발생하는 오류를 고민하는 과정에서 깊은 이해와 성장이 이루어집니다.

여러분의 데이터베이스 학습 여정이 이 책을 통해 보다 명확하고 실질적인 성장의 길로 이어지기를 바랍니다. 이 여정의 시작을 함께해 주셔서 감사드립니다.

저자 강진영 드림

예제 파일 다운로드 및 문의 안내

예제 파일 다운로드

책 실습에 앞서 테이블을 생성하고 행 내용을 삽입하는 SQL 코드를 예제 파일로 제공합니다. 다음 저자 깃허브에서 예제 파일을 다운로드해 참고하기 바랍니다.

- 저자 깃허브: https://github.com/jinyeong-kang/Database_For_Beginner

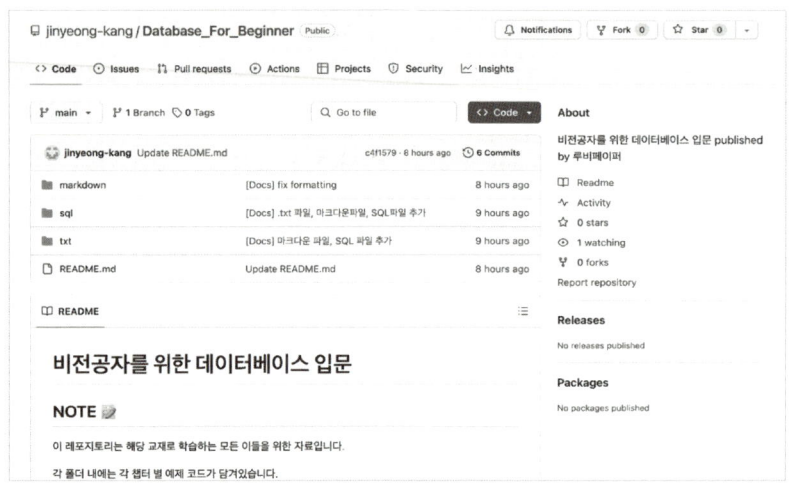

저자 문의

책의 내용과 관련하여 궁금한 점이 있다면 다음 이메일을 통해 저자에게 문의 사항을 전달할 수 있습니다.

- 저자 이메일: kangsi86@naver.com

목차

01 데이터와 데이터베이스

- **1.1. 데이터베이스의 개념** ... 1
  - 데이터베이스란 무엇인가요? ... 1
  - 데이터베이스는 일상에서 어떻게 사용될까요? ... 2
- **1.2. 파일 시스템과 데이터베이스 시스템** ... 3
  - 데이터베이스와 정보 ... 3
  - 파일 시스템과 데이터베이스 시스템 ... 4
  - 데이터베이스 시스템이 파일 시스템의 단점을 극복하는 방법 ... 5
  - 데이터베이스 관리 시스템(DBMS)의 역할 ... 6
  - DBMS 제품들 ... 7
  - 표 형식으로 저장된 데이터의 집합 ... 8
  - 데이터베이스 시스템의 구성 ... 8
- **1.3. MySQL 소개와 설치** ... 9
  - MySQL 소개 ... 9
  - MySQL 다운로드 및 설치하기 ... 10

02 좋은 데이터베이스

- **2.1. 데이터 규칙** ... 19
  - 하나의 데이터를 찾으려면: 키 ... 19
  - 연관된 데이터를 찾으려면: 외래키 ... 24
  - 데이터 값의 범위: CHECK ... 29
  - 실습으로 데이터 규칙 익히기 ... 31
- **2.2. 데이터 정제** ... 46
  - 데이터 중복과 불일치 ... 46
  - 이상 현상 ... 47
  - 함수 종속성 ... 49
  - 결정자 중심으로 묶기: 정규화 ... 52
  - 데이터 조회 성능: 반정규화 ... 57

03 데이터베이스 지도

3.1. ERD 표기법 이해 … 61
- ERD: 데이터베이스 설계도 … 61
- ER 모델 표기법 … 62
- 관계성 … 63

3.2. ERD 그리기 … 65
- MySQL Workbench 툴로 ERD 그리기 … 65

3.3. 테이블을 ERD로 변환하기 … 74
- world 스키마를 ERD로 변환하기 … 74
- sakila 스키마를 ERD로 변환하기 … 78

04 데이터 관리

4.1. 데이터 처리 표준어: SQL … 81
- MySQL Server에 접속하는 방법 … 82

4.2. MySQL 스키마 … 89

4.3. 데이터 정의서 … 93
- CREATE TABLE 문 … 93
- DROP TABLE 문 … 99
- SQL 명령어로 직접 테이블을 생성하고 삭제하기 … 100

4.4. 데이터 조작어 … 102
- INSERT 문 … 102
- UPDATE 문 … 104
- DELETE 문 … 108
- MySQL Workbench 툴의 GUI 환경에서 데이터 입력/수정/삭제하기 … 109
- 실습용 테이블과 데이터 … 114

05 한 테이블에서 데이터 조회

5.1.	데이터 기본 조회	116
	기본 SELECT 문	116
5.2.	데이터를 필터링하는 WHERE 절	123
5.3.	특정 기준으로 데이터를 정렬하는 ORDER BY 절	135
	NULL 값 데이터의 정렬을 위한 ORDER BY 절	138
	반환하는 개수를 제한하는 LIMIT	140
5.4.	필요한 기능을 호출로 쉽게 사용하는 함수	142
	단일 행 함수	143
	다중 행 함수(그룹 함수)	156
	특정 기준에 따라 행의 순위를 부여하는 순위 함수	161
5.5.	데이터를 작은 그룹으로 묶는 GROUP BY 절	166
5.6.	그룹에 관한 조건을 부여하는 HAVING 절	171
5.7.	ChatGPT를 이용한 SQL 기본 조회 실습	173

06 여러 테이블에서 데이터 조회

6.1.	JOIN이 필요한 경우	182
6.2.	JOIN으로 데이터 결합하기	184
6.3.	데이터를 조합하는 집합 연산자	201
	UNION과 UNION ALL	202
	INTERSECT	206
	MINUS	207
6.4.	SQL 문 안에 삽입되는 SELECT 문: 서브쿼리	208
6.5.	ChatGPT를 이용한 SQL JOIN 실습	212

부록

1. **SELECT 문의 처리 순서** — 216
   - 작성 순서(문법적 순서) — 216
   - 처리 순서(실행 순서) — 217

2. **용어 정리** — 218

01

데이터와 데이터베이스

1.1. 데이터베이스의 개념

데이터베이스란 무엇인가요?

데이터베이스가 무엇인지 묻기도 새삼스러울 정도로 데이터는 우리 생활에 깊숙이 스며들어 있습니다. 데이터베이스는 흔히 '데이터들의 모임', '데이터 저장소'라고 합니다.

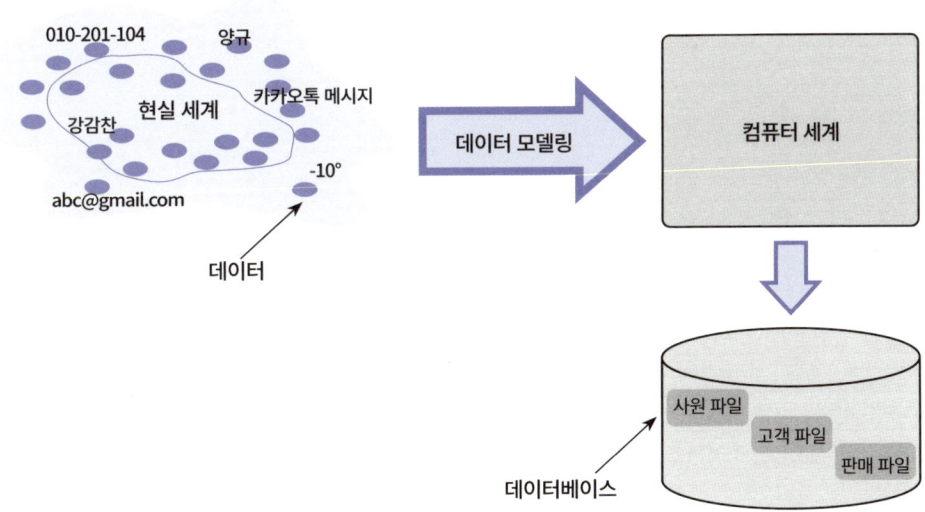

우리가 살아가는 세계는 크게 현실 세계와 컴퓨터 세계로 나눌 수 있습니다. 현대 사회에서 우리는 다양한 데이터를 만들어내고 또 활용하고 있습니다. 데이터베이스는 우리가 사용하는 주소록과 비슷합니다. 주소록에는 친구, 가족, 동료의 이름, 전화번호, 주소 등 다양한 데이터가 정리되어 있습니다. 이 주소록으로 필요한 정보를 쉽게 찾아볼 수 있고, 새로운 전화번호를 추가하거나 변경할 수 있습니다.

데이터베이스도 이와 비슷한 역할을 합니다. 데이터를 체계적으로 정리하고 관리하는 저장소로, 주고받는 카카오톡 메시지, 친구의 이름과 전화번호, 현재 기온, 상품 리뷰, 구독 채널 등이 데이터베이스에 저장됩니다. 이 데이터베이스는 마치 주소록처럼 필요할 때 정보를 효과적으로 찾아볼 수 있게 하고, 새로운 데이터를 추가하거나 변경할 수 있도록 도와줍니다.

이렇게 현실 세계에서 관찰이나 측정 등을 통해 얻어진 사실이나 값이 데이터이며, 데이터를 정리하여 하드디스크와 같은 저장 매체에 체계적으로 저장하면 데이터베이스가 됩니다. 물리적으로 데이터베이스는 디스크에 저장된 파일들의 집합입니다.

학술적으로는 데이터베이스를 '어떤 조직이나 단체에서 현재 운영 중인 데이터를 일정한 순서와 체계로 통합하고 중복을 배제하여 컴퓨팅 시스템에 저장하여 여러 사용자가 공유하는 데이터의 집합'으로 정의합니다.

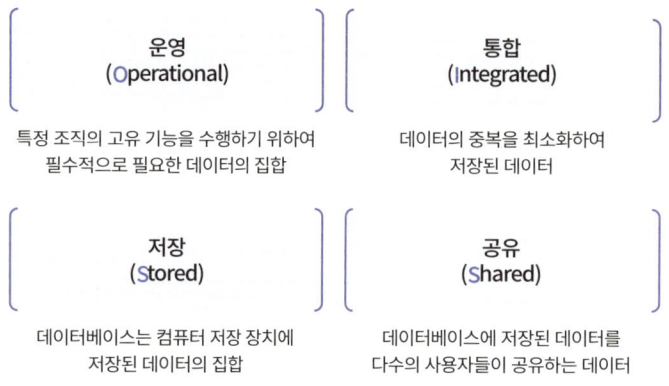

데이터베이스는 일상에서 어떻게 사용될까요?

데이터베이스는 우리 일상의 다양한 환경에서 사용되며, 정보를 효과적이고 체계적으로 관리하여 편리하고 효율적인 서비스를 제공합니다.

- **학교 수업 관리 시스템**: 학교에서는 학생들의 출석, 성적, 시간표 등 다양한 정보를 효과적으로 관리해야 합니다. 학교 수업 관리 시스템은 이러한 정보를 데이터베이스에 저장하여 학생들과 교사들이 쉽게 접근하고 활용할 수 있도록 합니다.
- **도서관 도서 관리**: 도서관에서는 수많은 도서를 관리해야 합니다. 데이터베이스를 활용하면 각 도서의 대출 정보, 위치, 저자 등을 효과적으로 관리할 수 있어 회원들이 필요한 도서를 빠르게 찾고 대출할 수 있습니다.

- **온라인 쇼핑**: 온라인에서 다양한 상품을 구매하는데, 이러한 거래 정보는 데이터베이스에 저장됩니다. 이를 통해 주문 이력, 결제 정보 등을 효과적으로 추적하고 처리할 수 있습니다.
- **음악 및 동영상 스트리밍 서비스**: 음악이나 동영상 스트리밍 서비스를 통해 여러 콘텐츠에 접근합니다. 이러한 서비스는 사용자의 취향과 이용 기록을 데이터베이스에 저장하여 맞춤형으로 추천하고, 회원이 좋아할 만한 음악이나 동영상을 추천합니다.

  음악 및 동영상 스트리밍 서비스 영역에서 사용자 경험 향상을 위해 데이터베이스는 다음과 같은 서비스를 제공합니다.

  - **맞춤형 추천 서비스**: 데이터베이스는 사용자의 이용 기록, 검색 기록, 선호도 등을 저장하고 분석합니다. 이를 통해 스트리밍 서비스는 각 사용자에게 맞춤형 추천을 제공할 수 있습니다.
  - **이력 및 플레이리스트 관리**: 데이터베이스는 사용자가 듣거나 시청한 음악이나 동영상에 대한 이력을 저장합니다. 이를 통해 사용자는 언제든지 자신의 플레이리스트를 관리하고 이전에 감상한 콘텐츠를 쉽게 찾을 수 있습니다.
  - **여러 기기 간 연동**: 사용자는 여러 기기에서 같은 계정으로 로그인하여 서비스를 이용할 수 있습니다. 데이터베이스는 사용자의 설정, 플레이리스트, 이력 등을 실시간으로 동기화하여 어떤 기기에서든 일관된 사용자 경험을 제공합니다.
  - **빠른 검색 및 재생**: 데이터베이스는 수백만 개의 음악 또는 동영상을 효율적으로 검색하고 관리할 수 있습니다. 사용자가 원하는 콘텐츠를 빠르게 찾아 재생할 수 있도록 데이터베이스는 각 아이템에 대한 인덱스 및 메타데이터를 효과적으로 관리합니다.

현대 사회에서 데이터베이스의 역할은 계속해서 다양한 분야로 확장되고 있습니다. 예를 들어, 인공지능 및 머신 러닝 기술의 발전으로 데이터베이스는 더 복잡하고 지능적인 분석을 수행할 수 있게 되어, 의료, 금융, 교육 등 다양한 산업에서 심층적인 통찰력을 제공할 것입니다. 또한 빅데이터 처리 기술의 진보로 인해 대용량 데이터를 빠르게 처리하고 분석하는 데 있어서 데이터베이스의 역할은 더욱 중요해질 것입니다.

1.2. 파일 시스템과 데이터베이스 시스템

데이터베이스와 정보

데이터를 단순히 모아 놓는 것만으로는 아무런 의미를 갖지 않지만 체계적으로 정리된 데이터베이스는 다양한 정보를 추출할 수 있는 기반을 제공합니다. 잘 정리된 데이터베이스를 활용하면 고객의 전화번호를 쉽게 찾을 수 있고, 예를 들어 '입사 후 5년 이상 된 사원의 명단'처럼 구체적인 정보를 도출해서 다양하게 활용할 수 있습니다. 대다수의 IT 개발자들은 이러한 데이터 수집과 정보 추출을 위한 시스템을 개발하고 있습니다.

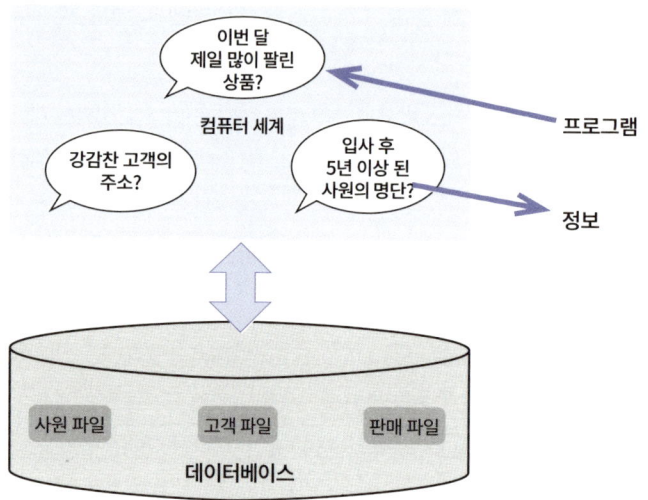

데이터베이스란 용어는 1960년대에 처음 등장했습니다. 처음에는 데이터 파일에 직접 접근하는 방식의 파일 시스템을 사용했지만, 데이터를 중복 저장하는 문제와 데이터 값의 일관성을 유지하기 어렵다는 문제가 발생했습니다. 이러한 어려움을 해결하기 위해, 별도의 시스템인 데이터베이스 관리 시스템(DBMS: Database Management System)이 제안되었습니다. 이 시스템은 데이터 파일을 효율적으로 관리하고, 중복을 최소화하여 데이터 일관성을 유지할 수 있도록 고안되었습니다.

파일 시스템과 데이터베이스 시스템

파일 시스템(File System)은 응용 프로그램에서 데이터 파일에 직접 접근해서 데이터를 처리하는 시스템이고, 데이터베이스 시스템(Database System)은 데이터베이스를 관리하는 프로그램인 DBMS에 데이터 처리 명령어인 SQL을 사용하여 데이터를 처리하는 시스템입니다.

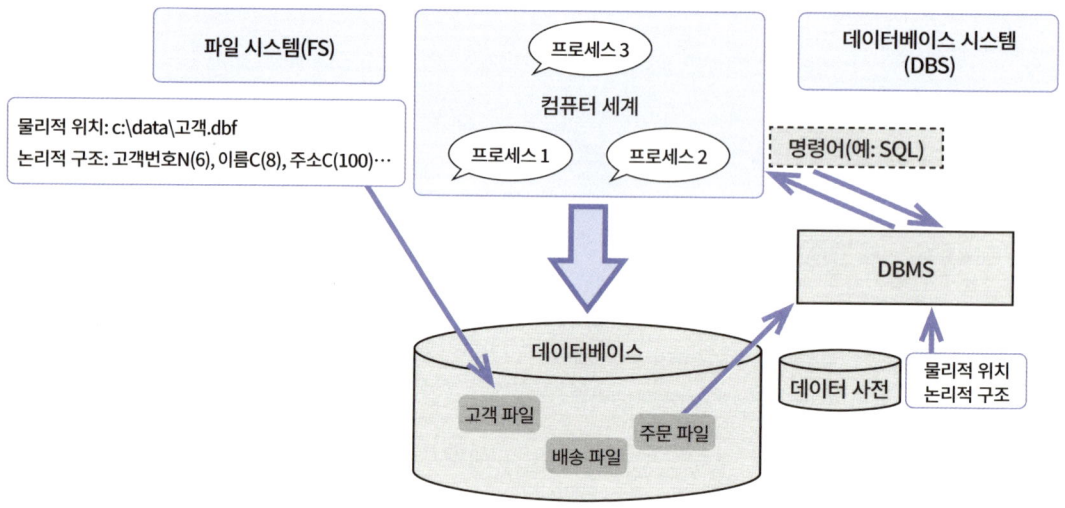

파일 시스템은 응용 프로그램이 직접 데이터 파일에 접근하여 처리합니다. 데이터의 물리적 위치와 논리적 구조가 프로그램 안에 코드로 저장되므로 프로그램에 의존합니다. 비용이 적게 들어가며 소프트웨어를 별도로 구입하지 않고 개발자가 직접 프로그램을 작성하여 데이터 파일을 관리합니다.

그러나 데이터가 응용 프로그램에 종속되어 변경이 어렵고, 데이터를 변경하면 파일 단위로 잠금이 발생하여 동시에 같은 파일에 접근할 때 성능 문제가 발생할 수 있습니다. 또한, 데이터 중복 저장 때문에 일관성이 유지되지 않는 문제와 업무 혼란이 발생할 수 있습니다.

데이터베이스 시스템은 DBMS를 통해 데이터를 관리하며, SQL 명령어를 사용하여 데이터를 처리합니다. 데이터의 물리적인 위치와 논리적인 구조를 별도의 저장 공간인 데이터 사전(Data Dictionary)에 저장하여 데이터의 독립성을 유지합니다. 또한 중복 저장을 방지하고 일관성을 유지하며 빠른 데이터 접근을 제공합니다.

데이터베이스 시스템이 파일 시스템의 단점을 극복하는 방법

01. **데이터의 독립성**
    - 파일 시스템: 데이터 파일의 구조를 변경하려면 응용 프로그램을 수정하고 재배포해야 합니다. 이는 데이터가 응용 프로그램에 종속되어 있음을 의미합니다.
    - 데이터베이스 시스템: DBMS를 이용하여 데이터의 구조인 논리적 구조와 물리적 위치를 분리한 데이터 사전에 저장합니다. 이로써 운영 중에도 SQL 명령어로 데이터의 구조를 변경할 수 있으며, 응용 프로그램 수정이 필요 없어 데이터의 독립성을 확보합니다.

02. **데이터 중복 최소화**
    - 파일 시스템: 데이터를 여러 파일에 중복 저장하여 동시 사용 문제를 피하기 위해 노력합니다. 그러나 이로 인해 저장 공간이 낭비되고, 값의 불일치로 인한 업무 혼란이 발생할 수 있습니다.
    - 데이터베이스 시스템: 중복을 최소화하고 일관성을 유지하기 위해 DBMS는 효율적인 데이터 구조를 유지하며, 필요할 때에만 중복을 허용합니다. 이를 통해 저장 공간을 효율적으로 사용하면서도 데이터 일관성을 제공합니다.

03. **동시 접근 및 성능 향상**
    - 파일 시스템: 데이터를 변경할 때 파일 단위로 잠금이 발생하고, 동시 접근 시 대기 시간이 발생하여 성능 문제가 발생할 수 있습니다.
    - 데이터베이스 시스템: DBMS는 고급 잠금 제어 메커니즘을 사용하여 데이터베이스의 일부를 동시에 여러 응용 프로그램이 사용할 수 있도록 합니다. 이로써 성능 향상과 전체적인 응답 시간의 개선이 가능합니다.

04. 데이터 일관성 유지

- 파일 시스템: 파일 시스템에서는 데이터 일관성을 유지하기 위해 수작업이 필요하며, 이를 일일이 개별적으로 처리하면 오류 발생 가능성이 높습니다.
- 데이터베이스 시스템: DBMS는 트랜잭션 처리와 무결성 제약 조건을 통해 데이터 일관성을 자동으로 유지합니다. 이로 인해 높은 신뢰성과 정확성을 제공합니다.

파일 시스템과 데이터베이스 시스템 비교

	파일 시스템	데이터베이스 시스템
비용	낮다	높다
데이터 중복	O	X
데이터 종속	O	X
제약 조건	X	O
다중 사용자	X	O
보안	파일 단위 접근 권한	세분화된 권한 부여 가능

데이터베이스 시스템은 데이터의 독립성, 중복 최소화, 동시 접근과 성능 향상, 데이터 일관성 유지 등을 효과적으로 극복하여 파일 시스템에 비해 안정성과 효율성을 높입니다.

무조건 DBMS를 사용해야 하는 것이 아니라 목적에 맞는 도구를 사용하는 것이 중요합니다.

대용량 로그 분석의 경우 애플리케이션에서 발생하는 로그를 파일(File)에 쓰고 하둡 파일 시스템(Hadoop File System)을 사용하여 처리하기도 합니다.

데이터베이스 관리 시스템(DBMS)의 역할

데이터베이스를 효과적으로 다루기 위해 데이터베이스 관리 시스템(DBMS)을 사용합니다. DBMS는 사용자의 명령을 받아 데이터를 저장할 구조를 만들고, 데이터의 저장, 수정, 삭제, 조회를 담당합니다. 그뿐만 아니라, 데이터에 접근할 때는 비밀번호가 일치하는 사용자에게만 접근을 허용하여 데이터 보호를 강화합니다. 저장된 데이터 양이 많을 경우, 인덱스를 사용하여 빠르게 조회하기 위한 실행 계획을 작성하기도 합니다.

데이터가 입력되거나 수정될 때 사용자가 설정한 규칙을 확인하여 규칙에 어긋나는 데이터는 오류를 발생시켜 저장되지 않도록 합니다. 이를 통해 데이터의 일관성과 정확성을 유지하며, 데이터베이스를 효과적으로 관리할 수 있습니다.

DBMS 제품들

해당 화면은 이 책이 작성된 시점의 DBMS 제품들의 순위를 보여 줍니다. 1위부터 4위까지의 DB 모델은 Relational Database Management System, 줄여서 RDBMS입니다.

출처: https://db-engines.com/en/ranking

우리가 실습에서 사용할 MySQL도 RDBMS입니다. 여기서 'Relational(관계형)'이란 테이블(Table)의 수학적인 표현으로 데이터를 표에 저장하는 제품들입니다. RDBMS에 보내는 데이터 처리 명령어가 SQL입니다.

MongoDB나 Cassandra와 같이 Relational이 아닌 DBMS 제품들을 묶어 NoSQL DB라고 합니다.

NoSQL은 'Not Only SQL'의 약자로 데이터를 저장하고 관리할 때, RDBMS보다 융통성 있는 데이터 모델을 사용하여, 데이터의 저장 및 탐색에 특화된 메커니즘을 제공하며, 대량의 데이터에 대한 처리 효율과 응답 속도에 있어서 매우 뛰어난 성능을 제공합니다.

- RDBMS는 정해진 구조와 관계를 유지하는 데 강점이 있습니다.
- NoSQL은 유연성과 확장성에서 뛰어나며, 비정형 데이터에 적합합니다.

프로젝트의 목적과 요구 사항을 고려하여 RDBMS 또는 NoSQL을 선택하는 것이 중요합니다. 각각의 장단점을 고려하여 RDBMS가 적합하다면 RDBMS를 사용하고, 그렇지 않다면 RDBMS에 구속되지 말고 목적에 맞는 DB 스토어를 선택합니다.

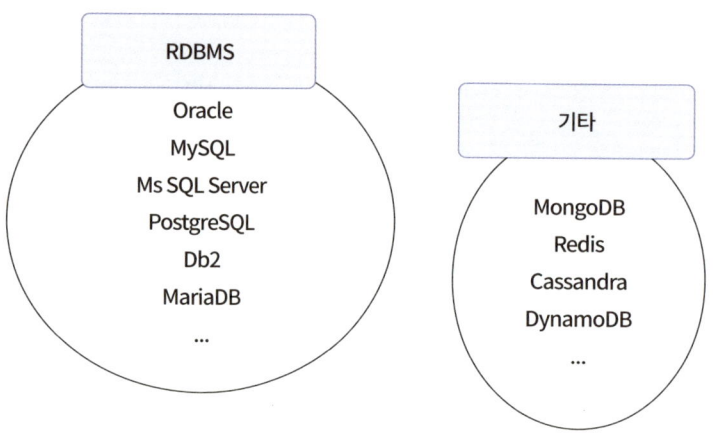

표 형식으로 저장된 데이터의 집합

RDBMS는 데이터를 테이블에 저장합니다. 아티스트의 데이터를 저장한 테이블입니다. 〈아티스트〉, 〈타입〉, 〈소속회사〉와 같은 데이터 항목을 컬럼(Column, 열)으로 표현합니다. 〈아이유, 솔로, EDAM Entertainment〉와 같이 한 아티스트에 관한 정보는 행(Row)으로 표현되며, 이는 해당 아티스트와 연관된 데이터의 그룹입니다.

데이터베이스 시스템의 구성

데이터베이스 시스템은 사용자, 명령어, DBMS, 그리고 디스크에 저장된 데이터 파일로 구성됩니다. 예를 들어, 사용자 중에는 인터넷 쇼핑몰에 접속한 회원으로 상품 정보를 조회하고 주문서를 작성하며 배송 상태를 조회하는 일반 사용자가 있습니다. 응용 프로그래머는 이 인터넷 쇼핑몰 사이트를 만드는 개발자입니다. 또 다른 사용자로 데이터 파일을 정기적으로 다른 저장 장치에 백업하고 시스템을 모니터링하며 관리하는 DBA(Database Administrator)가 있습니다.

이와 같은 사용자들은 각자의 목적에 맞는 화면이나 프로그램 개발 도구를 이용하여 SQL 명령 버튼을 클릭하거나 명령어를 직접 작성해서 실행합니다. 어떤 인터페이스를 사용하더라도 SQL 명령어가 DBMS에 전달되어 데이터를 효과적으로 관리합니다.

RDBMS는 사용자의 입력, 수정, 삭제와 같은 SQL 명령어를 받아 디스크에 저장된 데이터 파일을 관리하는 시스템 프로그램입니다.

디스크에는 사용자가 관리하는 사용자 데이터와 데이터의 구조 정보에 해당하는 데이터 사전과 조회 성능을 위해 관리하는 통계 데이터가 있습니다.

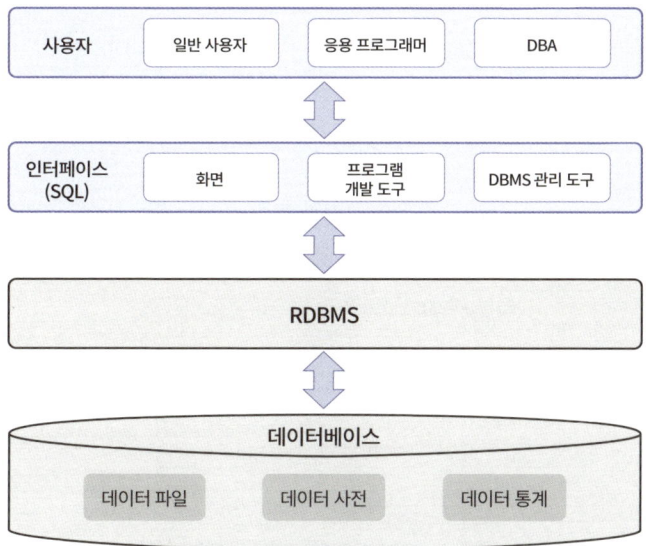

1.3. MySQL 소개와 설치

MySQL 소개

이 책의 실습은 MySQL Community Edition을 사용합니다. MySQL은 1995년에 스웨덴의 MySQL AB에서 시작된 오픈소스 데이터베이스 관리 시스템(DBMS)입니다. 그 후, 2008년에 썬 마이크로시스템즈(Sun Microsystems)가 10억 달러에 인수하였고, 2010년에는 오라클(Oracle)이 썬 마이크로시스템즈를 72억 달러에 인수하면서 MySQL의 소유권은 오라클로 넘어갔습니다.

오라클의 인수로 많은 사용자들은 MySQL이 유료로 전환될 것을 우려했지만, 현재까지 MySQL은 여전히 오픈소스 정책을 유지하고 있습니다. MySQL은 무료로 제공되는 Community Edition과 유료 제품으로 나뉘어져 있습니다. 다만, 소스 코드를 수정하여 영리 목적으로 사용하려면 유료 버전을 구매해야 합니다.

MySQL이 오라클에 인수되면서 오픈소스 진영의 개발자들은 MariaDB를 개발했습니다. MariaDB는 상업적인 목적으로 사용 가능하여, 일부 사용자들은 MySQL 대신 MariaDB를 선택하는 경우도 있습니다.

MySQL 다운로드 및 설치하기

MySQL을 설치하려면 공식 홈페이지에서 MySQL Community Server를 다운로드합니다. 다운로드한 파일을 실행하여 설치를 진행하면서 MySQL의 설치 경로, 데이터베이스 이름, 사용자 이름, 비밀번호 등을 설정합니다.

설치가 완료되면 MySQL을 실행하여 새로운 데이터베이스를 생성하고 사용자를 추가하는 등의 작업을 수행할 수 있습니다. MySQL을 활용하면 데이터의 저장, 조회, 수정 등 다양한 작업을 수행할 수 있습니다. MySQL 설치 과정을 순서대로 따라해 보겠습니다.

01. 인터넷 브라우저에서 'mysql community server'를 검색하여 MySQL Download 사이트(https://dev.mysql.com/downloads/mysql)로 이동합니다.

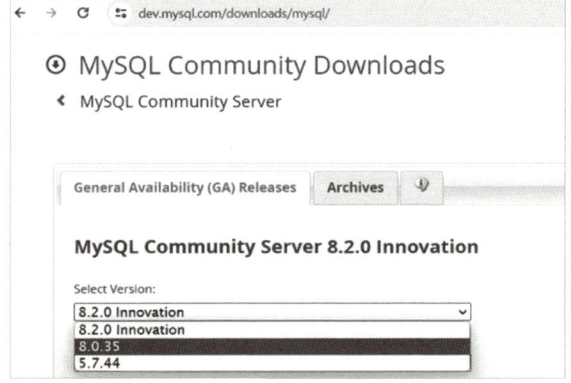

02. Select Version에서 버전을 선택하고 [Go to Download Page]를 클릭합니다.

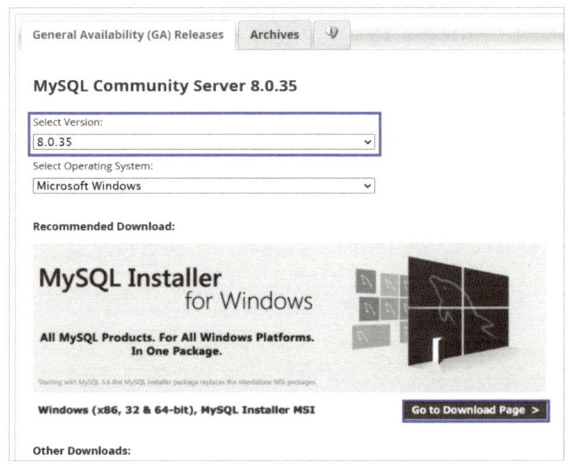

03. 설치 PC에 맞는 OS(운영체제)를 선택하고, [Download] 버튼을 클릭합니다.

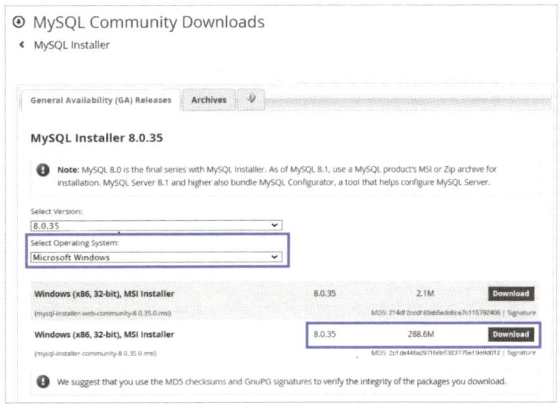

04. 로그인 화면이 나오는데, [No thanks, just start my download]를 클릭하면, 로그인 없이 다운로드할 수 있습니다.

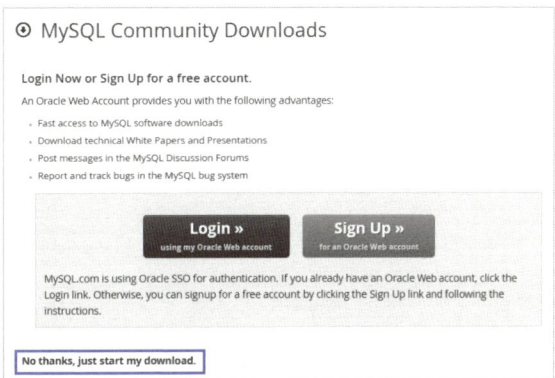

05. 다운로드가 완료되면 내 PC의 다운로드 폴더에서 다운로드된 파일을 더블 클릭해서 설치를 시작합니다.

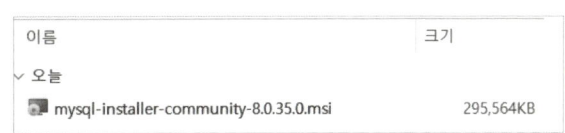

06. MySQL Installer 창에서 'Choosing a Setup Type'에서 설치 유형을 선택할 수 있는데 우리는 필요한 것만 선택하여 설치하기 위하여 [Custom]을 선택하고 [Next] 버튼을 클릭합니다.

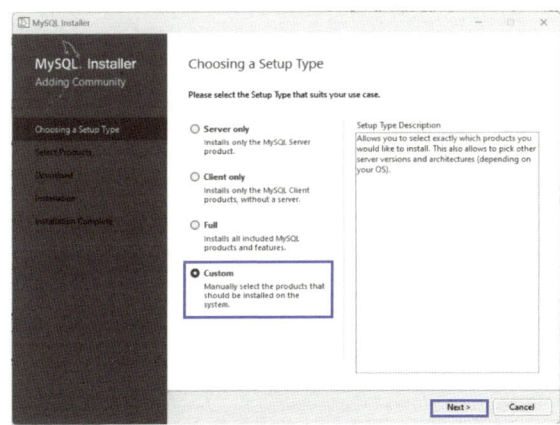

07. 'Select Products'에서 ① 설치할 제품을 선택하고 ② 오른쪽 화살표 버튼을 클릭합니다.

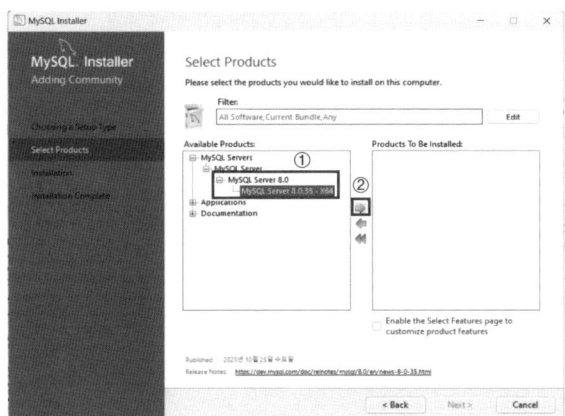

08. 같은 방법으로 [MySQL Server 8.0.35], [MySQL Workbench 8.0.34], [Samples and Examples 8.0.35]를 각각 선택하고 [Next] 버튼을 클릭합니다.

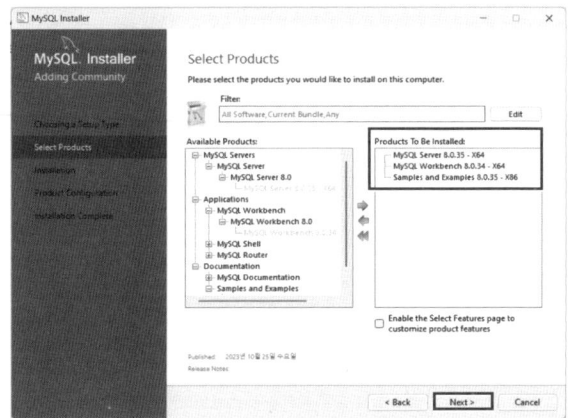

09. 만약 Check Requirements 창이 나타나면 [Execute] 버튼을 클릭해서 필요한 프로그램 설치를 진행합니다.

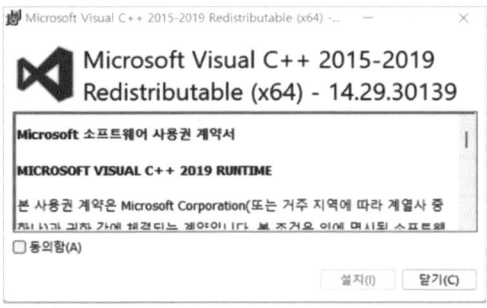

10. 다음 화면에서 [Execute] 버튼을 클릭하여 설치를 진행됩니다. 설치가 완료될 때까지 잠시 기다립니다.

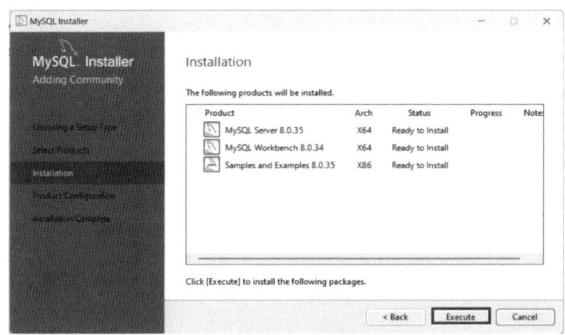

11. 설치가 성공적으로 완료되면 각 항목 앞에 초록색 체크가 표시되고 [Status] 항목이 'Complete'로 바뀝니다. 이 화면에서 [Next] 버튼을 클릭합니다.

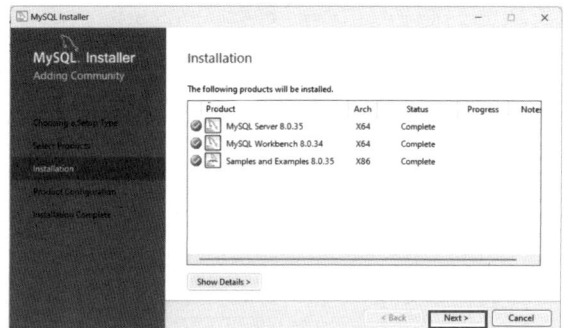

12. 'Product Configuration' 화면에서 2개 항목의 환경 설정이 필요하다고 나옵니다. [Next] 버튼을 클릭합니다.

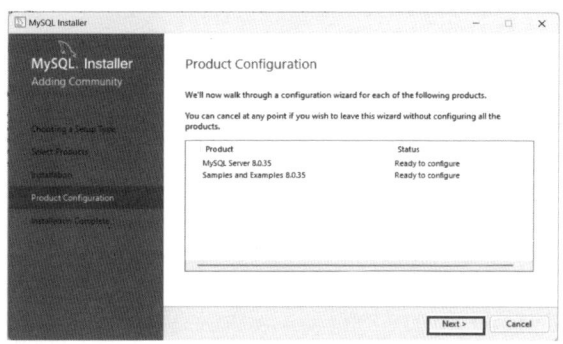

13. 'Type and Networking' 화면에서 'Server Configuration Type'으로 [Development Computer]를 선택하고, [TCP/IP]가 체크된 상태에서 'Port'가 '3306'임을 확인합니다. 외부에서 접속할 때 포트 번호가 사용되므로 잘 기억해 둡니다. [Next] 버튼을 클릭합니다.

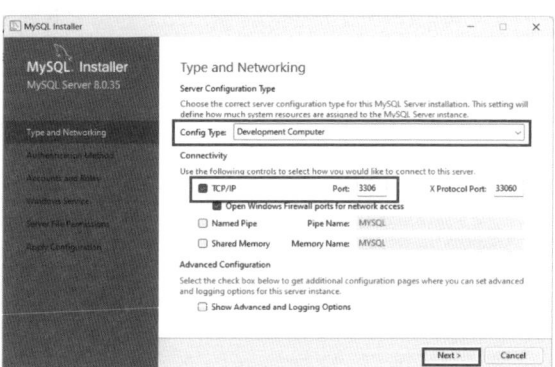

14. 'Authentication Method' 화면에서 [Next] 버튼을 클릭합니다.

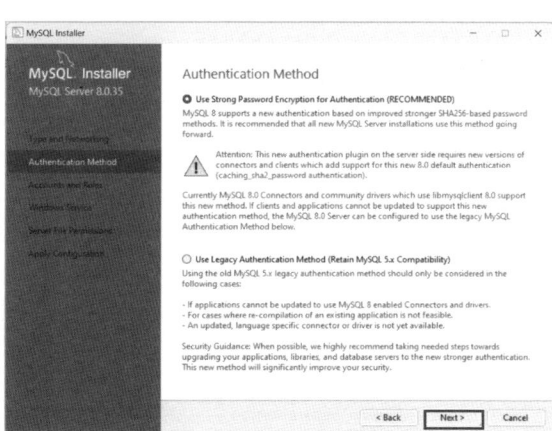

15. 'Accounts and Roles' 화면에서 'MySQL Root Password'에 비밀번호를 설정합니다. 입력한 비밀번호를 잘 기억합니다. 저자는 'mysql80!'를 입력했습니다. 'MySQL User Accounts'에서 Root 외의 사용자를 추가할 수 있으나 지금은 비워 두고 [Next] 버튼을 클릭합니다.

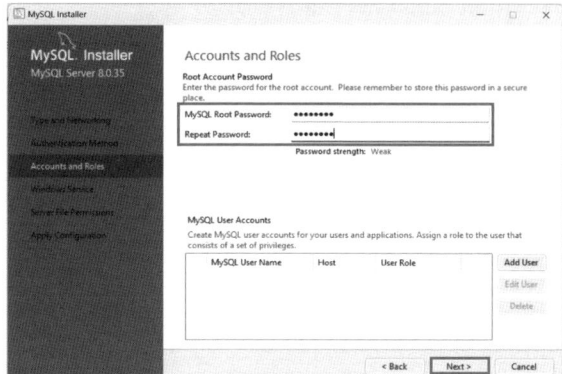

16. 'Windows Service' 화면에서 MySQL 서버를 Windows의 서비스로 등록하기 위한 설정을 진행합니다. 'Windows Service Name'은 제시된 'MySQL80'을 그대로 두고 [Next] 버튼을 클릭합니다.

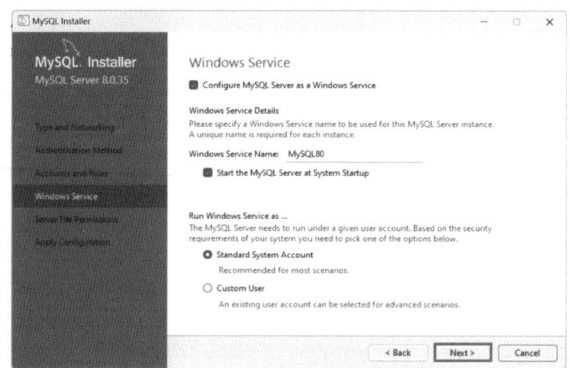

17. 'Server File Permissions' 화면에서 데이터 파일 권한을 확인하고 [Next] 버튼을 클릭합니다.

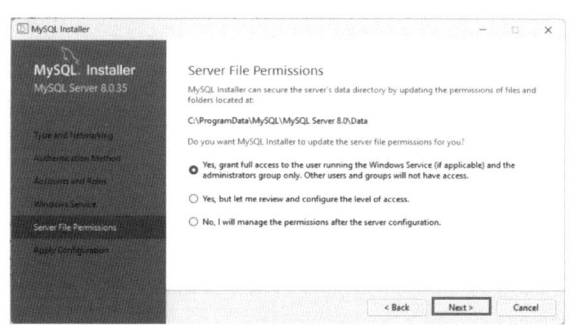

18. 'Apply Configuration' 화면에서 설정 단계를 확인하고 [Execute] 버튼을 클릭합니다.

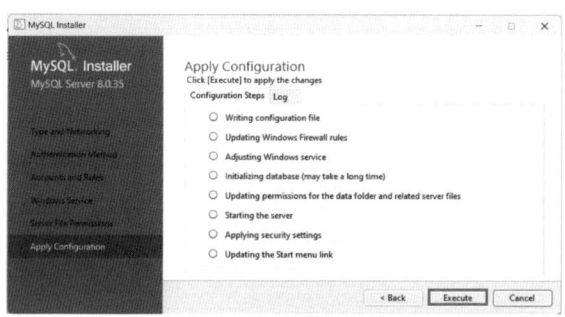

19. 'Apply Configuration' 화면에서 성공적으로 설치된 내용을 확인하고 [Finish] 버튼을 클릭합니다.

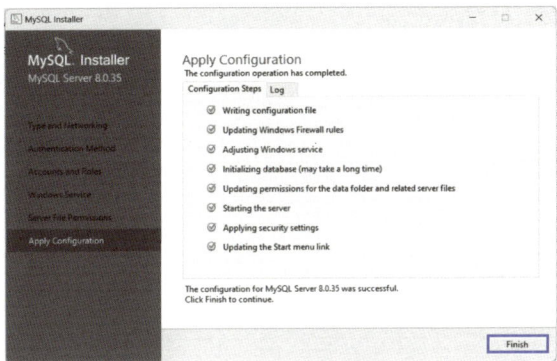

20. 'Product Configuration' 화면에서 MySQL Server 8.0.35 설정이 완료되었습니다. 이제 Samples and Examples 8.0.35를 설정하기 위해 [Next] 버튼을 클릭합니다.

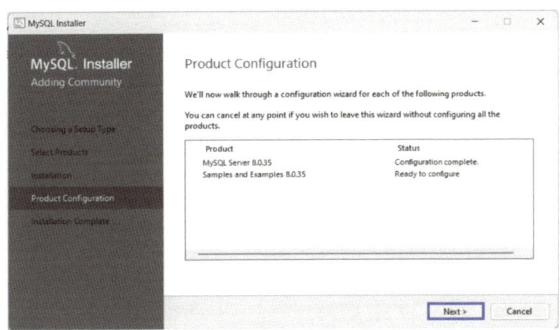

21. 'Connect To Server' 화면에서 ① 앞서 설정했던 루트 사용자(Root User)의 Password를 입력하고 ② [Check]를 클릭하면 ③과 같이 'Connection succeeded' 상태로 변경됩니다. ④ [Next] 버튼을 클릭합니다.

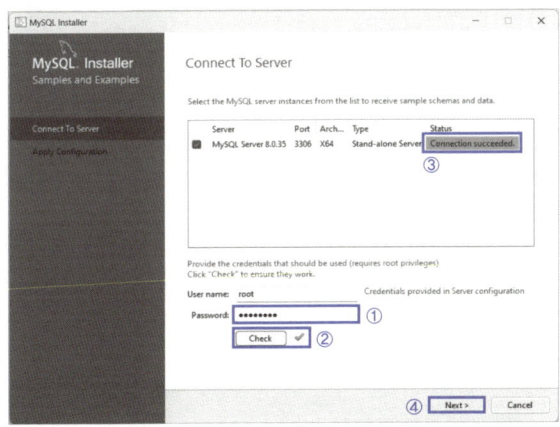

22. 'Apply Configuration' 화면에서 [Execute] 버튼을 클릭합니다.

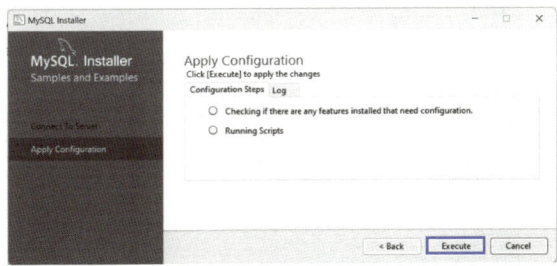

01 _ 데이터와 데이터베이스 / 15

23. 'Apply Configuration' 화면에서 초록 체크 버튼을 확인하고 [Finish] 버튼을 클릭합니다.

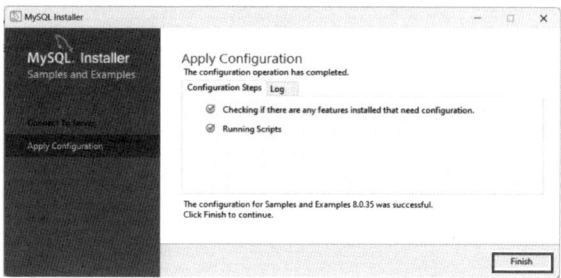

24. 'Product Configuration' 화면에서 [Next] 버튼을 클릭합니다.

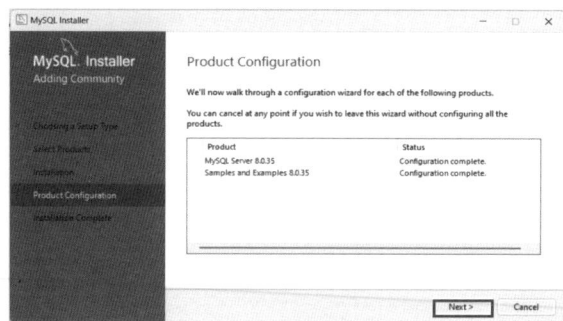

25. 'Installation Complete' 화면에서 체크 버튼을 확인하고 [Finish] 버튼을 클릭합니다

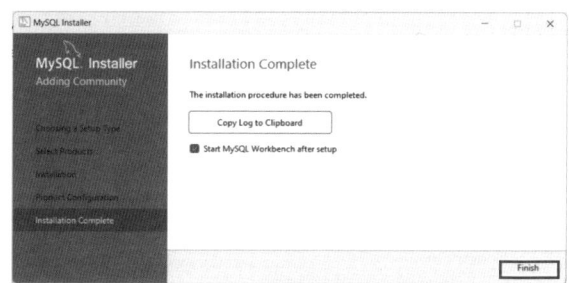

26. MySQL Workbench가 실행된 화면입니다. MySQL Workbench의 메뉴 바에서 [Edit] - [Preferences]를 선택합니다.

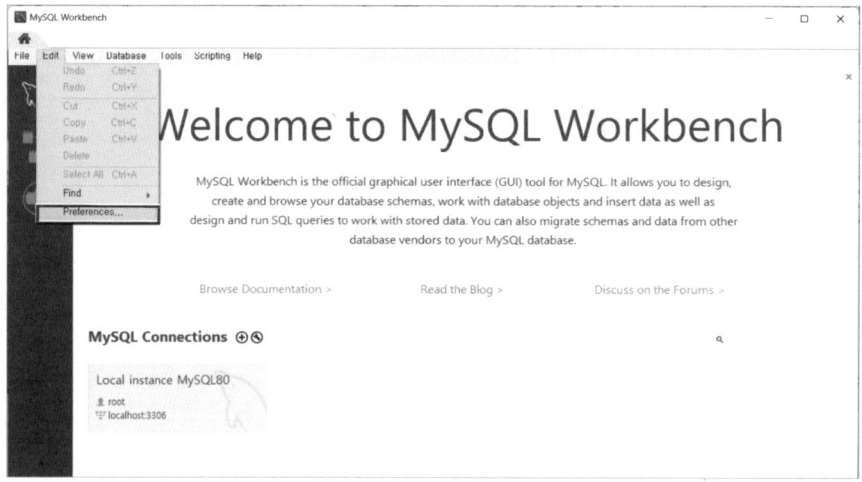

27. Workbench Preferences의 [Fonts & Colors] 항목에서 폰트를 지정합니다. 각 입력란을 천천히 두 번 클릭해서 폰트명과 크기를 입력합니다. 여기서는 '맑은 고딕 14'로 지정하고 [OK] 버튼을 클릭합니다.

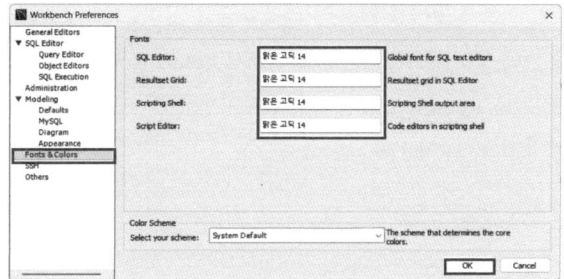

28. MySQL Workbench에서 새로운 접속을 만들기 위해 [+]를 클릭합니다.

29. 'Connection Name'으로 'LocalServer'를 입력하고 'Password'를 저장하기 위해 [Store in Vault]를 클릭합니다.

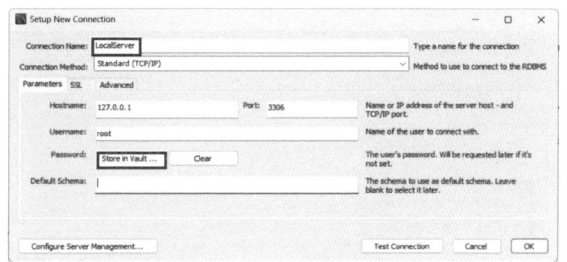

30. 앞서 설치 과정에서 지정한 루트 사용자(Root User)의 'Password'를 입력하고 [OK] 버튼을 클릭합니다.

31. 입력된 내용을 확인하고 [Test Connection]을 클릭합니다.

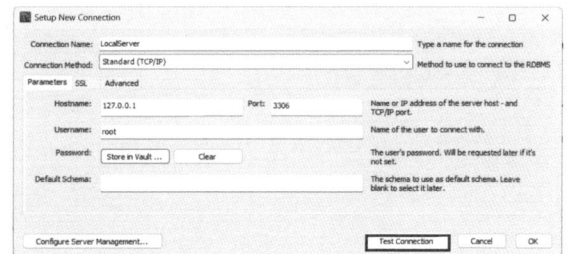

32. 접속 성공을 확인하고 [OK] 버튼을 클릭합니다. 다시 [OK] 버튼을 클릭해서 Setup New Connection 창에서 나옵니다.

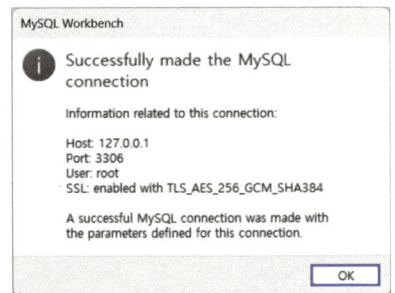

33. 새로 만든 접속인 [LocalServer]를 클릭합니다.

34. MySQL Server에 접속한 MySQL Workbench 화면이 나타납니다. 왼쪽 ① [Navigator] 창 아래에는 [Administration]과 [Schemas]가 탭으로 구분됩니다. ② 오른쪽 상단 3개의 아이콘을 이용하여 각각 순서대로 [Navigator] 창, [Output] 창, [SQL Additions] 창을 열거나 닫을 수 있습니다.

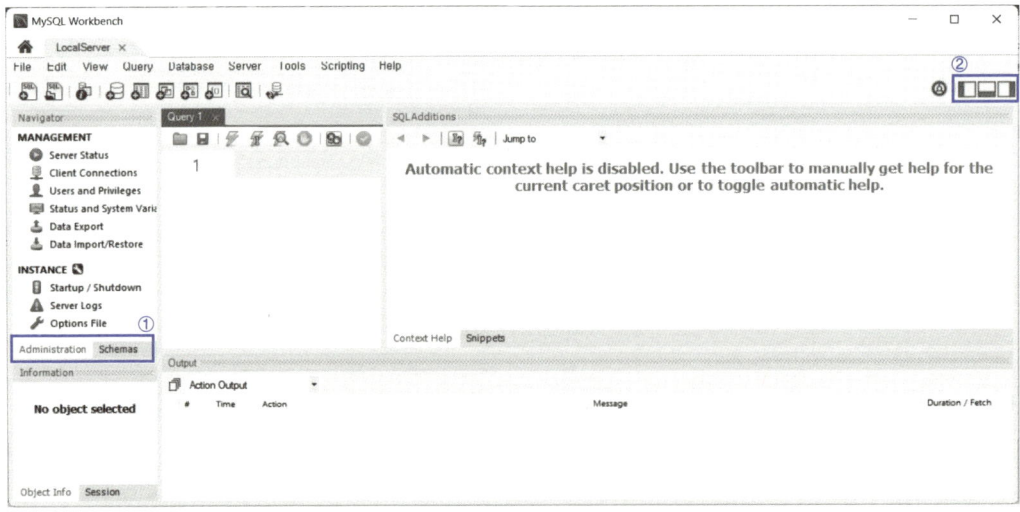

환경 설정까지 마친 MySQL Workbench 프로그램은 다음 장에서 실습하면서 좀 더 알아보겠습니다.

02

좋은 데이터베이스

2.1. 데이터 규칙

좋은 데이터베이스는 다음과 같은 특징이 있습니다. 일관성 있는 데이터를 저장하고 사용자의 요청에 빠르게 응답하며, 데이터의 신뢰성과 보안을 강화합니다. 이를 통해 안정적인 운영을 보장하고 효과적인 데이터 관리와 분석을 가능하게 합니다.

'나쁜' 데이터베이스	'좋은' 데이터베이스
데이터가 중복 저장되어 있다.	중복된 데이터가 없다.
원하는 정보를 찾을 수 없다.	업무에 필요한 모든 데이터가 있다.
틀린 데이터를 저장하고 있다.	틀린 데이터가 없다.
정보를 처리하는 시간이 너무 오래 걸린다.	빠르고 정확하게 정보를 도출할 수 있다.

RDBMS는 데이터를 테이블에 저장합니다. 테이블을 생성할 때 정확한 데이터가 입력되고 관리될 수 있도록 규칙을 지정하는 것이 좋은 데이터베이스를 만드는 한 가지 방법입니다.

하나의 데이터를 찾으려면: 키

테이블에는 한 행을 찾기 위한 컬럼인 키를 지정합니다. 키가 필요한 이유를 예를 들어 살펴보겠습니다. 사이버펑크 사에 근무하고 있는 〈김철수〉, 〈정약용〉, 〈강설희〉, 〈김순이〉, 〈정약용〉, 〈이순신〉 사원의 데이터를 저장하려고 합니다.

사원번호	1
이름	김철수
직책	대리
거주도시	서울

사원번호	2
이름	정약용
직책	주임
거주도시	세종

사원번호	3
이름	강설희
직책	과장
거주도시	서울

사원번호	4
이름	김순이
직책	주임
거주도시	경기도

사원번호	5
이름	정약용
직책	대리
거주도시	경기도

사원번호	6
이름	이순신
직책	부장
거주도시	경기도

각 사원들의 이름, 직책, 거주도시를 저장하는 사원 테이블을 만들려고 합니다. 이때 정약용 사원처럼 동명이인이 있을 수 있으므로 각 사원을 구분할 수 있는 유일한 사원번호를 부여합니다. 이렇게 만들어진 사원 테이블은 〈사원번호, 이름, 직책, 거주도시〉 컬럼으로 구성됩니다.

사원번호	1
이름	김철수
직책	대리
거주도시	서울

사원번호	2
이름	정약용
직책	주임
거주도시	세종

사원 테이블

사원번호	이름	직책	거주도시

사원번호	3
이름	강설희
직책	과장
거주도시	서울

사원번호	4
이름	김순이
직책	주임
거주도시	경기도

사원번호	5
이름	정약용
직책	대리
거주도시	경기도

사원번호	6
이름	이순신
직책	부장
거주도시	경기도

사원 테이블에 〈1, 김철수, 대리, 서울〉을 입력합니다. 한 명의 정보는 테이블에서 한 행이 됩니다.

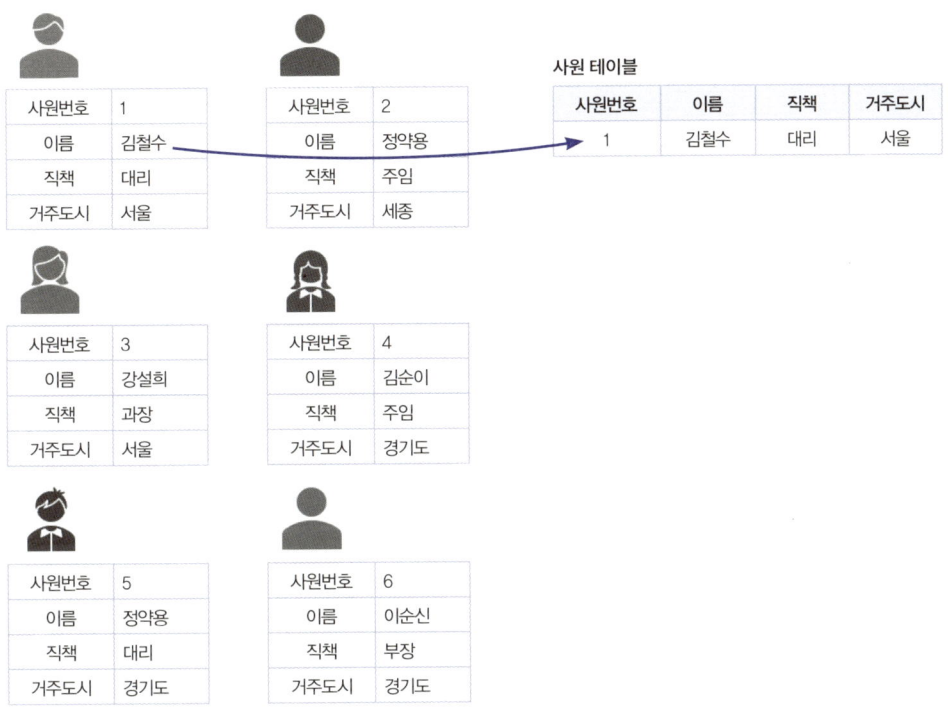

〈2, 정약용, 주임, 세종〉, 〈3, 강설희, 과장, 서울〉, 〈4, 김순이, 주임, 경기도〉, 〈5, 정약용, 대리, 경기도〉, 〈6, 이순신, 부장, 경기도〉 사원이 각각 한 행으로 입력되어 다음과 같은 표가 만들어집니다.

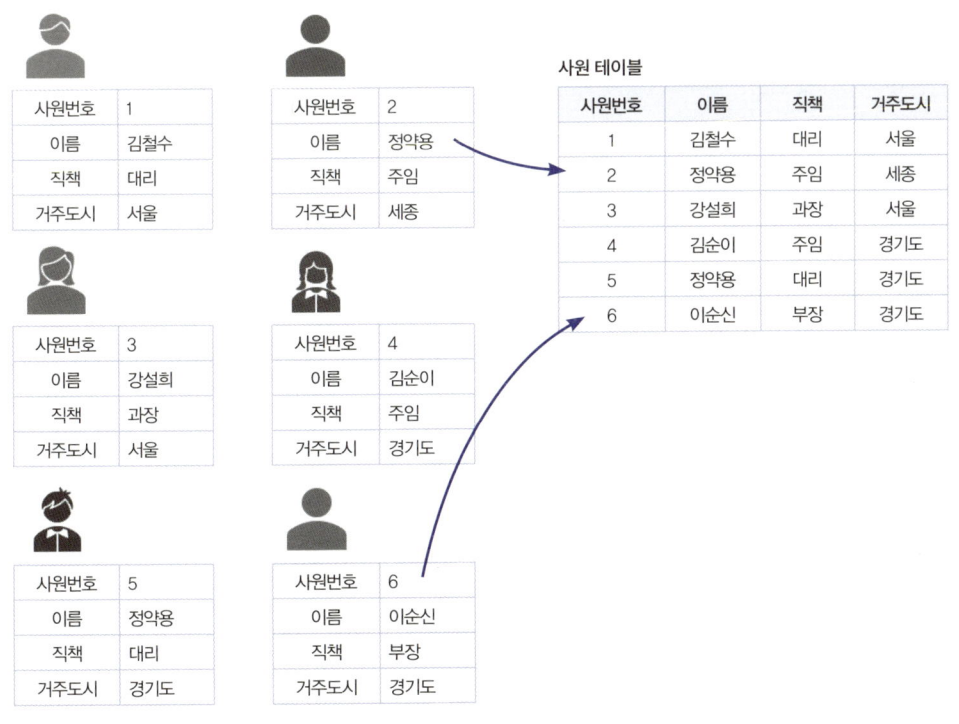

사원 테이블에서 이름이 '정약용'인 사원을 조회하면 〈정약용 주임〉, 〈정약용 대리〉가 조회됩니다. 직책이 '대리'인 사원을 조회하면 〈김철수 대리〉, 〈정약용 대리〉가 조회됩니다. 이처럼 〈이름〉, 〈직책〉, 〈거주도시〉 컬럼 값으로 단 한 명의 사원을 찾기는 어렵습니다. 하지만 사원번호가 '1'인 사원은 〈서울에 거주하는 김철수 대리〉 단 한 명입니다. 현실 세계에 존재하는 사원이 한 명인 것처럼 한 사원은 사원 테이블에서 하나의 행으로 표현되야 합니다. 이것이 개체 무결성입니다.

테이블에는 정확한 데이터를 저장하기 위해 각 행을 고유하게 구분할 수 있는 키(Key) 컬럼이 필요합니다. 사원 테이블의 사원번호 값으로 한 행을 찾을 수 있으므로 사원번호는 키(Key)가 됩니다.

키의 특징

1. **유일성**: 테이블의 모든 행은 고유한 값을 가져야 합니다. 즉, 같은 값을 가진 행이 두 개 이상 존재하면 안 됩니다.
2. **최소성**: 키는 하나 또는 여러 개의 컬럼으로 구성될 수 있습니다. 여러 개의 컬럼으로 구성된 키를 복합키라고 합니다. 복합키는 구성하는 컬럼 중 하나라도 빠지면 키의 유일성이 깨지는 최소성을 만족합니다.

아래 그림은 관리하는 데이터 항목을 추가해서 만든 사원 테이블입니다. 〈사원번호, 이름, 입사일자, 주민등록번호, 이동전화번호, 재직상태코드〉 컬럼이 있습니다. 〈재직상태코드〉 컬럼에서 퇴직자는 〈P〉를 입력하고, 재직자는 〈C〉를 입력합니다.

사원 테이블　　　　　　　　　　　　　　재직상태코드(P: 퇴직자, C: 재직자)

사원번호	이름	입사일자	주민등록번호	이동전화번호	재직상태코드
101	이순신	20770302	XXXXX10001	010-1021-302	P
...					
201	강감찬	20750507	YYYYY10001	010-2007-104	C
202	양규	20750507	AAAAA10008	010-3989-199	C
401	강감찬	20770302	BBBBB20009	010-2323-104	C
402	하공진	20760302	CCCCC10010	010-5678-104	C
501	정약용	20770901	EEEEE10011	010-2020-104	C

사원 테이블에 한 행을 찾기 위한 컬럼인 키를 지정합니다. 키는 행을 구별할 수 있는 고유한 값입니다. 여기서 고유하다는 것은 중복되지 않는 값을 말합니다. 키는 여러 컬럼을 조합하여 선택할 수 있지만 최소성을 만족해야 합니다. 최소성은 여러 컬럼으로 하나의 키를 만들었을 때, 그중 어느 한 컬럼이라도 없으면 유일성이 깨지는 조합입니다. 즉, 키는 '유일성과 최소성을 만족하는 컬럼이나 컬럼의 조합'입니다. 사원 테이블에서는 〈사원번호〉, 〈주민등록번호〉, 〈이동전화번호〉가 그렇습니다.

사원 테이블   재직상태코드(P: 퇴직자, C: 재직자)

사원번호	이름	입사일자	주민등록번호	이동전화번호	재직상태코드
101	이순신	20770302	XXXXX10001	010-1021-302	P
...					
201	강감찬	20750507	YYYYY10001	010-2007-104	C

⟨이순신⟩ 사원의 재직상태코드는 ⟨P⟩로 퇴직자입니다. 퇴사한 ⟨이순신⟩ 사원이 재입사하면 ⟨이름, 입사일자, 주민등록번호, 이동전화번호⟩를 새로운 사원번호로 입력합니다. 하지만 재입사인 경우 사원의 주민등록번호가 이전 주민등록번호와 동일하므로 유일성을 만족하지 않습니다. 이때 ⟨주민등록번호, 입사일자⟩를 묶어 보면 유일합니다. 이와 같이 두 개 이상의 컬럼으로 조합된 키가 복합키입니다.

사원 테이블   재직상태코드(P: 퇴직자, C: 재직자)

사원번호	이름	입사일자	주민등록번호	이동전화번호	재직상태코드
101	이순신	20770302	XXXXX10001	010-1021-302	P
801	이순신	20790302	XXXXX10001		C
201	강감찬	20750507	YYYYY10001	010-2007-104	C

테이블을 만들 때 각 행을 유일하게 구분할 수 있는 키(Key)를 설정해야 합니다.

> **키의 종류**
>
> 1. **후보키(Candidate Key)**: 테이블에서 각 행을 고유하게 식별하는 데 사용되는 키로 유일성과 최소성을 만족해야 합니다. 여러 후보키 중에서 기본키가 선택됩니다
> 2. **기본키(Primary Key)**: 테이블에서 각 행을 고유하게 구분하는 데 사용되는 키입니다. 기본키는 유일성을 만족하고, Null 값을 입력할 수 없는 필수 입력 컬럼입니다.
> 3. **대체키(Alternate Key)**: 후보키 중에서 기본키를 제외한 키입니다. 대체키는 기본키와 마찬가지로 유일성을 만족해야 합니다.
> 4. **슈퍼키(Super Key)**: 유일성은 만족하지만 최소성을 만족하지 않는 키입니다. 슈퍼키는 잘못 만들어진 키이므로 테이블을 만드는 과정에서 슈퍼키를 지정하면 안 됩니다.

위의 사원 테이블에서 후보키는 ⟨사원번호⟩, ⟨주민등록번호, 입사일자⟩, ⟨이동전화번호⟩입니다. 여기서는 ⟨사원번호⟩를 기본키로 결정합니다.

기본키를 선택할 때는 다음과 같은 사항을 고려해야 합니다.

① 길이가 짧은 컬럼을 선택하는 것이 좋습니다.
② 개인정보를 포함하는 컬럼은 기본키로 설정하지 않습니다.
③ 중복된 값이 들어갈 수 있는 컬럼은 기본키로 설정할 수 없습니다.
④ 여러 컬럼으로 구성된 복합키라도 모든 컬럼에 Null 값을 입력할 수 없습니다.

기본키가 아닌 나머지 후보키는 대체키로 〈주민등록번호, 입사일자〉, 〈이동전화번호〉는 UNIQUE 제약 조건을 지정합니다. 대체키에는 Null 값이 입력될 수 있습니다.

연관된 데이터를 찾으려면: 외래키

일반 사용자들은 개발자들이 제공하는 화면을 통해 데이터를 조회합니다. 그러나 한 화면에 나열된 데이터들이 반드시 한 테이블에 저장된 데이터는 아닙니다. 화면에 보여지는 그대로 테이블을 만들면 운영상의 문제가 발생할 수 있습니다.

다음 아티스트 목록은 〈아티스트, 타입, 소속회사, 창립자, 창립일, 주소〉 데이터를 보여 줍니다. 화면에 보이는 데이터 항목을 그대로 아티스트 테이블로 만들었을 때의 문제점을 살펴보고 해결 방법을 알아보겠습니다.

아티스트 테이블

아티스트	타입	소속회사	창립자	창립일	주소
아이유	솔로	EDAM Entertainment	배종한	2019-12-10	서울시 강남구 테헤란로103길 17
AKMU	그룹	와이지엔터테인먼트	양현석	1998-02-24	서울시 마포구 희우정로 1가 3
방탄소년단	그룹	빅히트 뮤직	방시혁	2005-02-24	서울시 용산구 한강대로 42
블랙핑크	그룹	와이지엔터테인먼트	양현석	1998-02-24	서울시 마포구 희우정로 1가 3
ITZY	그룹	JYP ENT	박진영	1996-04-25	서울시 강동구 강동대로 205
레드벨벳	그룹	에스엠	이수만	1995-02-04	서울시 성동구 왕십리로 83-21
보아	솔로	에스엠	이수만	1995-02-04	서울시 성동구 왕십리로 83-21
2PM	그룹	JYP ENT	박진영	1996-04-25	서울시 강동구 강동대로 205

〈AKMU〉, 〈블랙핑크〉 두 아티스트가 〈와이지엔터테인먼트〉에 소속되어 있습니다. 〈와이지엔터테인먼트〉가 사명을 〈YG 엔터테인먼트〉로 변경하고 사옥을 〈서울시 강남구 논현동 123〉으로 이전했습니다. 이에 따라 아티스트 테이블의 〈소속회사〉 컬럼과 〈주소〉 컬럼의 데이터 값을 변경합니다.

아티스트 테이블

아티스트	타입	소속회사	창립자	창립일	주소
아이유	솔로	EDAM Entertainment	배종한	2019-12-10	서울시 강남구 테헤란로103길 17
AKMU	그룹	YG 엔터테인먼트	양현석	1998-02-24	서울시 강남구 논현동 123
방탄소년단	그룹	빅히트 뮤직	방시혁	2005-02-24	서울시 용산구 한강대로 42
블랙핑크	그룹	와이지엔터테인먼트	양현석	1998-02-24	서울시 마포구 희우정로 1가 3
ITZY	그룹	JYP ENT	박진영	1996-04-25	서울시 강동구 강동대로 205
레드벨벳	그룹	에스엠	이수만	1995-02-04	서울시 성동구 왕십리로 83-21
보아	솔로	에스엠	이수만	1995-02-04	서울시 성동구 왕십리로 83-21
2PM	그룹	JYP ENT	박진영	1996-04-25	서울시 강동구 강동대로 205

그러나 〈와이지엔터테인먼트〉에 소속된 아티스트가 두 행인데 두 행의 데이터 값이 같이 변경되지 않고 실수로 한 행만 변경하면 데이터 불일치가 발생합니다. 이러한 문제가 발생되지 않도록 테이블을 만들 때 속성들 간의 관계를 고려해야 합니다.

앞의 예시에서는 아티스트와 관련된 컬럼인 〈아티스트, 타입〉과 소속회사와 관련된 컬럼인 〈회사명, 창립자, 창립일, 주소〉로 나눕니다.

아티스트 테이블

아티스트	타입
아이유	솔로
AKMU	그룹
방탄소년단	그룹
블랙핑크	그룹
ITZY	그룹
레드벨벳	그룹
보아	솔로
2PM	그룹

회사 테이블

회사명	창립자	창립일	주소
EDAM Entertainment	배종한	2019-12-10	서울시 강남구 테헤란로103길 17
와이지엔터테인먼트	양현석	1998-02-24	서울시 마포구 희우정로 1가 3
빅히트 뮤직	방시혁	2005-02-24	서울시 용산구 한강대로 42
JYP ENT	박진영	1996-04-25	서울시 강동구 강동대로 205
에스엠	이수만	1995-02-04	서울시 성동구 왕십리로 83-21

분리한 회사 테이블에는 〈회사번호〉 컬럼을 추가하고 기본키로 지정하면 회사번호로 특정 회사 데이터를 쉽게 접근할 수 있습니다.

아티스트 테이블

아티스트	타입
아이유	솔로
AKMU	그룹
방탄소년단	그룹
블랙핑크	그룹
ITZY	그룹
레드벨벳	그룹
보아	솔로
2PM	그룹

회사 테이블 (기본키: 회사번호)

회사번호	회사명	창립자	창립일	주소
1	EDAM Entertainment	배종한	2019-12-10	서울시 강남구 테헤란로103길 17
2	와이지엔터테인먼트	양현석	1998-02-24	서울시 마포구 희우정로 1가 3
3	빅히트 뮤직	방시혁	2005-02-24	서울시 용산구 한강대로 42
4	JYP ENT	박진영	1996-04-25	서울시 강동구 강동대로 205
5	에스엠	이수만	1995-02-04	서울시 성동구 왕십리로 83-21

아티스트 테이블에는 아티스트의 소속회사 정보를 관리하기 위한 〈소속회사번호〉 컬럼을 추가합니다.

아티스트 테이블

아티스트	타입	소속회사번호
아이유	솔로	1
AKMU	그룹	2
방탄소년단	그룹	3
블랙핑크	그룹	2
ITZY	그룹	4
레드벨벳	그룹	5
보아	솔로	5
2PM	그룹	4

회사 테이블 (기본키: 회사번호)

회사번호	회사명	창립자	창립일	주소
1	EDAM Entertainment	배종한	2019-12-10	서울시 강남구 테헤란로103길 17
2	와이지엔터테인먼트	양현석	1998-02-24	서울시 마포구 희우정로 1가 3
3	빅히트 뮤직	방시혁	2005-02-24	서울시 용산구 한강대로 42
4	JYP ENT	박진영	1996-04-25	서울시 강동구 강동대로 205
5	에스엠	이수만	1995-02-04	서울시 성동구 왕십리로 83-21

아티스트 테이블에 추가한 〈소속회사번호〉는 회사 테이블의 〈회사번호〉를 참조해서 입력해야 합니다. 이런 규칙이 유지될 수 있도록 〈소속회사번호〉 컬럼을 외래키(Foreign Key: FK)로 지정합니다. 외래키에 의해 참조되는 기본키를 참조키라고 합니다. 이와 같이 외래키와 참조키가 설정되면 참조 무결성이 보장됩니다.

아티스트 테이블

아티스트	타입	소속회사번호(FK)
아이유	솔로	1
AKMU	그룹	2
방탄소년단	그룹	3
블랙핑크	그룹	2
ITZY	그룹	4
레드벨벳	그룹	5
보아	솔로	5
2PM	그룹	4

회사 테이블

회사번호(참조키)	회사명	창립자	창립일	주소
1	EDAM Entertainment	배종한	2019-12-10	서울시 강남구 테헤란로103길 17
2	와이지엔터테인먼트	양현석	1998-02-24	서울시 마포구 희우정로 1가 3
3	빅히트 뮤직	방시혁	2005-02-24	서울시 용산구 한강대로 42
4	JYP ENT	박진영	1996-04-25	서울시 강동구 강동대로 205
5	에스엠	이수만	1995-02-04	서울시 성동구 왕십리로 83-21

아티스트 테이블과 회사 테이블로 나눈 상태에서, 회사 테이블에서 회사번호가 〈2〉인 행의 회사명을 〈YG 엔터테인먼트〉로 변경하고 사옥을 이전하여 주소를 〈서울시 강남구 논현동 123〉으로 변경합니다. 아티스트 테이블의 〈AKMU〉, 〈블랙핑크〉의 소속회사번호 〈2〉로 변경된 데이터가 조회되며 데이터가 일관되게 관리됩니다.

아티스트 테이블

아티스트	타입	소속회사번호
아이유	솔로	1
AKMU	그룹	2
방탄소년단	그룹	3
블랙핑크	그룹	2
ITZY	그룹	4
레드벨벳	그룹	5
보아	솔로	5
2PM	그룹	4

회사 테이블

회사번호	회사명	창립자	창립일	주소
1	EDAM Entertainment	배종한	2019-12-10	서울시 강남구 테헤란로103길 17
2	YG 엔터테인먼트	양현석	1998-02-24	서울시 강남구 논현동 123
3	빅히트 뮤직	방시혁	2005-02-24	서울시 용산구 한강대로 42
4	JYP ENT	박진영	1996-04-25	서울시 강동구 강동대로 205
5	에스엠	이수만	1995-02-04	서울시 성동구 왕십리로 83-21

참조 무결성이란 데이터베이스의 여러 테이블에 걸쳐 존재하는 관련 데이터 값들이 서로 정확하게 연결되어 있음을 보장하는 것입니다. 따라서 외래키가 지정된 컬럼에서는 외래키로 참조하는 기본키의 값이 항상 존재해야 합니다. 〈소속회사번호〉는 〈회사번호〉를 참조해서 입력/수정됩니다. 이렇게 외래키와 참조키가 부합되어 있을 때 데이터 값은 정확하게 유지됩니다.

아티스트 테이블에 새로운 아티스트를 추가해 보겠습니다. 새로운 뮤지션인 〈이무진, 솔로〉 데이터를 입력하려고 합니다. 소속회사가 〈쇼플레이 엔터테인먼트〉인데 등록된 회사명이 없어서 임의로 〈6〉을 입력하면 DBMS 오류가 발생하여 데이터가 입력되지 않습니다.

아티스트 테이블

아티스트	타입	소속회사번호
아이유	솔로	1
AKMU	그룹	2
방탄소년단	그룹	3
블랙핑크	그룹	2
ITZY	그룹	4
레드벨벳	그룹	5
보아	솔로	5
2PM	그룹	4
이무진	솔로	6 ← 오류

회사 테이블

회사번호	회사명	창립자	창립일	주소
1	EDAM Entertainment	배종한	2019-12-10	서울시 강남구 테헤란로103길 17
2	YG 엔터테인먼트	양현석	1998-02-24	서울시 강남구 논현동 123
3	빅히트 뮤직	방시혁	2005-02-24	서울시 용산구 한강대로 42
4	JYP ENT	박진영	1996-04-25	서울시 강동구 강동대로 205
5	에스엠	이수만	1995-02-04	서울시 성동구 왕십리로 83-21

회사 테이블에 등록된 회사번호가 없으므로 아티스트 테이블의 〈소속회사번호〉 컬럼에는 값을 입력하지 않고 〈이무진, 솔로〉 데이터를 입력합니다. 〈소속회사번호〉는 Null입니다.

아티스트 테이블

아티스트	타입	소속회사번호
아이유	솔로	1
AKMU	그룹	2
방탄소년단	그룹	3
블랙핑크	그룹	2
ITZY	그룹	4
레드벨벳	그룹	5
보아	솔로	5
2PM	그룹	4
이무진	솔로	

회사 테이블

회사번호	회사명	창립자	창립일	주소
1	EDAM Entertainment	배종한	2019-12-10	서울시 강남구 테헤란로103길 17
2	YG 엔터테인먼트	양현석	1998-02-24	서울시 강남구 논현동 123
3	빅히트 뮤직	방시혁	2005-02-24	서울시 용산구 한강대로 42
4	JYP ENT	박진영	1996-04-25	서울시 강동구 강동대로 205
5	에스엠	이수만	1995-02-04	서울시 성동구 왕십리로 83-21

이제 회사 테이블에 〈6, 쇼플레이 엔터테인먼트, 임동균, 2020-04-20, 서울시 강남구 학동로 7길 29〉 데이터를 입력합니다.

아티스트 테이블

아티스트	타입	소속회사번호
아이유	솔로	1
AKMU	그룹	2
방탄소년단	그룹	3
블랙핑크	그룹	2
ITZY	그룹	4
레드벨벳	그룹	5
보아	솔로	5
2PM	그룹	4
이무진	솔로	

회사 테이블

회사번호	회사명	창립자	창립일	주소
1	EDAM Entertainment	배종한	2019-12-10	서울시 강남구 테헤란로103길 17
2	YG 엔터테인먼트	양현석	1998-02-24	서울시 강남구 논현동 123
3	빅히트 뮤직	방시혁	2005-02-24	서울시 용산구 한강대로 42
4	JYP ENT	박진영	1996-04-25	서울시 강동구 강동대로 205
5	에스엠	이수만	1995-02-04	서울시 성동구 왕십리로 83-21
6	쇼플레이 엔터테인먼트	임동균	2020-04-20	서울특별시 강남구 학동로 7길 29

아티스트 테이블에서 〈이무진〉 아티스트의 〈소속회사번호〉를 〈6〉으로 변경하면 값이 정확하게 유지됩니다.

아티스트 테이블

아티스트	타입	소속회사번호
아이유	솔로	1
AKMU	그룹	2
방탄소년단	그룹	3
블랙핑크	그룹	2
ITZY	그룹	4
레드벨벳	그룹	5
보아	솔로	5
2PM	그룹	4
이무진	솔로	6

회사 테이블

회사번호	회사명	창립자	창립일	주소
1	EDAM Entertainment	배종한	2019-12-10	서울시 강남구 테헤란로103길 17
2	YG 엔터테인먼트	양현석	1998-02-24	서울시 강남구 논현동 123
3	빅히트 뮤직	방시혁	2005-02-24	서울시 용산구 한강대로 42
4	JYP ENT	박진영	1996-04-25	서울시 강동구 강동대로 205
5	에스엠	이수만	1995-02-04	서울시 성동구 왕십리로 83-21
6	쇼플레이 엔터테인먼트	임동균	2020-04-20	서울특별시 강남구 학동로 7길 29

데이터 값의 범위: CHECK

컬럼에 입력되는 데이터는 기본적으로 문자, 숫자, 날짜 데이터 유형으로 구분됩니다. 다음은 〈인물번호, 이름, 나이, 생년월일, 성별, 다른 이름〉 컬럼으로 구성된 인물 테이블입니다.

인물 테이블

인물번호	이름	나이	생년월일	성별	다른 이름
1	아이유	29	1993-05-16	2	이지은
2	이찬혁	26	1996-09-12	1	
3	제니	26	1996-01-26	2	김제니
4	이무진	22	2000-12-28	1	
5	로제	25	1997-02-11	2	박채영
6	지수	27	1995-01-03	2	김지수
7	정국	25	1997-09-01	1	전정국
8	이수현	23	1999-05-04	2	
9	지민	27	1995-10-13	1	박지민
10	리사	25	1997-03-27	2	라리사 마노반

〈이름〉, 〈다른 이름〉 컬럼에 입력되는 데이터는 문자 데이터 유형으로 지정하고, 〈생년월일〉 컬럼은 날짜 데이터 유형으로 지정합니다. 〈나이〉 컬럼에는 〈29〉, 〈26〉 같은 숫자 값이 입력되고, 〈성별〉 컬럼에는 〈1〉, 〈2〉 같은 숫자 값이 입력됩니다. 그렇다면 〈나이〉와 〈성별〉 두 컬럼은 모두 숫자 데이터 유형일까요?

인물 테이블

인물번호	이름	나이 ?	생년월일	성별 ?	다른 이름
1	아이유	29	1993-05-16	2	이지은
2	이찬혁	26	1996-09-12	1	
3	제니	26	1996-01-26	2	김제니
4	이무진	22	2000-12-28	1	
5	로제	25	1997-02-11	2	박채영
6	지수	27	1995-01-03	2	김지수
7	정국	25	1997-09-01	1	전정국
8	이수현	23	1999-05-04	2	
9	지민	27	1995-10-13	1	박지민
10	리사	25	1997-03-27	2	라리사 마노반

이때 〈나이〉 컬럼은 숫자 데이터 유형, 〈성별〉 컬럼은 문자 데이터 유형으로 지정합니다. 데이터베이스에서는 숫자 값에 산술 연산이 적용되는 컬럼을 숫자 데이터 유형으로 지정합니다. 반면 〈성별〉 컬럼에 입력된 데이터 값인 〈1〉은 〈남자〉, 〈2〉는 〈여자〉를 의미하는 문자 데이터입니다.

인물 테이블

인물번호	이름	나이 (숫자 데이터 유형)	생년월일	성별 (문자 데이터 유형)	다른 이름
1	아이유	29	1993-05-16	2	이지은
2	이찬혁	26	1996-09-12	1	
3	제니	26	1996-01-26	2	김제니
4	이무진	22	2000-12-28	1	
5	로제	25	1997-02-11	2	박채영
6	지수	27	1995-01-03	2	김지수
7	정국	25	1997-09-01	1	전정국
8	이수현	23	1999-05-04	2	
9	지민	27	1995-10-13	1	박지민
10	리사	25	1997-03-27	2	라리사 마노반

나이는 세 자리 숫자로 표현되며, 데이터 유형은 숫자 유형이고, 사이즈는 3인 〈숫자(3)〉으로 설정합니다. 인물의 나이는 0에서 150 사이의 값만 입력되도록 지정합니다. 〈나이〉 컬럼에 〈950〉을 입력하면 DBMS 오류가 발생되며 데이터가 입력되지 않습니다. 이와 같이 컬럼에 입력되는 값의 범위를 지정하면 의미 무결성으로 데이터를 정확하게 유지할 수 있습니다.

〈성별〉 컬럼은 한 자리의 문자 데이터 유형으로 지정하며 〈1〉 또는 〈2〉 중에 하나가 입력되도록 지정합니다. 〈성별〉 컬럼에 〈3〉, 〈4〉, 〈A〉, 〈B〉와 같이 다른 문자가 입력되면 DBMS 오류가 발생되며 데이터가 입력되지 않습니다. 다른 예로, 〈이메일〉 컬럼에는 @ 기호를 포함하는 문자열만 입력되도록 규칙을 설정하면 @ 기호를 포함하지 않는 문자열이 입력될 때 DBMS 오류가 발생됩니다.

실습으로 데이터 규칙 익히기

지금까지 테이블에 규칙을 적용하면 데이터가 정확하게 관리될 수 있음을 알아봤습니다. 이제는 MySQL DB에 제약 조건을 지정한 테이블을 생성하고 데이터를 입력, 수정, 삭제할 때 DBMS가 반환하는 오류 메시지를 확인해 보겠습니다. SQL 문이 아직 익숙하지 않은 학습자라면 먼저 4장 데이터 관리에서 SQL 문을 학습한 후에 이 내용을 확인하기 바랍니다.

테이블에 규칙을 부여하기 위해 사용되는 제약 조건(Constraint)은 다음과 같습니다.

종류	설명
PRIMARY KEY	기본키를 말합니다. 지정한 컬럼이 유일한 값이면서 Null을 허용하지 않습니다. PRIMARY KEY는 테이블에 하나만 지정할 수 있습니다.
UNIQUE	대체키를 말합니다. 지정한 컬럼이 유일한 값을 가져야 합니다. 여러 컬럼에 지정할 수 있습니다. Null을 허용합니다.
NOT NULL	지정한 컬럼에 Null을 입력할 수 없습니다.
FOREIGN KEY	외래키를 말합니다. 다른 또는 자기 테이블의 유일한 값을 참조하여 입력할 수 있습니다.
CHECK	설정한 조건식을 만족하는 데이터만 입력 가능합니다.

실체 무결성 예시: 기본키와 대체키

01. EMP 테이블을 제약 조건을 지정하여 생성합니다.

- 기본키(PRIMARY KEY): 사원번호(empno)
- 대체키(UNIQUE): 주민등록번호(rrn), 입사일자(hire_date), 이동전화번호(mobile)

```
CREATE TABLE emp (
    empno       varchar(8)  NOT NULL,            -- 사원번호
    ename       varchar(40) NOT NULL,            -- 이름
    hire_date   varchar(8)  NOT NULL,            -- 입사일자
    rrn         varchar(13) NOT NULL,            -- 주민등록번호
    mobile      varchar(13),                     -- 이동전화번호
    status      varchar(1)  NOT NULL default 'C', -- 재직상태
    CONSTRAINT EMP_EMPNO_PK   PRIMARY KEY (empno),
    CONSTRAINT EMP_RRN_UK     UNIQUE (rrn, hire_date),
    CONSTRAINT EMP_MOBILE_UK  UNIQUE (mobile) );
```

```sql
-- 사원 테이블
CREATE TABLE emp (
    empno       varchar(8)  NOT NULL,           -- 사원번호
    ename       varchar(40) NOT NULL,           -- 이름
    hire_date   varchar(8)  NOT NULL,           -- 입사일자
    rrn         varchar(13) NOT NULL,           -- 주민등록번호
    mobile      varchar(13) ,                   -- 이동전화번호
    status      varchar(1)  NOT NULL default 'C', -- 재직상태
    CONSTRAINT EMP_EMPNO_PK   PRIMARY KEY (empno),
    CONSTRAINT EMP_RRN_UK     UNIQUE (rrn, hire_date),
    CONSTRAINT EMP_MOBILE_UK  UNIQUE (mobile)
);
```

02. 현재 EMP 테이블에 다음과 같이 데이터를 입력하고 조회합니다.

```sql
INSERT INTO emp(empno, ename, hire_date, rrn, mobile, status)
VALUES('101','이순신','20770302','XXXXX10001','010-1021-302','P');
INSERT INTO emp(empno, ename, hire_date, rrn, mobile)
VALUES('201','강감찬','20750507','YYYYY11101','010-2007-104');
INSERT INTO emp(empno, ename, hire_date, rrn, mobile)
VALUES('202','양규','20750507','AAAAA10008','010-3989-199');
INSERT INTO emp(empno, ename, hire_date, rrn, mobile)
VALUES('401','강감찬','20770103','BBBBB20009','010-2323-104');
INSERT INTO emp(empno, ename, hire_date, rrn, mobile)
VALUES('402','하공진','20760103','CCCCC10010','010-5678-104');
INSERT INTO emp(empno, ename, hire_date, rrn, mobile)
VALUES('501','정약용','20770901','EEEEE10011','010-2020-104');

SELECT empno AS 사원번호, ename AS 이름, hire_date AS 입사일자, rrn AS 주민등록번호,
       mobile AS 이동전화번호, status AS 재직상태
  FROM emp;
```

사원번호	이름	입사일자	주민등록번호	이동전화번호	재직상태
101	이순신	20770302	XXXXX10001	010-1021-302	P
201	강감찬	20750507	YYYYY11101	010-2007-104	C
202	양규	20750507	AAAAA10008	010-3989-199	C
401	강감찬	20770103	BBBBB20009	010-2323-104	C
402	하공진	20760103	CCCCC10010	010-5678-104	C
501	정약용	20770901	EEEEE10011	010-2020-104	C

03. 신입 사원인 〈이율곡〉 사원을 등록하려고 할 때, 이미 입력된 〈정약용〉 사원의 사원번호인 〈501〉이 기본키 (PRIMARY KEY)로 지정되어 있으므로 중복 오류가 발생하고 새로운 데이터가 입력되지 않습니다.

```
INSERT INTO emp(empno, ename, hire_date, rrn, mobile)
VALUES('501','이율곡','20771224','YYYYY','010-2012-1515');
```

04. 신입 사원인 〈이율곡〉 사원의 사원번호를 〈502〉로 지정하여 오류 없이 입력했습니다.

```
INSERT INTO emp(empno, ename, hire_date, rrn, mobile)
VALUES('502','이율곡','20771224','YYYYY','010-2012-1515');
```

05. 새로 입력된 〈이율곡〉 사원의 데이터를 조회했습니다.

```
SELECT *
FROM  emp;
```

사원번호	이름	입사일자	주민등록번호	이동전화번호	재직상태
101	이순신	20770302	XXXXX10001	010-1021-302	P
201	강감찬	20750507	YYYYY11101	010-2007-104	C
202	양규	20750507	AAAAA10008	010-3989-199	C
401	강감찬	20770103	BBBBB20009	010-2323-104	C
402	하공진	20760103	CCCCC10010	010-5678-104	C
501	정약용	20770901	EEEEE10011	010-2020-104	C
502	이율곡	20771224	YYYYY	010-2012-1515	C

06. 신입 사원인 〈장보고〉 사원을 등록하려고 할 때, 이미 입력된 〈이율곡〉 사원의 주민등록번호인 〈YYYYY〉와 입사일자〈20771224〉가 대체키(UNIQUE)로 지정되어 중복 오류가 발생하고 새로운 데이터가 입력되지 않습니다.

```
INSERT INTO emp(empno, ename, hire_date, rrn)
VALUES('601','장보고','20771224','YYYYY');
```

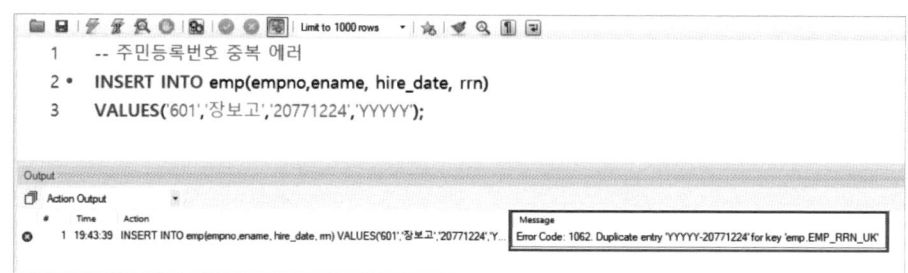

07. 〈장보고〉 사원의 주민등록번호를 〈CCCCC〉로 수정하면 오류 없이 입력됩니다.

```
INSERT INTO emp(empno, ename, hire_date, rrn)
VALUES('601','장보고','20771224','CCCCC');
```

08. 새로 입력된 〈장보고〉 사원의 데이터를 조회했습니다.

```
SELECT *
FROM   emp;
```

사원번호	이름	입사일자	주민등록번호	이동전화번호	재직상태
101	이순신	20770302	XXXXX10001	010-1021-302	P
201	강감찬	20750507	YYYYY11101	010-2007-104	C
202	양규	20750507	AAAAA10008	010-3989-199	C
401	강감찬	20770103	BBBBB20009	010-2323-104	C
402	하공진	20760103	CCCCC10010	010-5678-104	C
501	정약용	20770901	EEEEE10011	010-2020-104	C
502	이율곡	20771224	YYYYY	010-2012-1515	C
601	장보고	20771224	CCCCC		C

09. 재입사자인 〈이순신〉 사원을 등록하려고 합니다. 이동전화번호인 〈010-1021-302〉는 이미 등록된 이동전화번호로 UNIQUE로 지정되어 중복 오류가 발생하고 새로운 데이터가 입력되지 않습니다.

```
INSERT INTO emp(empno, ename, hire_date, rrn, mobile)
VALUES('801','이순신','20780303','XXXXX10001','010-1021-302');
```

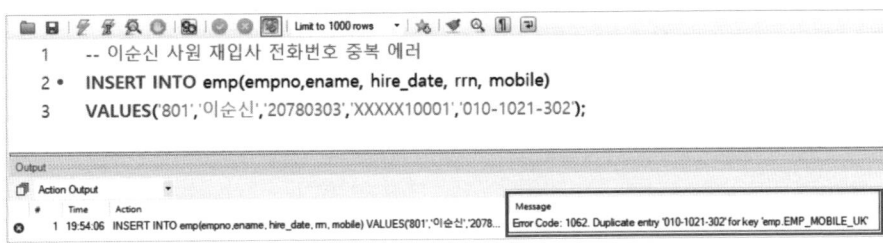

10. 재입사자인 〈이순신〉 사원의 〈이동전화번호〉 컬럼에 값을 지정하지 않고 입력합니다.

```
INSERT INTO emp(empno, ename, hire_date, rrn)
VALUES('801','이순신','20780303','XXXXX10001');
```

11. 〈801, 이순신〉 사원의 데이터에서 값을 지정하지 않은 〈이동전화번호〉 컬럼은 Null 값임을 확인할 수 있습니다.

```
SELECT *
FROM   emp;
```

사원번호	이름	입사일자	주민등록번호	이동전화번호	재직상태
101	이순신	20770302	XXXXX10001	010-1021-302	P
201	강감찬	20750507	YYYYY11101	010-2007-104	C
202	양규	20750507	AAAAA10008	010-3989-199	C
401	강감찬	20770103	BBBBB20009	010-2323-104	C
402	하공진	20760103	CCCCC10010	010-5678-104	C
501	정약용	20770901	EEEEE10011	010-2020-104	C
502	이율곡	20771224	YYYYY	010-2012-1515	C
601	장보고	20771224	CCCCC	NULL	C
801	이순신	20780303	XXXXX10001	NULL	C

12. 〈801〉 사원의 이동전화번호를 〈010-8088-808〉로 변경합니다.

```
UPDATE emp
  SET    mobile = '010-8088-808'
  WHERE  empno = '801';
```

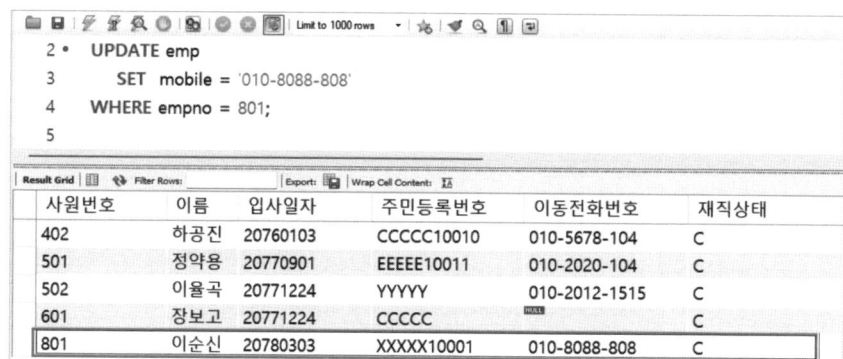

참조 무결성 예시: 외래키

01. 참조 관계가 있는 회사T 테이블과 아티스트T 테이블을 생성합니다.

    - 아티스트T 테이블의 〈소속회사번호〉는 회사T 테이블의 〈회사번호〉를 참조하는 외래키(FOREIGN KEY) 제약 조건을 부여합니다.

```
-- 회사T 테이블 생성
CREATE TABLE 회사T (
    회사번호    int             NOT NULL AUTO_INCREMENT,
    회사명      varchar(50)     NOT NULL,
    창립자      varchar(20)     NOT NULL,
    창립일      varchar(10),
    주소        varchar(200),
    CONSTRAINT 회사_PK  PRIMARY KEY (회사번호)
);

-- 아티스트T 테이블 생성
CREATE TABLE 아티스트T (
    아티스트번호 int            NOT NULL AUTO_INCREMENT,
    아티스트    varchar(50)     NOT NULL,
    타입        varchar(10)     NOT NULL,
    소속회사번호 int,
    CONSTRAINT 아티스트_PK  PRIMARY KEY (아티스트번호),
    CONSTRAINT 아티스트_소속회사번호_FK  FOREIGN KEY (소속회사번호) REFERENCES 회사T (회사번호)
);
```

```sql
1   -- 회사T 테이블 생성
2   CREATE TABLE 회사T (
3       회사번호    int    NOT NULL AUTO_INCREMENT,
4       회사명     varchar(50) NOT NULL,
5       창립자     varchar(20) NOT NULL,
6       창립일     varchar(10) ,
7       주소      varchar(200),
8       CONSTRAINT 회사_PK  PRIMARY KEY (회사번호)
9   );
10
11  -- 아티스트T 테이블 생성
12  CREATE TABLE 아티스트T (
13      아티스트번호 int       NOT NULL AUTO_INCREMENT,
14      아티스트    varchar(50) NOT NULL,
15      타입      varchar(10) NOT NULL,
16      소속회사번호 int,
17      CONSTRAINT 아티티스_PK  PRIMARY KEY (아티스트번호),
18      CONSTRAINT 아티티스_소속회사번호_FK  FOREIGN KEY (소속회사번호) REFERENCES 회사T (회사번호)
19  );
```

02. 회사T 테이블에 입력된 데이터입니다.

```sql
INSERT INTO 회사T(회사명,창립자,창립일,주소)
VALUES('EDAM Entertainment','배종한','2019-12-10','서울시 강남구 테헤란로 103길 17');
INSERT INTO 회사T(회사명,창립자,창립일,주소)
VALUES('와이지엔터테인먼트','양현석','1998-02-24','서울시 마포구 희우정로 1가 3');
INSERT INTO 회사T(회사명,창립자,창립일,주소)
VALUES('빅히트뮤직','방시혁','2005-02-24','서울시 용산구 한강대로 42');
INSERT INTO 회사T(회사명,창립자,창립일,주소)
VALUES('JYP ENT','박진영','1996-04-25','서울시 강남구 강동대로 205');
INSERT INTO 회사T(회사명,창립자,창립일,주소)
VALUES('에스엠','이수만','1995-02-04','서울시 성동구 왕십리로 83-21');

SELECT 회사번호, 회사명, 창립자, 창립일, 주소
FROM 회사T;
```

회사번호	회사명	창립자	창립일	주소
1	EDAM Entertainment	배종한	2019-12-10	서울시 강남구 테헤란로 103길 17
2	와이지엔터테인먼트	양현석	1998-02-24	서울시 마포구 희우정로 1가 3
3	빅히트뮤직	방시혁	2005-02-24	서울시 용산구 한강대로 42
4	JYP ENT	박진영	1996-04-25	서울시 강남구 강동대로 205
5	에스엠	이수만	1995-02-04	서울시 성동구 왕십리로 83-21

03. 아티스트T 테이블에 입력된 데이터입니다. 〈소속회사번호〉는 회사T 테이블의 〈회사번호〉를 참조해서 입력한 값입니다.

```sql
INSERT INTO 아티스트T (아티스트, 타입, 소속회사번호)
VALUES('아이유','솔로',1);
INSERT INTO 아티스트T (아티스트, 타입, 소속회사번호)
VALUES('AKMU','그룹',2);
INSERT INTO 아티스트T (아티스트, 타입, 소속회사번호)
VALUES('방탄소년단','그룹',3);
INSERT INTO 아티스트T (아티스트, 타입, 소속회사번호)
VALUES('블랙핑크','그룹',2);
INSERT INTO 아티스트T (아티스트, 타입, 소속회사번호)
VALUES('ITZY','그룹',4);
INSERT INTO 아티스트T (아티스트, 타입, 소속회사번호)
VALUES('레드벨벳','그룹',5);
INSERT INTO 아티스트T (아티스트, 타입, 소속회사번호)
VALUES('보아','솔로',5);
INSERT INTO 아티스트T (아티스트, 타입, 소속회사번호)
VALUES('2PM','그룹',4);

SELECT 아티스트, 타입, 소속회사번호
FROM 아티스트T;
```

아티스트	타입	소속회사번호
아이유	솔로	1
AKMU	그룹	2
방탄소년단	그룹	3
블랙핑크	그룹	2
ITZY	그룹	4
레드벨벳	그룹	5
보아	솔로	5
2PM	그룹	4

04. 새로운 뮤지션인 〈이무진, 솔로, 6〉 데이터로 새로운 아티스트를 추가해 보겠습니다. 회사T 테이블에 〈회사번호〉가 〈6〉으로 등록된 회사 데이터가 없어서 Foreign Key 오류가 발생하고 새로운 데이터가 입력되지 않습니다.

```sql
INSERT INTO 아티스트T (아티스트, 타입, 소속회사번호)
VALUES('이무진','솔로',6);
```

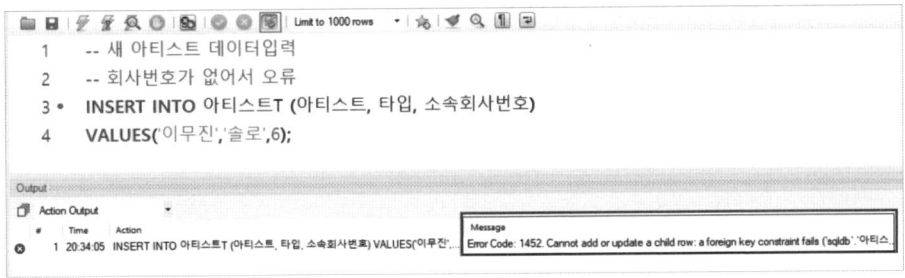

05. 〈소속회사번호〉는 빼고 〈이무진, 솔로〉 데이터를 아티스트T 테이블에 입력합니다. 그러면 〈소속회사번호〉는 NULL 값이 됩니다.

```
INSERT INTO 아티스트T (아티스트, 타입)
VALUES('이무진','솔로');

SELECT 아티스트, 타입, 소속회사번호
FROM 아티스트T;
```

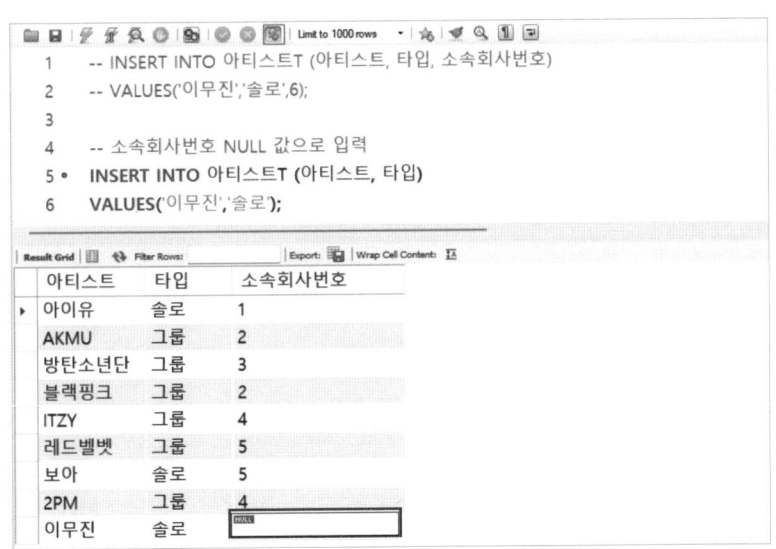

06. 회사T 테이블에 〈쇼플레이 엔터테인먼트, 임동균, 2020-04-20, 서울시 강남구 학동로 7길 29〉 데이터를 입력합니다. 〈쇼플레이 엔터테인먼트〉의 〈회사번호〉가 〈6〉임을 확인합니다.

```
INSERT INTO 회사T(회사명,창립자,창립일,주소)
VALUES('쇼플레이엔터테인먼트','임동균','2020-04-20','서울시 강남구 학동로 7길 29');

SELECT 회사번호, 회사명, 창립자, 창립일, 주소
FROM 회사T;
```

02 _ 좋은 데이터베이스 / 39

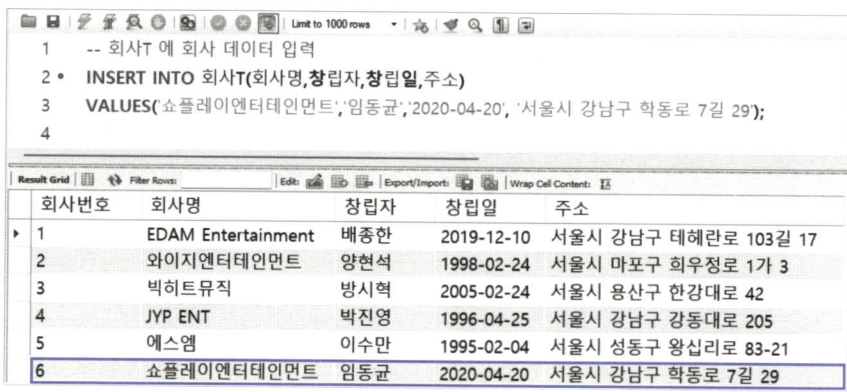

07. 아티스트T 테이블의 아티스트 이름이 〈이무진〉인 행의 〈소속회사번호〉를 〈6〉으로 변경하고, 변경 내용을 확인합니다.

```
UPDATE 아티스트T
 SET   소속회사번호 = 6
WHERE 아티스트= '이무진';


SELECT *
  FROM 아티스트T;
```

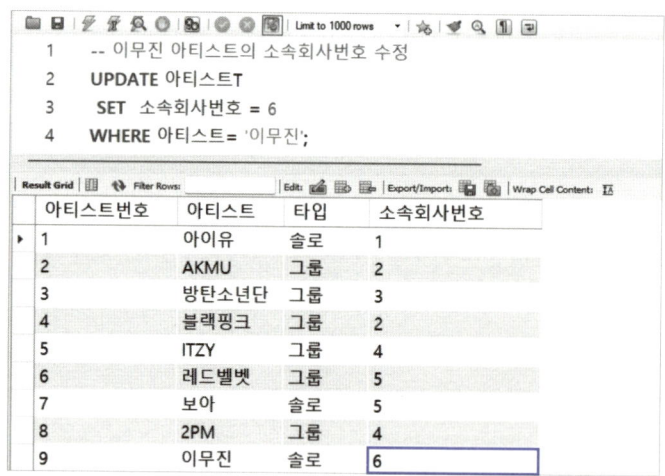

08. 회사T 테이블에서 〈회사번호〉가 〈1〉인 행을 삭제합니다. 회사번호 〈1〉은 아티스트T 테이블의 〈아이유〉의 〈소속회사번호〉로 참조되고 있어서 Foreign Key 오류가 발생하고 데이터가 삭제되지 않습니다.

```
DELETE FROM 회사T
 WHERE 회사번호 = 1;
```

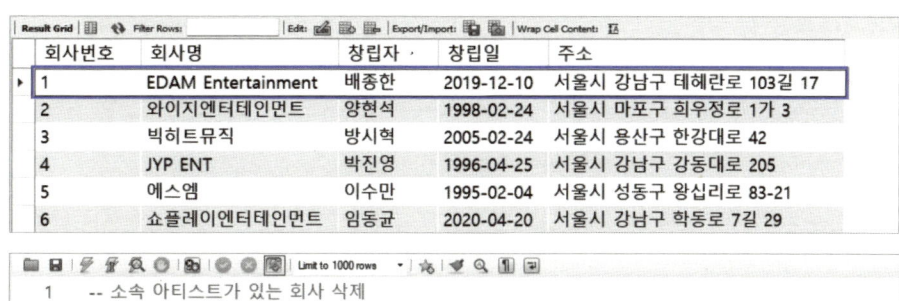

09. 회사T 테이블에 새로운 회사를 추가합니다. 〈회사번호〉가 〈7〉인 회사가 추가됩니다.

    INSERT INTO 회사T(회사명,창립자,창립일,주소)
    VALUES('하이브','방시혁','2005-02-05','서울시 용산구 한강대로 42');

    SELECT *
    FROM 회사T;

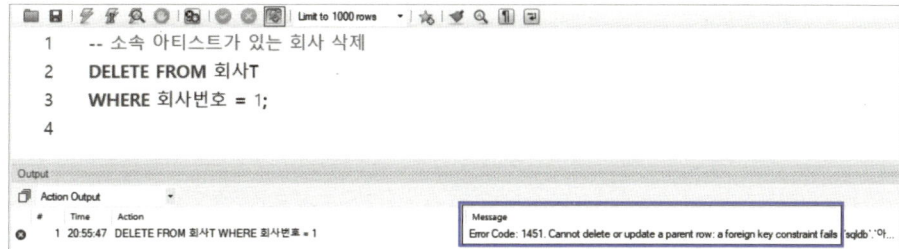

10. 회사T 테이블의 〈회사번호〉가 〈7〉인 행을 삭제합니다. 소속 아티스트가 없으므로 데이터가 삭제됩니다. 〈회사번호〉가 〈7〉인 데이터가 삭제된 것을 확인할 수 있습니다.

    DELETE FROM 회사T
    WHERE 회사번호 = 7;

    SELECT *
    FROM 회사T;

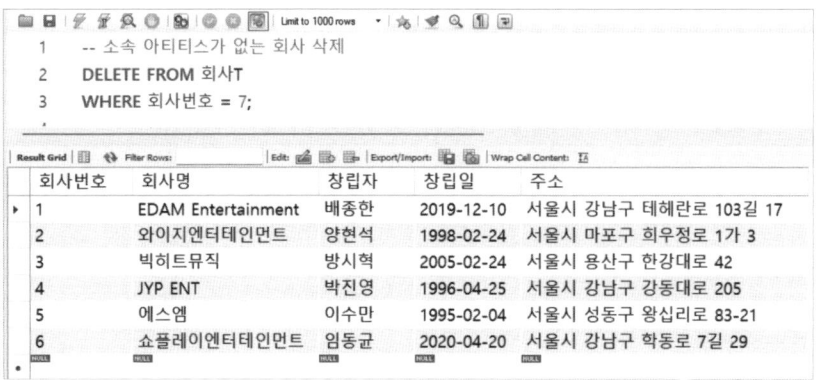

의미 무결성 예시: CHECK

01. CHECK 제약 조건을 가지는 인물T 테이블을 생성합니다.

- 나이: CHECK(나이 BETWEEN 0 AND 150)
- 성별: CHECK(성별 IN ('1','2'))

```
CREATE TABLE 인물T(
    인물번호    int         NOT NULL AUTO_INCREMENT,
    이름        varchar(255) NOT NULL,
    나이        int         CHECK (나이 BETWEEN 0 AND 150), -- 0 <= 나이 <= 150 범위
    생년월일    date,
    성별        char(1)     CHECK (성별 IN ('1','2')), -- 성별은 1 또는 2
    다른이름    varchar(255),
    CONSTRAINT 인물T_PK PRIMARY KEY (인물번호)
);
```

```
-- 인물T 테이블 생성
CREATE TABLE 인물T(
    인물번호    int         NOT NULL AUTO_INCREMENT,
    이름        varchar(255) NOT NULL,
    나이        int         CHECK (나이 BETWEEN 0 AND 150), -- 0 <= 나이 <= 150 범위
    생년월일    date,
    성별        char(1)     CHECK (성별 IN ('1','2')), -- 성별은 1 또는 2
    다른이름    varchar(255),
    CONSTRAINT 인물T_PK PRIMARY KEY (인물번호)
);
```

02. 인물T 테이블에 입력된 데이터입니다.

```
INSERT INTO 인물T(이름, 나이, 생년월일, 성별, 다른이름)
VALUES('아이유',31,'1993-05-16','2','이지은');
```

```
INSERT INTO 인물T(이름, 나이, 생년월일, 성별)
VALUES('이찬혁',28,'1996-09-12','1');
INSERT INTO 인물T(이름, 나이, 생년월일, 성별, 다른이름)
VALUES('제니',28,'1996-01-26','2','김제니');
INSERT INTO 인물T(이름, 나이, 생년월일, 성별)
VALUES('이무진',24,'2000-12-28','1');
INSERT INTO 인물T(이름, 나이, 생년월일, 성별, 다른이름)
VALUES('로제',27,'1997-02-11','2','박재영');
INSERT INTO 인물T(이름, 나이, 생년월일, 성별, 다른이름)
VALUES('지수',29,'1995-01-03','2','김지수');
INSERT INTO 인물T(이름, 나이, 생년월일, 성별, 다른이름)
VALUES('정국',27,'1997-09-01','1','김정국');
INSERT INTO 인물T(이름, 나이, 생년월일, 성별)
VALUES('이수현',25,'1999-05-04','2');
INSERT INTO 인물T(이름, 나이, 생년월일, 성별, 다른이름)
VALUES('지민',29,'1995-10-13','1','박지민');
INSERT INTO 인물T(이름, 나이, 생년월일, 성별, 다른이름)
VALUES('리사',27,'1997-03-27','2','라리사마노반');

SELECT *
FROM 인물T;
```

인물번호	이름	나이	생년월일	성별	다른이름
1	아이유	31	1993-05-16	2	이지은
2	이찬혁	28	1996-09-12	1	NULL
3	제니	28	1996-01-26	2	김제니
4	이무진	24	2000-12-28	1	NULL
5	로제	27	1997-02-11	2	박재영
6	지수	29	1995-01-03	2	김지수
7	정국	27	1997-09-01	1	김정국
8	이수현	25	1999-05-04	2	NULL
9	지민	29	1995-10-13	1	박지민
10	리사	27	1997-03-27	2	라리사마노반

03. 새로운 인물 〈이준호, 1990-01-25〉 데이터를 입력합니다.

```
INSERT INTO 인물T(이름, 생년월일)
VALUES('이준호', '1990-01-25');

SELECT *
FROM 인물T;
```

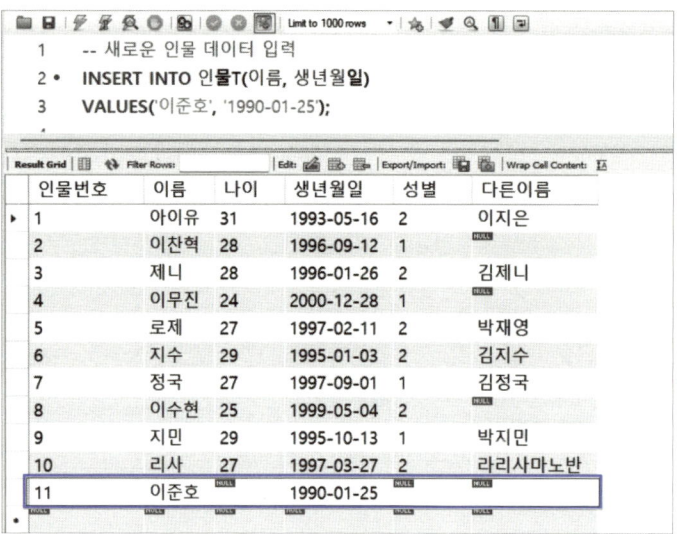

04. 다음은 〈이준호〉의 나이를 〈310〉으로 변경하는 UPDATE 문입니다. 310은 〈나이〉 컬럼의 CHECK 제약 조건인 '0 <= 나이 <= 150'을 벗어나는 데이터로, CHECK 제약 조건 오류가 발생하고 데이터가 변경되지 않습니다.

```
UPDATE  인물T
    SET 나이 = 310
WHERE 인물번호 = 11;
```

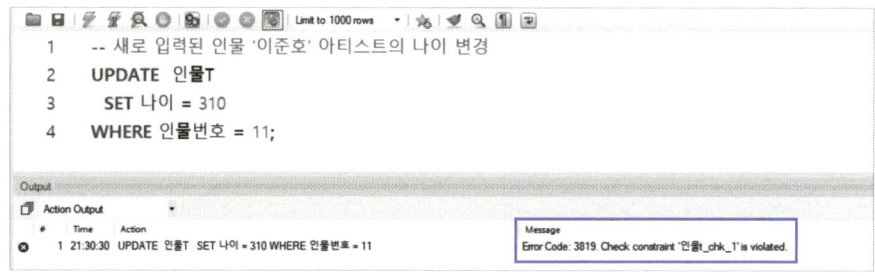

05. 〈이준호〉의 나이를 〈33〉으로 변경하는 UPDATE 문은 오류 없이 수행됩니다.

```
UPDATE 인물T
    SET 나이 = 33
WHERE 인물번호 = 11;

SELECT *
FROM 인물T;
```

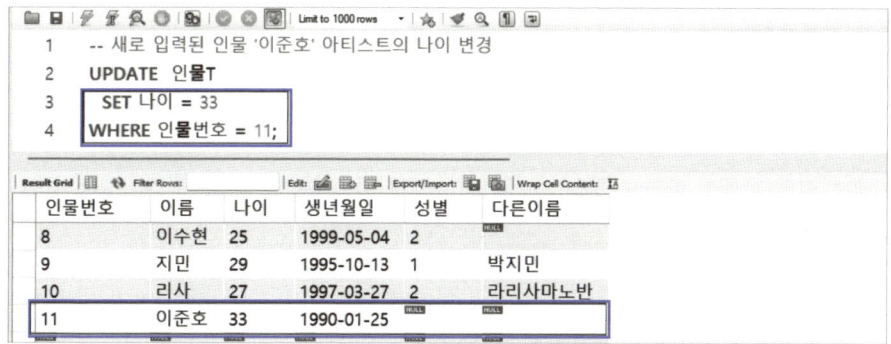

06. 〈이준호〉의 성별 〈3〉은 〈성별〉 컬럼의 CHECK 제약 조건인 〈1〉 또는 〈2〉에 벗어나는 데이터이므로, CHECK 제약 조건 오류가 발생하고 데이터가 변경되지 않습니다.

```
UPDATE  인물T
   SET 성별 = 3
WHERE 인물번호 = 11;
```

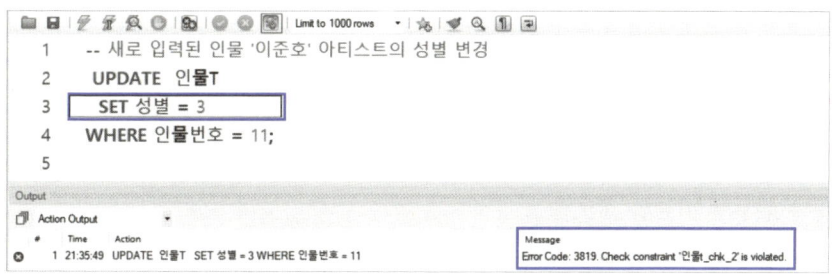

07. 〈이준호〉의 성별을 〈1〉로 변경하는 UPDATE 문은 오류 없이 수행됩니다.

```
UPDATE  인물T
   SET 성별 = 1
WHERE 인물번호 = 11;

SELECT *
FROM  인물T;
```

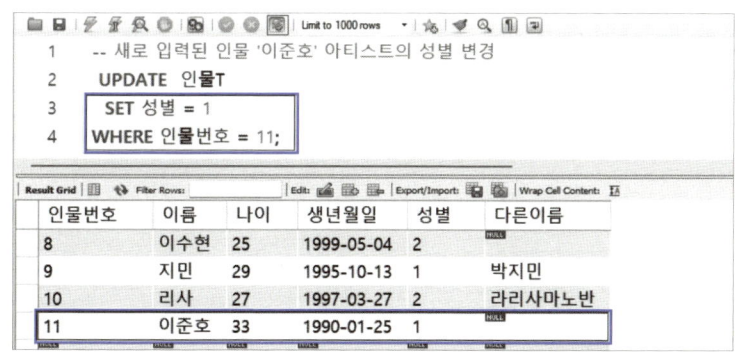

2.2. 데이터 정제

데이터 중복과 불일치

데이터를 중복해서 저장했을 때 발생하는 문제점과 데이터를 중복 없이 저장할 수 있는 방법에 대해 알아보겠습니다. 데이터의 중복 저장으로 발생하는 문제는 다음과 같습니다.

첫 번째로, 데이터 중복은 저장 공간과 메모리를 낭비하게 만듭니다. 동일한 정보가 여러 번 저장되면 저장 공간이 비효율적으로 사용되고, 메모리 소비가 늘어나는 문제가 발생합니다. 이를 해결하기 위해서는 중복을 최소화하고 효율적으로 데이터를 저장할 수 있는 방법을 고려해야 합니다.

두 번째로, 중복된 데이터로 인해 데이터 불일치가 발생할 수 있습니다. 서로 다른 장소에 동일한 정보가 다르게 저장되면, 데이터의 일관성이 떨어지고 정보의 정확성이 훼손될 수 있습니다. 이를 해결하기 위해서는 데이터 일치성을 유지할 수 있는 방법을 도입해야 합니다.

세 번째로, 중복된 데이터로 인해 업데이트와 관리가 어려워집니다. 중복된 데이터가 있으면 특정 정보가 변경되었을 때 모든 중복된 위치에서 일일이 수정해야 하는 번거로움이 있습니다. 이를 해결하기 위해서는 효율적인 데이터 업데이트와 관리 방법을 도입해야 합니다.

그래서 데이터베이스를 설계할 때 정규화(Normalization)와 같은 기법을 사용하여 중복을 최소화하고, 데이터 일치성을 유지하며, 업데이트 및 관리를 용이하게 하는 것이 중요합니다. 좋은 데이터베이스 설계를 통해 업무에 필요한 정보를 효과적으로 얻을 수 있습니다.

데이터 중복과 데이터 불일치의 개념을 다시 정리해 보겠습니다. 데이터 중복이란 같은 내용의 데이터가 여러 곳에 저장되는 것을 말합니다. 보통 초기에 구축된 정보 시스템은 부서별, 업무 영역별로 필요한 데이터를 저장하여 사용합니다. 이때 데이터 저장 공간의 낭비와 불일치가 발생할 수 있습니다. 또한 데이터를 변경할 때 접근하는 테이블이 늘어남에 따라 관리 비용도 증가합니다.

데이터 불일치는 중복 저장된 데이터 값이 서로 일치하지 않는 것을 말합니다. 예를 들어, 이사 후 변경된 주소를 학교, 직장, 은행, 가입한 웹사이트 등에 각각 주소를 변경하지 않으면 이전 주소로 우편이 발송될 것입니다. 다른 예로 대학의 학사관리시스템에서 휴학 신청한 학생에게 등록금 고지서를 발송하는 경우도 생각해 볼 수 있습니다.

데이터를 중복해서 저장하지 않으려면 테이블 설계를 잘해야 합니다. 테이블 설계를 잘못하면 데이터를 입력, 수정, 삭제하는 과정에서 문제가 발생합니다.

한 회사는 부서별로, 업무 영역별로 각각의 개별 시스템을 만들었습니다. 그러다 보니 〈인사시스템〉, 〈사내정보시스템〉, 〈급여시스템〉 각각에 동일한 데이터를 중복 저장하는 경우가 있습니다.

다음 그림처럼, 사원 테이블이 〈인사시스템〉과 〈사내정보시스템〉에 중복 저장되어 있습니다.

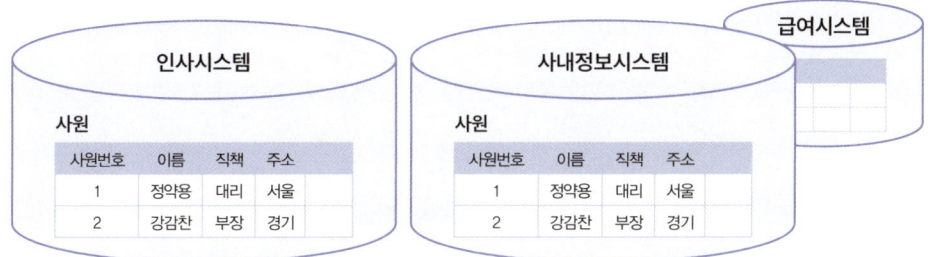

특정 사원의 인사 변동 사항이 발생했을 때 인사시스템에서 수정한 데이터가 사내정보시스템에 반영되지 않을 수도 있습니다. 다음 그림에서 〈정약용, 대리〉는 〈정약용, 과장〉으로 진급했습니다. 이때 인사시스템에 있는 〈정약용〉 사원의 직책은 〈과장〉으로 변경되었으나, 사내정보시스템의 〈정약용〉 사원의 직책은 여전히 〈대리〉로 저장되어 있는 데이터 불일치 현상이 나타납니다.

중복 저장한 데이터는 변경 시 모든 테이블의 데이터를 일일이 갱신해야 하므로, 관리 비용 증가와 성능 저하를 초래합니다. 또한, 데이터의 불일치로 운영상의 심각한 문제가 발생할 수 있습니다. 이러한 문제를 해결하기 위해 데이터베이스 설계 시 중복을 최소화하고, 데이터의 정확성과 일치성을 유지할 수 있는 정규화 이론이 연구되었습니다

이상 현상

정규화가 되지 않은 테이블의 문제점을 이상 현상이라고 합니다. 예시를 통해 이상 현상을 알아보겠습니다. 고객이 이벤트에 참여하면 고객참여이벤트 테이블에 고객정보 〈고객번호, 고객명, 고객등급코드, 등급명〉과 이벤트참여정보 〈고객번호, 이벤트번호, 당첨여부, 이벤트명〉을 저장합니다. 고객등급코드 〈VIP〉는 〈V〉, 〈실버〉는 〈S〉, 〈골드〉는 〈G〉로 저장됩니다.

고객참여이벤트

고객번호	이벤트번호	고객명	고객등급코드	등급명	당첨여부	이벤트명
C01	E01	이순신	V	VIP	Y	사이트오픈기념
C01	E02	이순신	V	VIP	N	설날고객감사
C02	E02	정약용	S	실버	N	설날고객감사
C03	E01	강감찬	G	골드	N	사이트오픈기념
C03	E02	강감찬	G	골드	Y	설날고객감사
C03	E03	강감찬	G	골드	Y	한가위고객감사

입력 이상

고객은 이벤트에 여러 번 참여할 수 있으므로 특정 이벤트에 참여한 한 고객의 데이터를 찾으려면 〈고객번호, 이벤트번호〉를 알아야 합니다. 〈고객번호, 이벤트번호〉가 기본키입니다.

다음 표를 보면, 기본키인 〈고객번호, 이벤트번호〉는 테이블에서 유일한 값을 가져야 하며, Null 값을 입력할 수 없습니다. 이벤트에 참여하지 않은 〈정도전〉 고객은 참여한 〈이벤트번호〉가 없어서 데이터를 입력할 수 없습니다. 이처럼 데이터 입력 과정에서 일어나는 문제점을 입력 이상이라고 합니다.

고객참여이벤트 (유일한 값)

고객번호	이벤트번호	고객명	고객등급코드	등급명	당첨여부	이벤트명
C01	E01	이순신	V	VIP	Y	사이트오픈기념
C01	E02	이순신	V	VIP	N	설날고객감사
C02	E02	정약용	S	실버	N	설날고객감사
C03	E01	강감찬	G	골드	N	사이트오픈기념
C03	E02	강감찬	G	골드	Y	설날고객감사
C03	E03	강감찬	G	골드	Y	한가위고객감사
C04		정도전	S	실버		

수정 이상

이벤트에 3번 참여한 〈강감찬〉 고객의 고객 등급을 수정하면, 3개의 행이 같이 변경되야 합니다. 한 행만 수정되면 〈강감찬〉 고객의 〈고객등급코드〉는 불일치합니다. 이는 데이터 수정 과정에서 일어나는 문제점으로 수정 이상이라고 합니다.

고객참여이벤트

고객번호	이벤트번호	고객명	고객등급코드	등급명	당첨여부	이벤트명
C01	E01	이순신	V	VIP	Y	사이트오픈기념
C01	E02	이순신	V	VIP	N	설날고객감사
C02	E02	정약용	S	실버	N	설날고객감사
C03	E01	강감찬	V	골드	N	사이트오픈기념
C03	E02	강감찬	G	골드	Y	설날고객감사
C03	E03	강감찬	G	골드	Y	한가위고객감사

삭제 이상

〈E02, 설날고객감사〉 이벤트에 〈정약용〉 고객이 이벤트 참여를 취소하면 〈정약용〉 고객의 데이터도 함께 삭제됩니다. 이는 삭제 과정에서 일어나는 문제점으로 삭제 이상이라고 합니다.

고객참여이벤트

고객번호	이벤트번호	고객명	고객등급코드	등급명	당첨여부	이벤트명
C01	E01	이순신	V	VIP	Y	사이트오픈기념
C01	E02	이순신	V	VIP	N	설날고객감사
C02	E02	정약용	S	실버	N	설날고객감사
C03	E01	강감찬	G	골드	N	사이트오픈기념
C03	E02	강감찬	G	골드	Y	설날고객감사
C03	E03	강감찬	G	골드	Y	한가위고객감사

지금까지 테이블을 잘못 만들면 데이터를 입력, 수정, 삭제 과정에서 오류가 발생할 수 있음을 살펴 봤습니다. 이 같은 오류 발생을 방지하기 위해서 컬럼들 간의 관계를 잘 따져보고, 관계가 있는 컬럼 끼리 묶어서 테이블을 만들어야 합니다.

함수 종속성

데이터베이스를 설계할 때는 관계가 있는 컬럼끼리 묶어서 테이블을 만들어야 합니다. 이는 함수 종속성(Functional Dependency)을 이해함으로써 해결할 수 있습니다. 함수 종속성은 한 테이블 내에 있는 컬럼 간의 관계를 파악하는 도구로 활용됩니다. 이를 통해 데이터의 입력, 수정, 삭제 과정에서 발생할 수 있는 오류를 최소화할 수 있습니다.

회원 가입을 할 때 회원의 〈이름, 핸드폰전화번호, 주소〉 정보를 입력합니다. 회원 테이블에 저장된 데이터를 보면서 컬럼 간의 관계를 파악해 보겠습니다.

회원 테이블

이름	핸드폰전화번호	주소
강감찬	010-132-877	서울 강남구 대치동
이순신	010-250-112	서울 종로구 내수동
강감찬	010-303-543	경기도 성남시 분당구 정자동
정약용	010-505-124	충청남도 세종시 한누리대로
정약전	010-203-143	충청남도 세종시 한누리대로

회원의 이름을 알면 주소를 알 수 있습니까? 회원의 이름 〈이순신〉과 대응하는 주소는 〈서울 종로구 내수동〉임을 알 수 있습니다. 그러나 〈강감찬〉 회원의 주소는 〈서울 강남구 대치동〉, 〈경기도 성남시 분당구 정자동〉처럼 여러 데이터가 조회되므로 이름 값으로 주소 값을 알 수는 없습니다. 이처럼 동명이인일 경우에는 회원의 이름만 안다고 해서 주소를 알 수 있는 것은 아닙니다.

회원의 핸드폰전화번호를 알면 주소를 알 수 있습니까? 회원의 핸드폰전화번호는 모두 다른 값을 가지고 있으므로 핸드폰전화번호를 알면 주소를 알 수 있습니다.

이와 같이 어떤 속성(X)의 값을 알면 다른 속성(Y)의 값이 유일하게 결정되는 관계를 종속 관계라고 합니다. 예를 들어, '회원의 핸드폰전화번호를 알면 주소를 알 수 있다'는 관계를 달리 말하면, 주소(Y)가 핸드폰전화번호(X)에 함수적으로 종속되어 있습니다.

이와 같은 종속 관계를 나타낼 때 F(X) = Y로 표현합니다. 이렇게 회원 테이블에서 속성 간에 존재하는 함수 종속 관계는 데이터베이스에서 중요한 역할을 합니다.

함수 종속성을 다음과 같이 표현합니다.

> 회원의 핸드폰전화번호를 X, 주소를 Y라고 하면
>
> X → Y
>
> X가 Y를 결정한다. Y는 X에 종속된다.
>
> (X: 결정자 Y: 종속자)

함수 종속성은 데이터베이스에서 테이블의 컬럼 간의 관계를 분석하는 데 사용되며 이를 통해 데이터베이스를 효율적으로 만들고 관리할 수 있습니다.

함수 종속 다이어그램

테이블 내의 컬럼 간의 종속 관계를 그린 그림을 함수 종속 다이어그램(Functional Dependency Diagram)이라고 합니다.

고객참여이벤트

고객번호	이벤트번호	고객명	고객등급코드	등급명	당첨여부	이벤트명
C01	E01	이순신	V	VIP	Y	사이트오픈기념
C02	E02	정약용	S	실버	N	설날고객감사
C03	E01	강감찬	G	골드	N	사이트오픈기념
C03	E03	강감찬	G	골드	Y	한가위고객감사

고객참여이벤트 테이블 내의 컬럼을 박스로 묶어 나열합니다. 〈고객번호, 이벤트번호〉 컬럼은 키이므로 역시 박스로 묶었습니다.

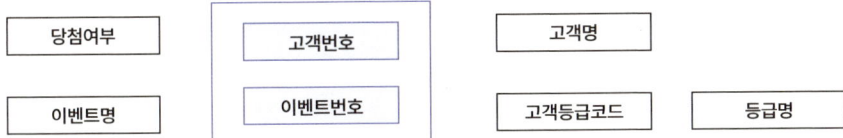

〈고객번호, 이벤트번호〉는 복합키로 설정되어 있으며, 이 두 컬럼의 값을 알면 〈당첨여부〉를 알 수 있습니다. 이를 완전 함수 종속이라 합니다.

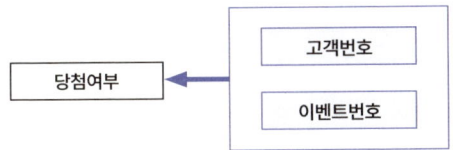

〈이벤트명〉은 〈이벤트번호〉에 의해 결정되고, 〈고객명, 고객등급코드〉는 〈고객번호〉에 의해 결정됩니다. 복합키의 일부의 컬럼에만 종속되는 관계로 이를 부분 함수 종속이라 합니다.

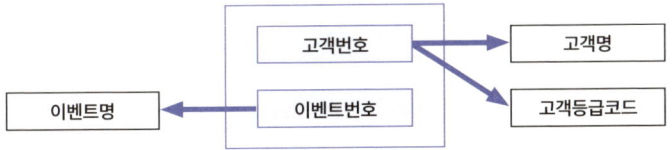

〈고객번호〉를 알면 〈고객등급코드〉를 알 수 있고, 〈고객등급코드〉를 알면 〈등급명〉을 알 수 있습니다. 이를 이행 함수 종속이라 합니다.

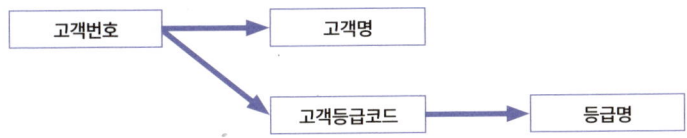

함수 종속 다이어그램을 통해 테이블의 속성들 간의 관계를 파악하고, 이를 바탕으로 발표된 이론이 정규화(Normalization) 이론입니다. 정규화는 데이터베이스의 성능을 향상시키고, 데이터의 일관성을 유지하는 데 도움이 됩니다.

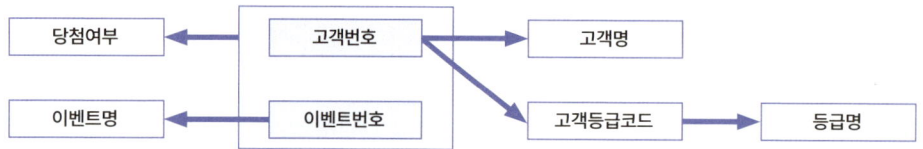

이러한 함수 종속 관계를 알고 나면 테이블을 입력, 수정, 삭제할 때 발생할 수 있는 문제를 이해하기 쉬워집니다. 정규화를 학습한 후에 바로 테이블로 분리하는 방법을 학습하겠습니다.

결정자 중심으로 묶기: 정규화

정규화는 데이터베이스에서 데이터의 중복을 제거하고, 데이터를 효율적으로 관리하기 위해 한 테이블 내의 컬럼들 간의 관계를 분석해서 하나의 종속 관계가 한 테이블이 되도록 나누는 과정입니다. 정규화가 되지 않은 테이블은 중복이 많고, 일관성이 떨어지기 때문에, 데이터를 효율적으로 관리하기 어렵습니다.

1차 정규형

1차 정규화는 다중 값 또는 반복 그룹의 컬럼이 있는 테이블에 적용합니다. 다음 그림의 과정 테이블에는 〈과정번호, 과정명, 교재명〉 데이터가 저장되어 있습니다. 〈교재명〉 컬럼에 〈분석설계, 실습집〉 다중 값이 저장되어 있습니다. 한 컬럼에 하나의 데이터를 저장하기 위해 〈교재명1〉, 〈교재명2〉로 컬럼을 반복하여 저장합니다. 이 두 테이블은 모두 비정규형 테이블입니다.

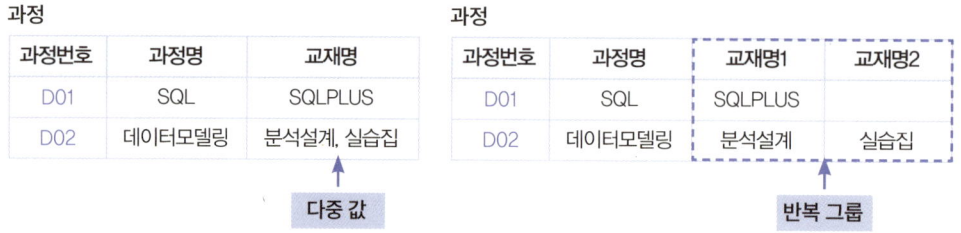

이와 같은 형태의 테이블은 시스템 운영 과정에서 다음과 같은 문제점이 발생합니다.

과정 테이블에 신규 과정인 〈데이터아키텍처〉 과정을 입력할 때, 사용하는 교재가 3권일 경우 세 번째 교재인 〈데이터품질〉을 저장할 컬럼이 없기 때문에 데이터를 입력할 수 없습니다.

과정

과정번호	과정명	교재명1	교재명2
D01	SQL	SQLPLUS	
D02	데이터모델링	분석설계	실습집
D03	데이터아키텍처	데이터표준	분석설계	데이터품질

이와 같은 문제점을 해결하기 위해 〈교재명3〉 컬럼을 추가하는 테이블 변경을 합니다.

과정

과정번호	과정명	교재명1	교재명2	교재명3
D01	SQL	SQLPLUS		
D02	데이터모델링	분석설계	실습집	
D03	데이터아키텍처	데이터표준	분석설계	데이터품질

1차 정규형의 정의는 '테이블 내의 컬럼의 값은 반복 그룹 없이 단일 값을 저장합니다.'입니다.

다중 값을 가지거나 반복 그룹을 가진 테이블은 1차 정규형을 만족하지 않습니다. 교재를 4권, 5권 사용하는 과정이 생길 때마다 테이블을 변경해야 하므로 유지보수 비용이 증가됩니다. 이제 과정 테이블에 대한 1차 정규화를 진행해 보겠습니다.

과정

과정번호	과정명	교재명1	교재명2	교재명3
D01	SQL	SQLPLUS		
D02	데이터모델링	분석설계	실습집	
D03	데이터아키텍처	데이터표준	분석설계	데이터품질

1차 정규형을 만드는 과정인 1차 정규화는 다중 값 컬럼과 반복 그룹을 제거합니다. 그 결과 〈과정번호, 교재명〉으로 구성된 과정교재 테이블을 분리합니다. 분리된 테이블은 다중 값, 반복 그룹이 없으므로 1차 정규형입니다.

과정

과정번호	과정명
D01	SQL
D02	데이터모델링
D03	데이터아키텍처

과정교재

과정번호	교재명
D01	SQLPLUS
D02	분석설계
D02	실습집
D03	데이터표준
D03	분석설계
D03	데이터품질

2차 정규형

2차 정규화는 복합키를 가진 테이블에서 복합키의 일부 컬럼이 다른 컬럼에 종속되어 있는 경우에 적용합니다. 프로젝트 테이블은 〈프로젝트번호, 사원번호, 프로젝트명, 수주금액, 수행역할, 발주처〉 데이터를 저장합니다.

프로젝트

프로젝트번호	사원번호	프로젝트명	수주금액	수행역할	발주처
P01	1	차세대 그룹웨어	100억	PL	MH
P01	2	차세대 그룹웨어	100억	DA	MH
P02	1	AI 고객센터	50억	PG	JY 금융
P01	3	차세대 그룹웨어	100억	PG	MH

〈프로젝트번호〉는 〈프로젝트명, 수주금액, 발주처〉를 결정합니다. 〈수행역할〉은 〈프로젝트번호, 사원번호〉에 의해 결정됩니다. 같은 프로젝트번호 〈P01〉 값으로 사원의 수행역할을 알 수 없습니다. 〈1〉 사원은 수행역할이 〈PL〉이고 〈2〉 사원은 수행역할이 〈DA〉입니다.

이 속성들 간의 함수 관계를 그림으로 그리면 다음과 같습니다. 이 테이블의 기본키는 〈프로젝트번호, 사원번호〉로 복합키입니다. 〈수행역할〉 속성은 〈프로젝트번호, 사원번호〉에 완전 함수 종속 관계입니다.

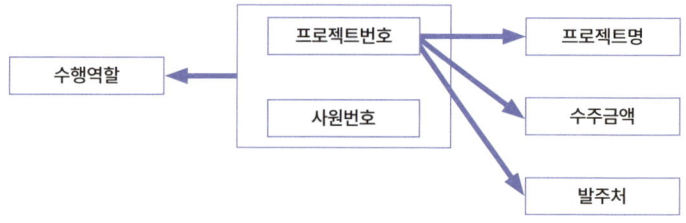

〈프로젝트명, 수주금액, 발주처〉 컬럼은 〈프로젝트번호〉에 결정되는 부분 함수 종속 관계이므로 결정자인 〈프로젝트번호〉 컬럼을 중심으로 〈프로젝트명, 수주금액, 발주처〉 컬럼을 묶어서 테이블을 분할했습니다.

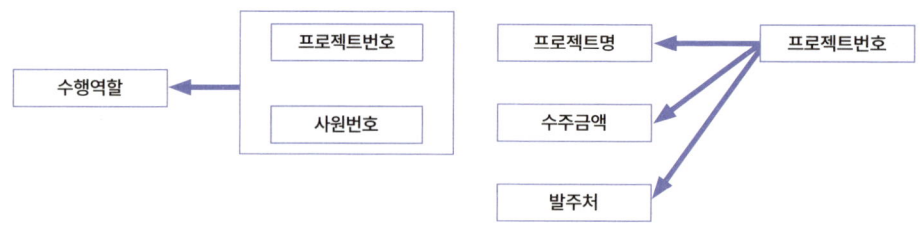

테이블 형식으로 표현한 구조입니다.

프로젝트투입사원

프로젝트번호	사원번호	수행역할
P01	1	PL
P01	2	DA
P02	1	PG
P01	3	PG

프로젝트

프로젝트번호	프로젝트명	수주금액	발주처
P01	차세대 그룹웨어	100억	MH
P02	AI 고객센터	50억	JY 금융

3차 정규형

3차 정규화는 이행 함수 종속 관계를 제거하기 위해 테이블을 분리하는 과정입니다. 이행 함수 종속은 기본키가 아닌 일반 컬럼에 종속되는 관계입니다. 주문 테이블에는 〈주문번호, 주문일자, 결제방법, 고객번호, 고객이름, 고객주소, 핸드폰전화번호〉 데이터를 저장합니다.

주문

주문번호	주문일자	결제방법	고객번호	고객이름	고객주소	핸드폰전화번호
A01	2077/11/09	카드	C01	이순신	충남 세종시 한누리대로	010-220-1234
B02	2077/11/10	현금	C02	정약용	제주 서귀포시 안덕면	010-208-5878
C03	2077/11/11	카드	C02	정약용	제주 서귀포시 안덕면	010-208-5878

〈주문번호〉는 〈주문일자, 결제방법, 고객번호〉를 결정합니다. 〈고객번호〉는 〈고객이름, 고객주소, 핸드폰전화번호〉를 결정합니다. 〈C02, 정약용〉 고객은 2건을 주문했기에 〈고객주소, 핸드폰전화번호〉 데이터가 2행에 중복 저장되어 있습니다.

이 속성들 간의 종속 관계를 그림으로 그리면 다음과 같습니다. 결정자인 〈주문번호〉는 〈고객번호〉를 결정합니다. 〈고객번호〉는 〈고객주소, 핸드폰전화번호〉를 결정하는 이행 함수 종속 관계입니다.

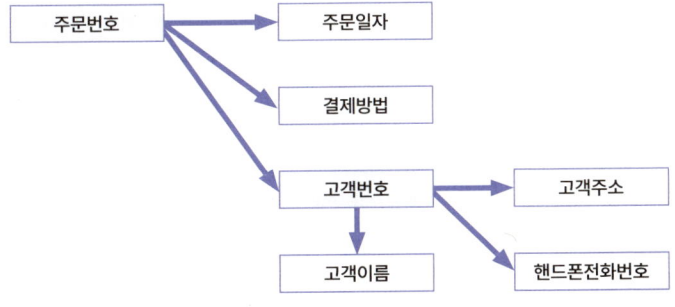

결정자인 〈고객번호〉를 중심으로 〈고객이름, 고객주소, 핸드폰전화번호〉 컬럼을 묶어서 테이블을 분할했습니다.

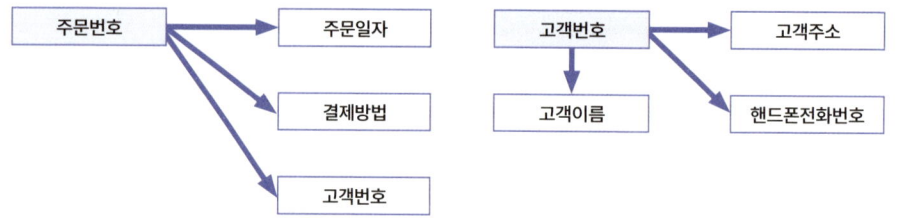

테이블 형식으로 표현한 구조입니다.

주문

주문번호	주문일자	결제방법	고객번호
A01	2077/11/09	카드	C01
B01	2077/11/10	현금	C02
C01	2077/11/11	카드	C02

고객

고객번호	고객이름	고객주소	핸드폰전화번호
C01	이순신	충남 세종시 한누리대로	010-220-134
C02	정약용	제주 서귀포시 안덕면	010-208-578

3차 정규화 과정을 거쳐 테이블을 분리해서 데이터를 저장하면 데이터의 중복이 제거되고 데이터의 일관성을 유지할 수 있으며, 데이터를 효율적으로 관리할 수 있습니다.

정규화를 진행할 때 목표는 테이블을 나누어도 데이터가 손상되거나, 컬럼들 간의 함수 종속 관계가 계속 유지되어야 하며, 정보 조회 시 성능이 저하되지 않는 것입니다. 3차 정규형까지 살펴봤지만, 학계에서는 4차 정규형, 5차 정규형 등이 계속 발표되었습니다. 그러나 현업에서는 3차 정규형까지 만족하도록 테이블을 만들면 업무에 적용하기에 충분하다고 생각합니다.

데이터베이스를 만들 때 몇 가지 원칙만 지키면 정규화 과정을 별도로 거치지 않더라도 3차 정규형을 바로 만들 수 있습니다.

단계를 거치지 않고 바로 3차 정규형 테이블 만들기

이전 함수 종속 다이어그램에서 살펴봤던 고객참여이벤트 테이블에서 컬럼의 관계를 그린 그림입니다.

고객참여이벤트

고객번호	이벤트번호	고객명	고객등급코드	등급명	당첨여부	이벤트명
C01	E01	이순신	V	VIP	Y	사이트오픈기념
C02	E02	정약용	S	실버	N	설날고객감사
C03	E01	강감찬	G	골드	N	사이트오픈기념
C03	E03	강감찬	G	골드	Y	한가위고객감사

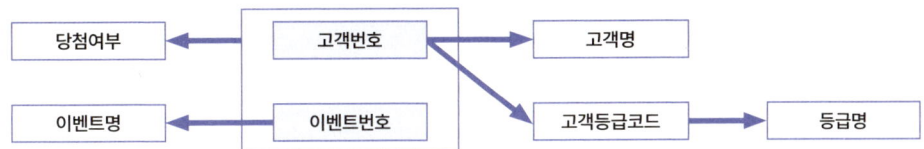

위의 함수 종속 다이어그램에서 결정자를 기준으로 테이블을 만들 수 있습니다.

⟨고객번호, 이벤트번호⟩ → ⟨당첨여부⟩

⟨이벤트번호⟩ → ⟨이벤트명⟩

⟨고객번호⟩ → ⟨고객명, 고객등급코드⟩

⟨고객등급코드⟩ → ⟨등급명⟩

테이블로 표현한 모습입니다. 함수 종속 다이어그램을 기반으로 결정자를 중심으로 묶어 테이블을 만들면 바로 3차 정규형 테이블을 만들 수 있습니다.

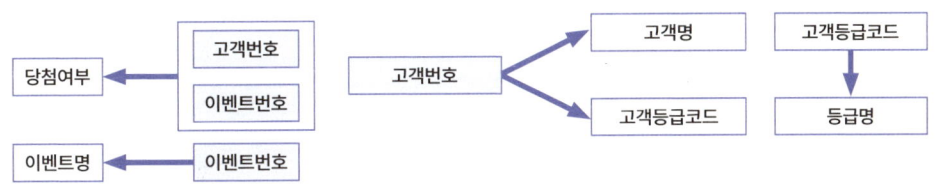

데이터 조회 성능: 반정규화

반정규화는 물리 모델을 작성하는 과정에서 성능 향상을 목적으로 데이터 중복을 허용하는 것입니다. 데이터베이스 모델은 크게 논리 모델과 물리 모델로 나눌 수 있습니다.

논리 모델	물리 모델
이상적인 모델	현실적인 모델
중복 저장하지 않음 3차 정규형을 만족함	현실적인 요소(OS 특성, DBMS 제품의 특성, 데이터 양, 사용자의 데이터 접근)를 감안한 모델임 프로그램 작성 과정에서 데이터베이스에 직접 접근해서 SQL 명령어를 작성함
정확한 데이터	성능

논리 모델은 데이터베이스에 테이블로 생성하기 전에 먼저 업무 데이터 항목들을 도출한 것으로 이상적으로 만든 모델입니다. 물리 모델은 논리 모델을 바탕으로 실제 데이터베이스를 구축해서 프로그램에서 직접 접근하는 현실적인 모델입니다.

이상적인 데이터베이스 모델은 데이터를 중복해서 저장하지 않고 정확한 데이터를 저장하고 유지 관리하는 것을 목표로 합니다. 그러나 반정규화는 이상적인 모델에서 벗어나 데이터베이스 시스템의 성능 향상을 목적으로 얼마간의 데이터 중복을 허용하는 방법입니다.

데이터의 정합성과 성능 중에서 하나를 선택한다면? 당연히 데이터의 정합성을 선택해야 합니다. 성능 향상을 목적으로 데이터를 중복 저장했다면 일관성을 유지하기 위한 프로세스를 같이 만들어야 합니다. 이러한 중복을 통제된 중복이라고 합니다. 성능만을 생각해서 무분별하게 중복해서 저장하면 데이터 불일치로 시스템의 신뢰를 크게 잃을 수 있습니다. 이러한 소탐대실을 경계해야 합니다.

테이블 분할: 수직 분할

한 테이블의 컬럼의 개수가 상당히 많고 행의 평균 사이즈가 크다면 수직으로 분할할 것을 고려합니다. 아래 사원 테이블은 사용 빈도가 높고 자주 같이 조회되는 컬럼들로 묶은 사원 테이블과 사용빈도가 적은 컬럼들을 분리해서 묶은 사원개인신상 테이블로 분할할 수 있습니다. 혹은 사진 데이터처럼 사이즈가 큰 컬럼만 떼어 사원_이미지 테이블을 만들 수도 있습니다. 이처럼 컬럼들의 묶음으로 분리하는 것을 수직 분할이라고 합니다.

사원

사원번호	이름	입사일자	주민등록번호	이동전화번호	메일		개인신상 컬럼 …
10101	이순신	20760302	XXXXX	010-1021-302	abc@gmail.com		
20101	양규	20720507	YYYYY	010-2007-104	xyz@naver.com	…	
20202	김숙흥	20750302	BBBBB	010-2323-104	b1a@gmail.com		
20204	강감찬	20700901	EEEEE	010-2020-104	a1@gmail.com		

수직 분할

사원

사원번호	이름	입사일자	주민등록번호	이동전화번호
10101	이순신	20760302	XXXXX	010-1021-302
20101	양규	20720507	YYYYY	010-2007-104
20202	김숙흥	20750302	BBBBB	010-2323-104
20204	강감찬	20700901	EEEEE	010-2020-104

사원개인신상

사원번호		개인신상 컬럼 …
10101		
20101	…	
20202		
20204		

테이블 분할: 수평 분할

한 테이블의 행의 개수가 너무 많고 응용 프로그램에서 특정한 범위만을 주로 접근하는 경우 가로로 나눌 수 있습니다. 다음은 고객 테이블의 데이터가 상당히 많은데 법인이 접근하는 프로그램과 개인이 접근하는 프로그램들이 다른 경우, 법인고객과 개인고객으로 분할할 수 있습니다. 이처럼 행들의 묶음으로 분리하는 것을 수평 분할이라고 합니다.

고객

고객번호	고객이름	고객구분	생년월일	우편번호	고객주소	핸드폰전화번호	메일
C01	이순신	개인	1993-05-16	30088	충남 세종시 한누리대로	010-200-123	abc@gmail.com
C02	양규	법인	1996-09-12	63621	제주 서귀포시 안덕면	010-208-587	xyz@naver.com
C03	강감찬	개인	1996-01-26	13112	경기도 성남시 분당구	010-303-505	kjy@gmail.com

수평 분할

법인고객

고객번호	고객이름	고객구분	생년월일	우편번호	고객주소	핸드폰전화번호	메일
C02	양규	법인	1996-09-12	63621	제주 서귀포시 안덕면	010-208-587	xyz@naver.com

개인고객

고객번호	고객이름	고객구분	생년월일	우편번호	고객주소	핸드폰전화번호	메일
C01	이순신	개인	1993-05-16	30088	충남 세종시 한누리대로	010-200-123	abc@gmail.com
C03	강감찬	개인	1996-01-26	13112	경기도 성남시 분당구	010-303-505	kjy@gmail.com

컬럼 중복 저장: 자주 변경되지 않는 컬럼을 중복하여 한 테이블에서 처리

급여 테이블에는 사원번호를 저장하고 사원번호에 해당하는 사원의 이름은 사원 테이블과 JOIN으로 조회할 수 있습니다. 그러나 사원의 이름은 한 번 입력되면 자주 변경되지 않는 컬럼입니다. 또한 항상 사원번호와 함께 조회되는 컬럼이므로 급여 테이블에 사원의 이름을 중복 저장하여 사원 테이블과의 JOIN을 피할 수 있습니다.

사원				급여			
사원번호	이름	입사일자		사원번호	지급년월	지급구분	
10101	이순신	20760302		10101	207712	1	
20101	양규	20720507	...	20101	207712	1	...
20202	김숙흥	20750302		10101	207801	1	
20204	강감찬	20700901		20101	207801	1	

<이름> 컬럼을 중복하여 한 테이블에서 조회 처리 가능

사원				급여				
사원번호	이름	입사일자		사원번호	이름	지급년월	지급구분	
10101	이순신	20760302		10101	이순신	207712	1	
20101	양규	20720507	...	20101	양규	207712	1	...
20202	김숙흥	20750302		10101	이순신	207801	1	
20204	강감찬	20700901		20101	양규	207801	1	

컬럼 중복 저장: 같이 조회하는 경우가 많은 컬럼을 중복하여 한 테이블에서 처리

한 번 주문할 때 여러 상품을 같이 주문할 수 있습니다. 이를 정규화 과정을 통해 주문 테이블과 주문상품 테이블로 분리해서 저장합니다. 하지만 특정 월별 또는 일자별로 총주문수량이나 총주문금액을 조회하려면 주문상품과 주문 테이블을 JOIN합니다. 이와 같은 JOIN을 피하기 위해 주문상품 테이블에 〈주문일자〉 컬럼을 중복 저장하면 JOIN 없이 주문상품 테이블만으로 조회 처리할 수 있습니다.

주문				주문상품			
주문번호	주문일자	결제방법	고객번호	주문번호	주문상품	주문수량	주문단가
A11001	2077/11/09	카드	C01	A11001	Blue 3D SSD Series 250GB	5	100,000
A11003	2077/11/11	카드	C02	A11001	갤럭시북 프로 NT950XDX	2	1,500,000
				A11003	울트라 PC 15U50P-KR56K	5	1,100,000
				A11003	무선.블루투스 키보드	10	30,000

<주문일자> 컬럼을 중복하여 한 테이블에서 조회 처리 가능

주문				주문상품				
주문번호	주문일자	결제방법	고객번호	주문번호	주문일자	주문상품	주문수량	주문단가
A11001	2077/11/09	카드	C01	A11001	2077/11/09	Blue 3D SSD Series 250GB	5	100,000
A11003	2077/11/11	카드	C02	A11001	2077/11/09	갤럭시북 프로 NT950XDX	2	1,500,000
				A11003	2077/11/11	울트라 PC 15U50P-KR56K	5	1,100,000
				A11003	2077/11/11	무선.블루투스 키보드	10	30,000

03

데이터베이스 지도

3.1. ERD 표기법 이해

ERD: 데이터베이스 설계도

데이터베이스는 현실 세계의 데이터를 컴퓨터의 디스크에 저장한 파일들이라고 학습했습니다. 데이터 모델링은 이 현실 세계의 데이터를 컴퓨터 세계로 어떻게 표현할지 고민하는 과정입니다. ERD(Entity Relationship Diagram)는 이 과정에서 피터 첸(Peter Chen)이 제안한 ER(Entity-Relationship) 모델 표기법으로 데이터 모델을 시각적으로 표현한 그림입니다. 설계도가 건물이나 자동차를 만들기 위한 것처럼, ERD는 데이터베이스를 만들기 위한 계획의 일부로 볼 수 있습니다.

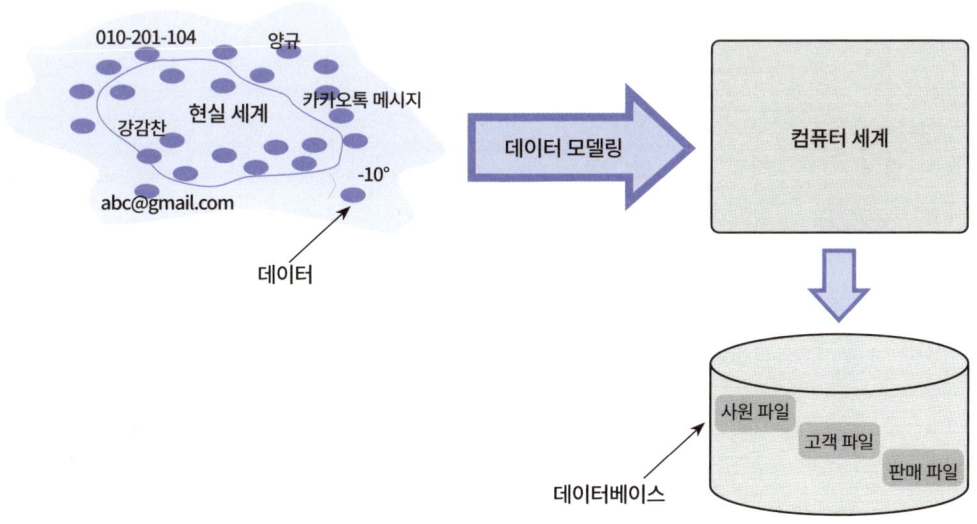

설계도는 건물을 짓기 위해서만 필요한 것이 아닙니다. 재난 발생 시 건물의 탈출구를 찾아서 탈출하거나 집을 리모델링할 때도 설계도가 필요합니다. 또한 낯선 장소를 방문할 때 지하철 노선도를 보면서 이동 경로를 계획합니다. ERD도 데이터베이스에서 정보를 추출할 때 유용합니다. 여러 테이블에서 관련 정보를 도출할 때 ERD를 통해 데이터베이스의 전체 구조를 파악하고 원하는 정보를 찾기 위한 계획을 세울 수 있습니다.

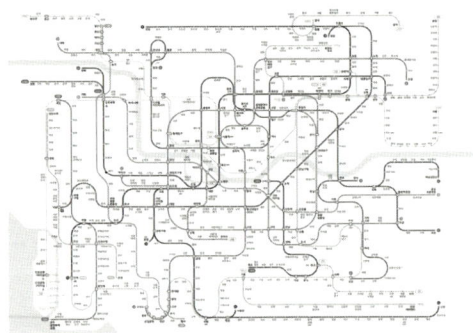

출처: 네이버지도-서울지하철노선도

적용되는 영역에 따라 다른 용어를 동일한 의미로 사용되는 경우가 많습니다. RDBMS에서 테이블(Table)이 ER 모델에서는 엔티티(Entity)와 유사하고, 컬럼(Column)은 속성(Attribute)에 해당합니다. 다음은 파일 시스템과 RDBMS, ER 모델의 대응하는 용어입니다.

파일 시스템	RDBMS	데이터 모델(ER 모델)
File(파일)	Table(테이블)	Entity(엔티티)
Field(필드)	Column(컬럼, 열)	Attribute(속성)
Key(키)	Key(키)	Identifier(식별자)
Record(레코드)	Row(행)	Instance(인스턴스)

ER 모델 표기법

엔티티(Entity)는 RDBMS의 테이블로 데이터를 저장하고자 하는 대상입니다. 속성(Attribute)은 해당 엔티티에 저장하려는 내용을 나타내며, 이는 테이블의 컬럼에 대응합니다. 예를 들어, 엔티티가 〈영화〉라면 속성은 각 영화의 〈제목, 감독, 개봉일, 등급, 장르, 러닝타임〉으로 비유할 수 있습니다. 속성은 기본키와 일반 컬럼으로 구분합니다.

ER 모델의 표기법은 IE 표기법, 바커(Barker) 표기법, 첸(Chen) 표기법 등 여러 가지가 있습니다. 데이터 모델링 도구들은 각기 다른 표현 방식을 지원합니다. 이 책에서는 주로 사용되는 IE 표기법과 MySQL Workbench 표기법을 중심으로 설명합니다.

엔티티와 속성

IE 표기법으로 표현한 엔티티와 속성입니다.

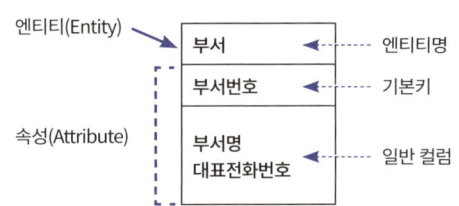

MySQL Workbench에서는 속성명 앞에 다음과 같은 아이콘으로 속성을 구분합니다. MySQL Workbench로 표현한 엔티티와 속성입니다

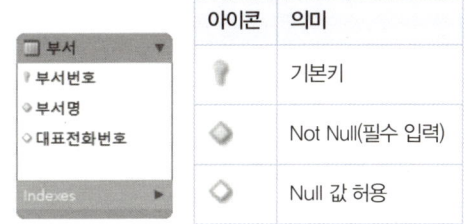

관계성

도출된 엔티티와 엔티티와의 업무적인 연관성을 관계성(Relationship)으로 표현합니다. 엔티티 내 인스턴스가 대응하는 정도에 따라 1:N, 1:1, M:M으로 구분합니다.

1:N의 관계

가장 보편적인 관계입니다. 예를 들어, 회사에 근무하고 있는 사원의 현 소속 부서를 관리하기 위해 〈사원〉 엔티티와 〈부서〉 엔티티를 도출했습니다. 각각 〈사원번호〉와 〈부서번호〉가 기본키입니다.

다음은 사원의 현 소속 부서를 관리할 때 사원은 하나의 부서에 소속되고, 한 부서에 소속된 사원이 여러 명이라는 1:N의 관계를 도식화한 그림입니다.

1:N의 관계에서 N쪽은 까마귀발로 표현하고, 1쪽은 바(|)로 표현합니다.

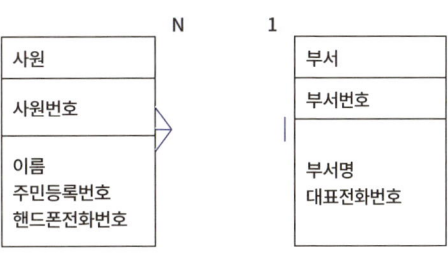

사원의 현 소속 부서를 저장하기 위해 테이블에 컬럼을 만들어야 합니다. 관계성은 결국 값을 저장하는 컬럼으로 생성됩니다. 1:N의 관계에서는 1쪽의 기본키를 N쪽의 컬럼으로 생성하면 중복 없이 데이터를 저장할 수 있습니다. 이때 N쪽으로 만든 컬럼이 해당 테이블의 식별자의 일부가 되면 이를 식별 관계로 정의하고, 일반 컬럼이 되면 비식별 관계입니다.

식별 관계는 실선으로 표현합니다. 〈부서〉 엔티티의 〈부서번호〉는 〈사원〉의 기본키의 일부입니다.

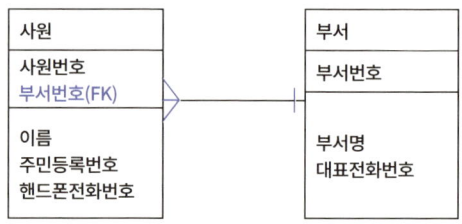

비식별 관계는 점선으로 표현합니다. 〈부서〉 엔티티의 〈부서번호〉는 〈사원〉 엔티티의 일반 속성입니다.

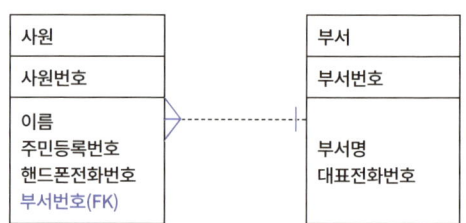

관계의 선택 사양에 따라 필수 관계 또는 선택 관계로 표현합니다. 필수 관계로 표현할지 선택 관계로 표현할지는 업무적인 상황에 따라 결정합니다. 예를 들어, 신생 부서가 소속된 사원 없이 부서번호가 먼저 승인된다면 선택 관계입니다. 신입 사원이 입사했을 때 반드시 특정 부서에 소속되야 한다면 필수 관계입니다. 선택 관계는 원(O)으로, 필수 관계는 바(|)로 표현합니다. 만약 신입 사원이 입사했을 때 배정된 소속 부서가 없을 수 있다면 선택 관계입니다.

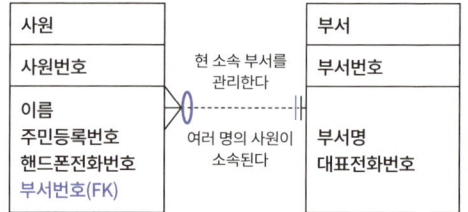

1:1의 관계

흔하게 나타나는 관계는 아니지만 가끔 도출되는 관계입니다. 예를 들어, 사원에게 컴퓨터를 1대 지급하고 한 컴퓨터를 한 명의 사원에게 지급한다면 1:1의 관계입니다.

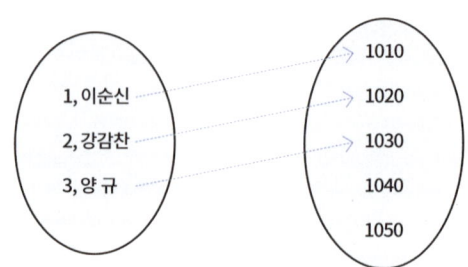

사원은 컴퓨터를 반드시 1대 지급받고, 일부 컴퓨터는 사원들에게 지급되지 않을 수도 있습니다.

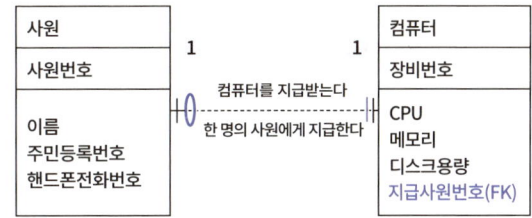

N:M의 관계

한 번 주문할 때 여러 상품을 주문할 수 있고, 한 상품이 여러 번 주문될 수 있다면 N:M의 관계입니다.

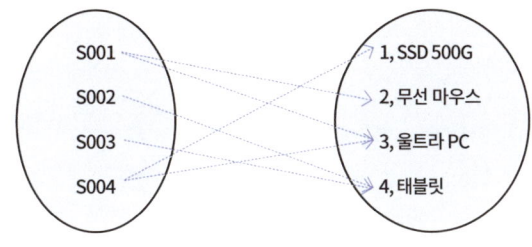

N:M의 관계에서는 양쪽 엔티티에 까마귀발을 표현합니다. 분석 초기에는 N:M의 관계가 존재할 수 있지만 완성된 최종 논리 모델에는 N:M의 관계가 있으면 안 됩니다. N:M의 관계에는 주문한 상품과 주문수량을 구체적으로 저장할 수 없으므로 분석이 덜 된 모델입니다.

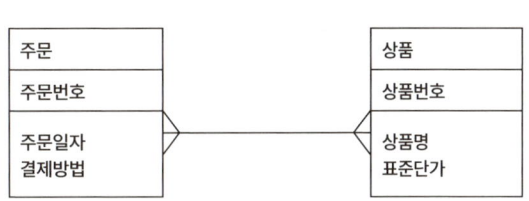

N:M의 관계는 양쪽의 기본키를 합쳐 복합키를 만들고 이 복합키를 기본키로 하는 새로운 테이블인 주문상품 테이블을 만듭니다. MySQL Workbench에서 N:M 관계를 부여하면 주문상품 테이블이 자동으로 생성됩니다.

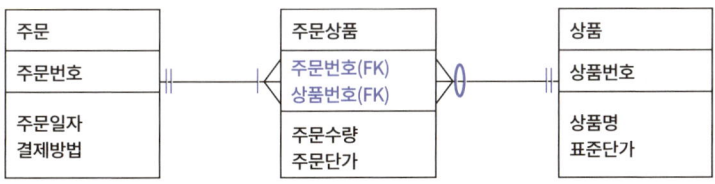

3.2. ERD 그리기

MySQL Workbench 툴로 ERD 그리기

ER 모델 표기법에서 학습한 내용을 MySQL Workbench 툴의 GUI 환경에서 ERD로 그려 보겠습니다.

01. 윈도우의 [시작] 메뉴에서 [MySQL Workbench 8.0 CE]를 선택합니다.

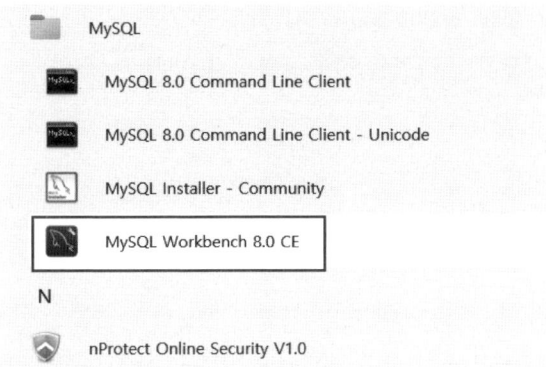

02. 왼쪽에 나열된 3개의 아이콘 탭에서 두 번째 아이콘 탭을 선택하고 'Models' 옆에 있는 [+] 버튼을 클릭합니다.

03. [Add Diagram] 아이콘을 더블 클릭합니다.

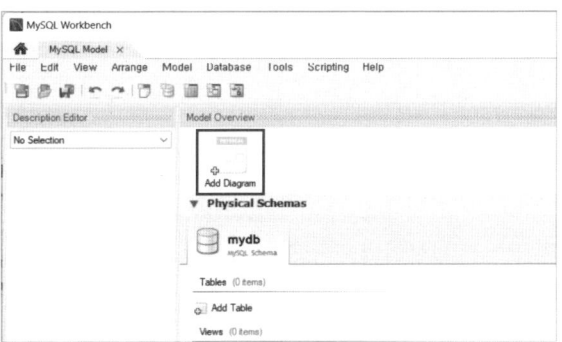

04. [Edit] - [Preferences] 메뉴를 선택해서 모델 작성 시 적용할 글자의 폰트와 크기 등을 설정합니다.

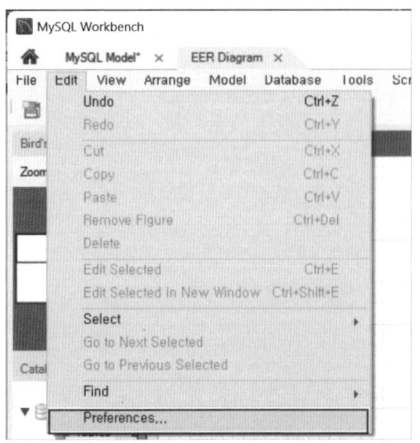

05. [Modeling] - [Appearance] 메뉴에서 Fonts를 한글 폰트로 지정합니다.

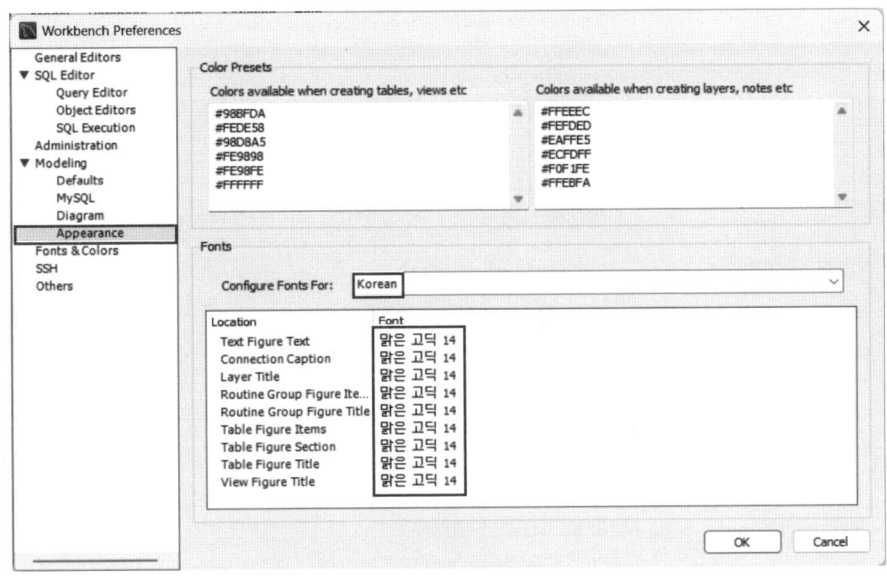

06. [Modeling] - [Diagram] 메뉴에서 Tables의 [Show Column Types]와 [Show Schema Name]의 체크를 해제하여 모델 작성 시 컬럼의 데이터 유형이 표현되지 않도록 합니다. [OK] 버튼을 클릭합니다.

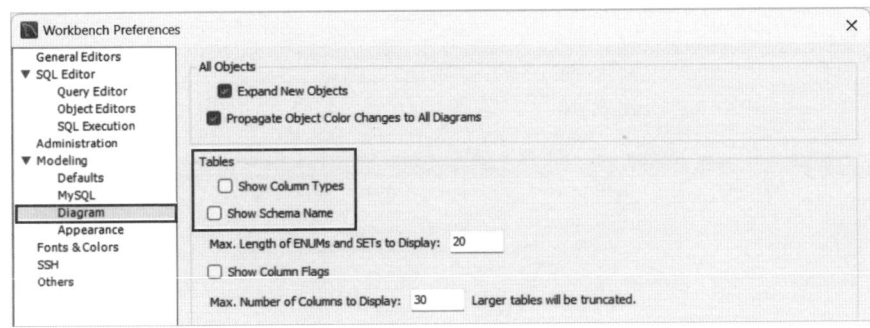

07. 모델 작성 화면입니다. 맨 오른쪽에 있는 패널 아이콘 2개로 왼쪽과 오른쪽의 창을 켜거나 끌 수 있습니다. 패널 아이콘 2개를 꺼서 모델을 작성하는 화면을 넓게 만들었습니다.

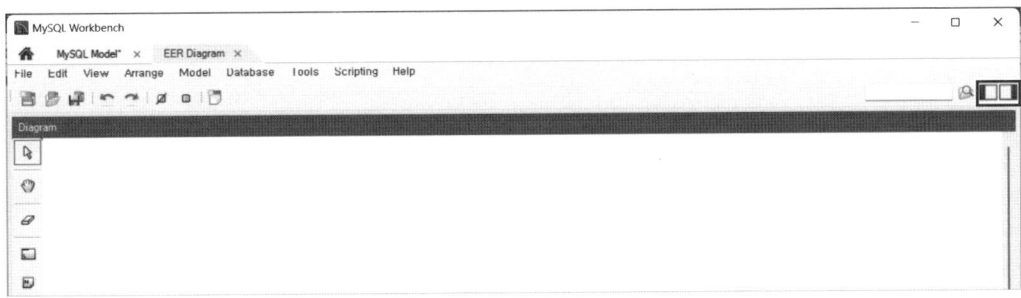

08. 다음은 왼쪽 툴바에서 많이 사용하는 버튼입니다.

▶	Select Object	작성된 엔티티나 관계선 등을 선택할 수 있습니다.
▭	Place a New Layer	여러 엔티티들을 레이어로 묶을 수 있습니다.
▦	Place a New Table	새로운 엔티티를 만들 수 있습니다. (MySQL Workbench는 전문 모델링 도구가 아니라 테이블로 표현합니다.)
1:1	비식별 1:1 관계	1:1의 비식별 관계를 부여합니다. 외래키가 생성될 테이블부터 선택합니다.
1:n	비식별 1:N 관계	1:N의 비식별 관계를 부여합니다. 외래키가 생성될 테이블부터 선택합니다.
1:1	식별 1:1 관계	1:1의 식별 관계를 부여합니다. 외래키가 생성될 테이블부터 선택합니다.
1:n	식별 1:N 관계	1:N의 식별 관계를 부여합니다. 외래키가 생성될 테이블부터 선택합니다.
n:m	N:M 관계	N:M의 관계를 부여하면 양쪽 기본키를 합쳐서 복합키로 부여된 새로운 테이블이 생성됩니다. 테이블의 이름은 양쪽 테이블명을 '_'로 조합한 형태로 제시됩니다.

09. 왼쪽 툴바에서 [Place a New Table] 아이콘을 선택하고 빈 화면에 클릭하여 테이블을 만듭니다.

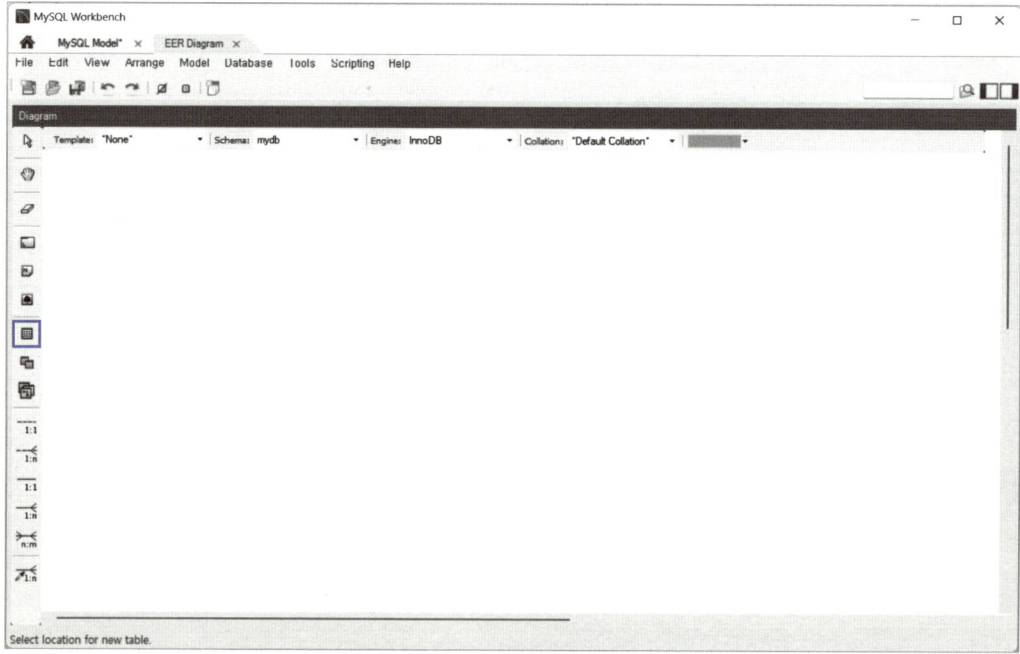

10. 생성된 table1 테이블을 더블 클릭하면, 컬럼을 입력할 수 있는 창이 나옵니다.

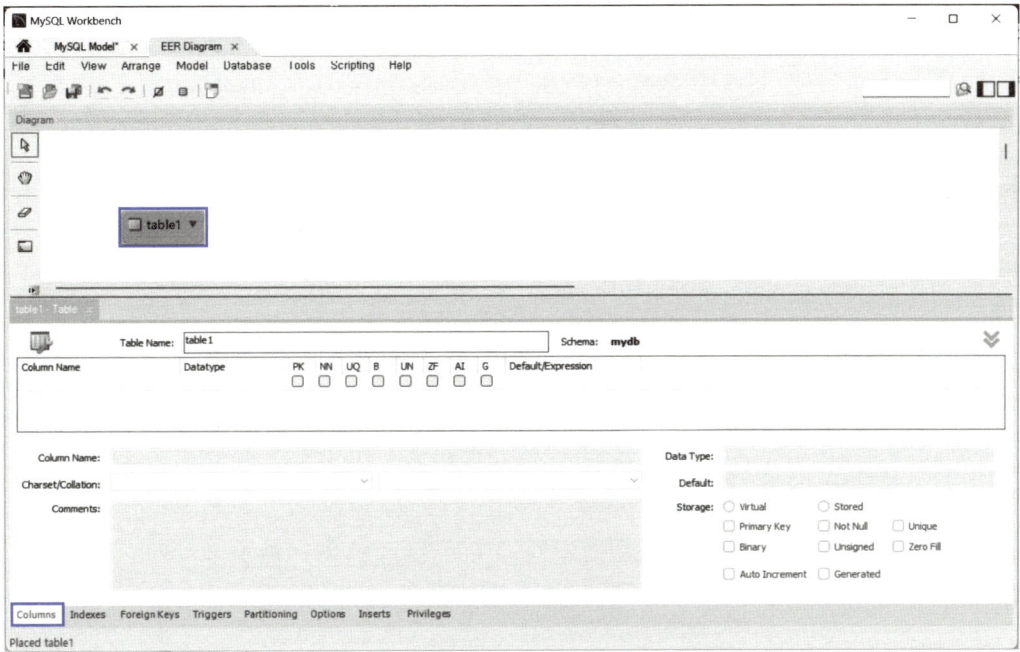

11. Table Name을 '사원'으로 입력합니다. Column Name 아래 빈칸을 더블 클릭하고 '사원번호'를 입력해 컬럼을 추가합니다. 같은 방식으로 〈이름, 주민등록번호, 핸드폰전화번호〉 컬럼도 추가하고, PK, NN 제약 조건을 선택합니다.

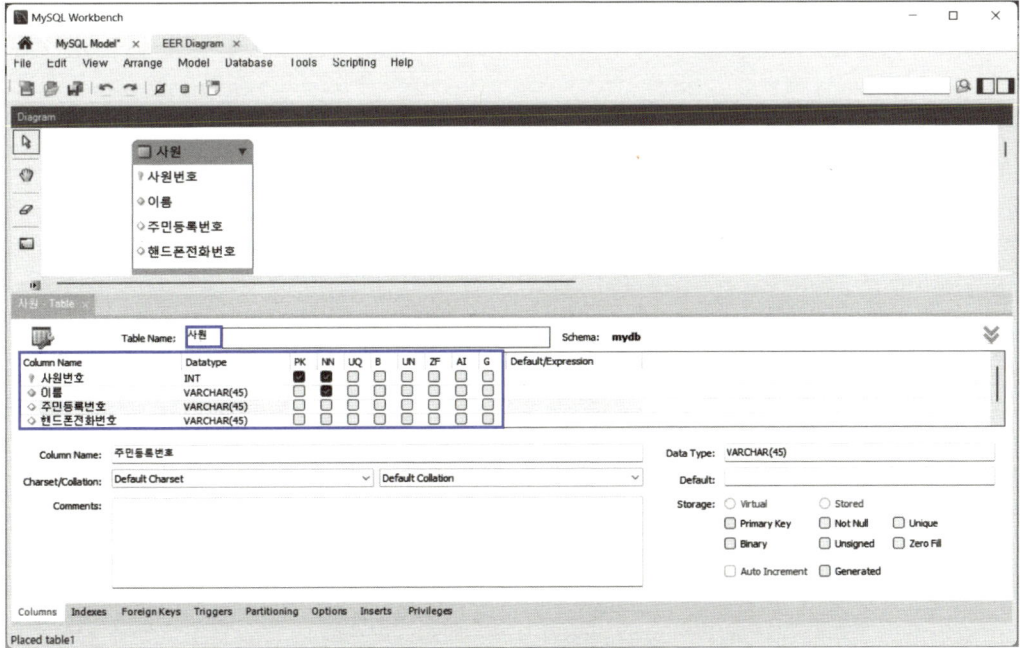

12. [사원-Table] 탭의 [×] 버튼을 클릭하여 창을 닫습니다.

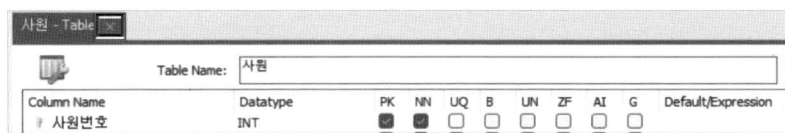

13. 부서 테이블을 새로 추가합니다. 〈부서번호, 부서명, 대표전화번호〉 컬럼을 추가합니다. 사원과 부서 테이블에 관계성을 부여해 보겠습니다. 왼쪽 툴바에서 ① 1:N의 비식별 관계 버튼을 선택하고 ② 사원 테이블과 ③ 부서 테이블을 순서대로 선택합니다.

14. 1:N의 비식별 관계를 부여하니 사원 테이블에 〈부서번호(FK)〉 컬럼이 추가된 것을 확인할 수 있습니다. 관계선을 더블 클릭하면 관계성에 관한 속성 창이 나타납니다. 화면 하단의 [Foreign Key] 탭을 선택하고 사원 테이블의 [Mandatory] 체크를 해제하여 선택 관계로 변경합니다.

15. 컴퓨터 테이블을 만들고 사원 테이블 사이에 1:1의 관계성을 부여하겠습니다. 왼쪽 툴바에서 [1:1 비식별 관계] 버튼을 클릭하고 컴퓨터 테이블과 사원 테이블을 순서대로 선택합니다.

16. 1:1의 비식별 관계를 부여하면 컴퓨터 테이블에 〈사원번호(FK)〉 컬럼이 추가된 것을 확인할 수 있습니다. 관계선을 더블 클릭하면 관계성 속성 창이 나타납니다. [Foreign Key] 탭을 선택하고 사원 테이블의 [Mandatory] 체크를 해제하여 선택 관계로 변경합니다.

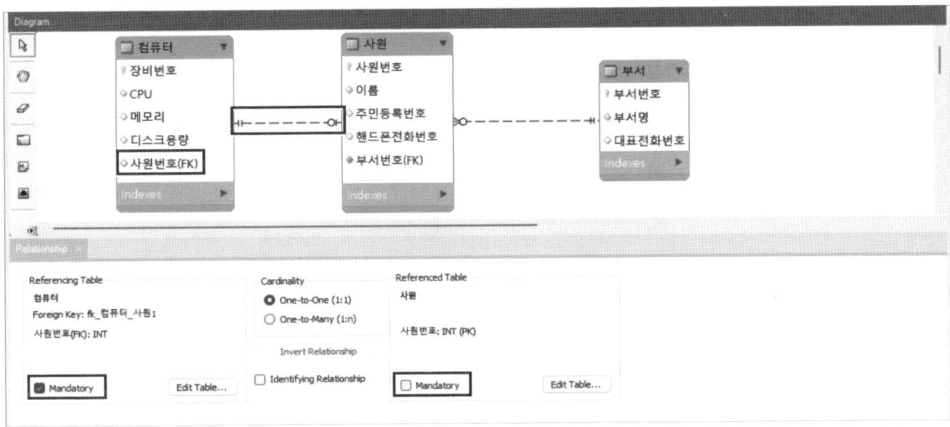

17. 주문 테이블과 상품 테이블을 만들고 두 테이블 사이에 N:M의 관계를 부여하겠습니다. 왼쪽 툴바에서 [N:M 관계] 버튼을 선택하고 주문 테이블과 상품 테이블을 순서대로 선택하면 가운데 주문_상품 테이블이 추가됩니다.

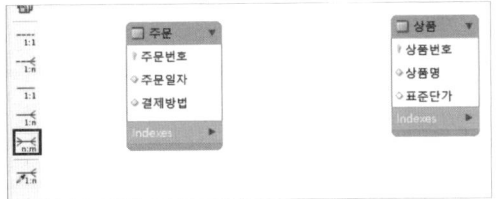

18. 주문_상품 테이블과 상품 테이블 사이의 선을 더블 클릭합니다. 이때 열리는 관계성 속성 창에서 주문_상품 테이블의 [Mandatory] 체크를 해제하여 선택 관계로 변경합니다

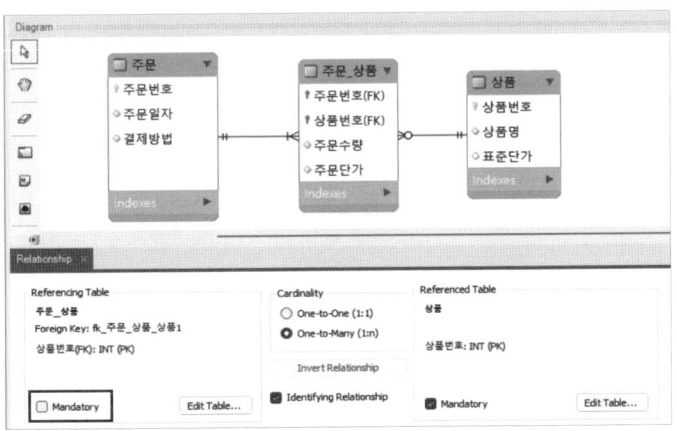

19. 사원 테이블과 주문 테이블 사이에 1:N의 관계성을 부여하겠습니다. 왼쪽 툴바에서 ① [1:N 비식별 관계] 버튼을 클릭하고 ② 주문 테이블과 ③ 사원 테이블을 순서대로 선택합니다.

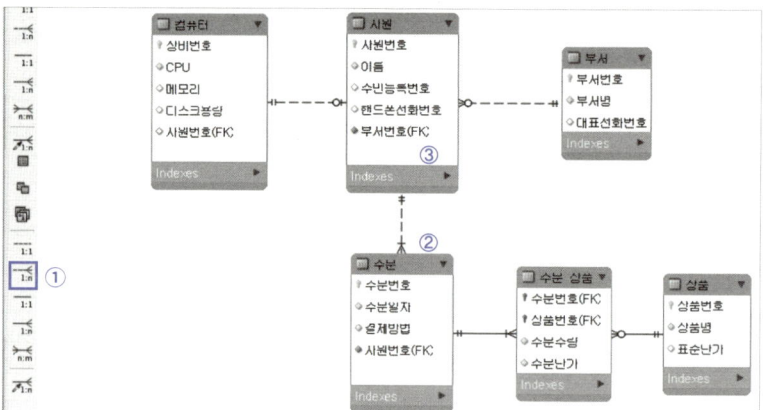

20. 컴퓨터, 사원, 부서 테이블을 하나의 레이어로 표현하겠습니다. ① 왼쪽 툴바에서 [Place a New Layer] 버튼을 선택한 다음 왼쪽 위쪽의 ② 지점을 클릭한 후 드래그해서 레이어를 만듭니다.

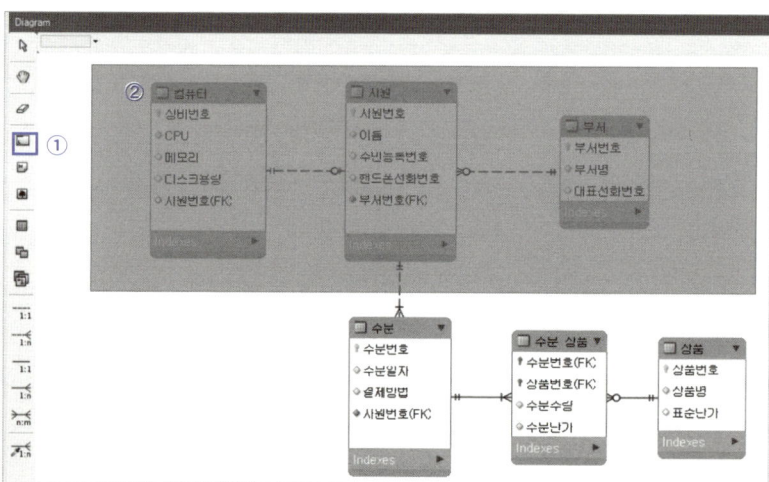

21. 왼쪽 툴바에서 [Place a New Layer] 버튼을 클릭한 후 주문, 주문_상품, 상품 테이블을 묶어 두 번째 레이어를 만듭니다.

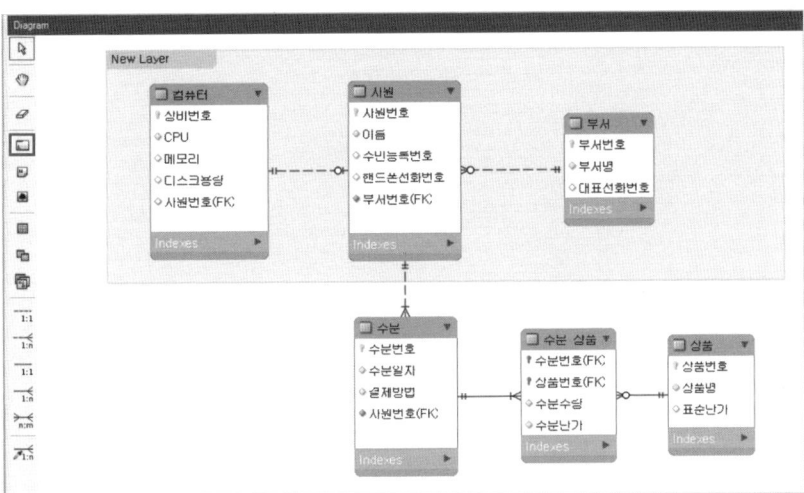

22. 각 레이어의 이름을 부여해 보겠습니다. 레이어를 선택하여 오른쪽 마우스 버튼을 클릭한 후 [Edit 'New Layer']를 선택합니다.

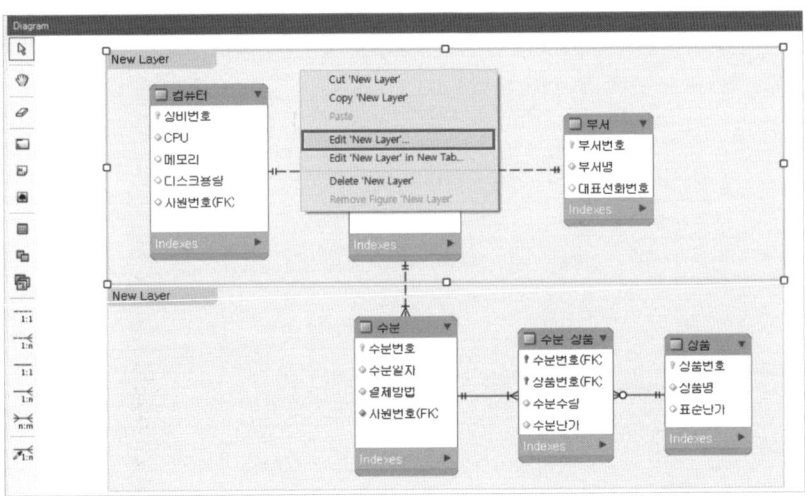

23. [Layer Name:]란에 '인사'를 입력하고 [인사-Layer] 탭의 [×] 버튼을 클릭하여 창을 닫습니다. 두 번째 레이어를 선택해서 [Layer Name:]란에 판매를 입력합니다.

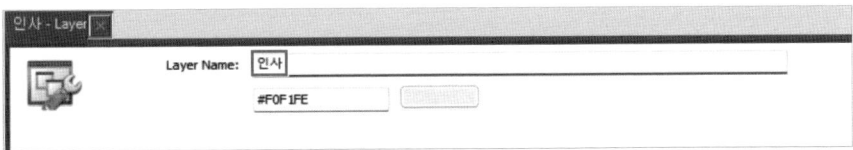

24. 완성된 ERD입니다.

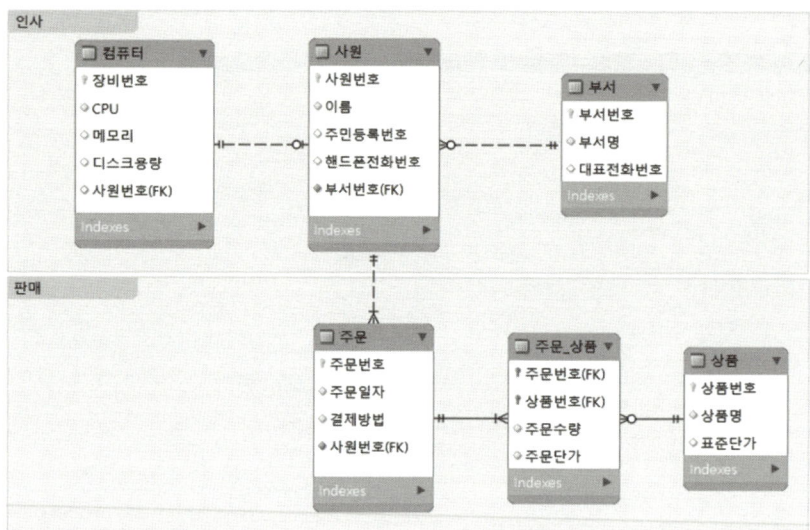

3.3. 테이블을 ERD로 변환하기

현재 운영 중인 시스템의 현행화된 ERD가 없다면 Reverse Engineer 기능을 이용해서 데이터베이스에 접속하고 테이블을 ERD로 변환할 수 있습니다.

world 스키마를 ERD로 변환하기

01. 메뉴 바에서 [Database] - [Reverse Engineer]를 선택하거나 단축키 Ctrl + R 을 누릅니다.

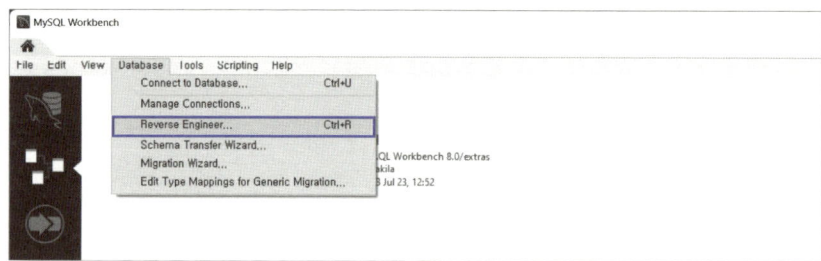

02. MySQL Server 설치 단계에서 만든 [LocalServer] 접속을 선택하고 [Next] 버튼을 클릭합니다.

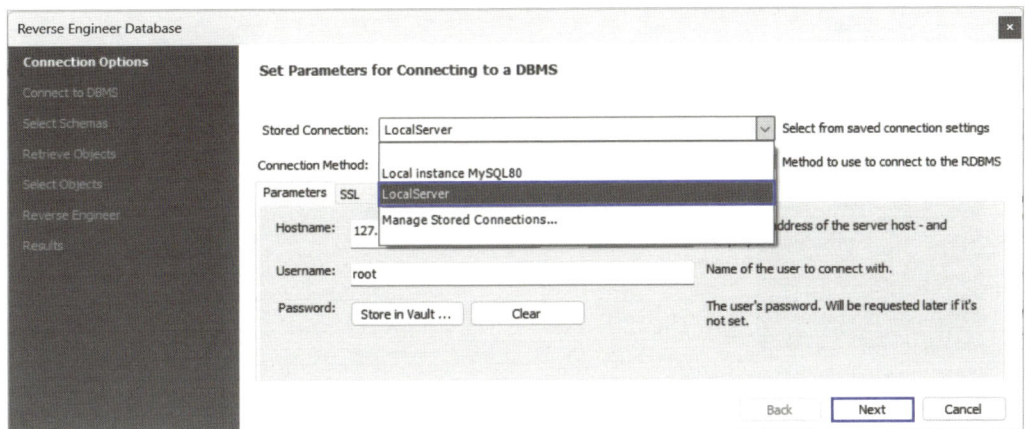

03. DBMS에 접속 단계에서 [Next] 버튼을 클릭합니다.

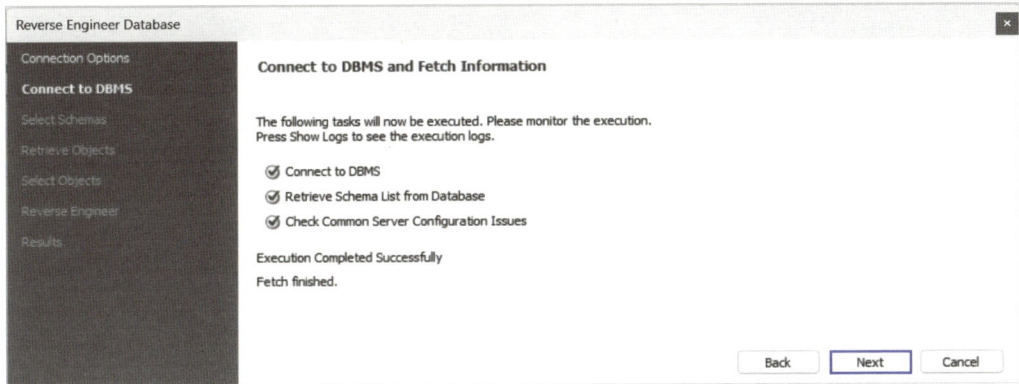

04. ERD로 변환할 데이터베이스를 선택하는 화면입니다. 접속한 사용자가 보유한 데이터베이스 목록을 보여 줍니다. Example로 설치한 [world] 데이터베이스를 체크하고 [Next] 버튼을 클릭합니다.

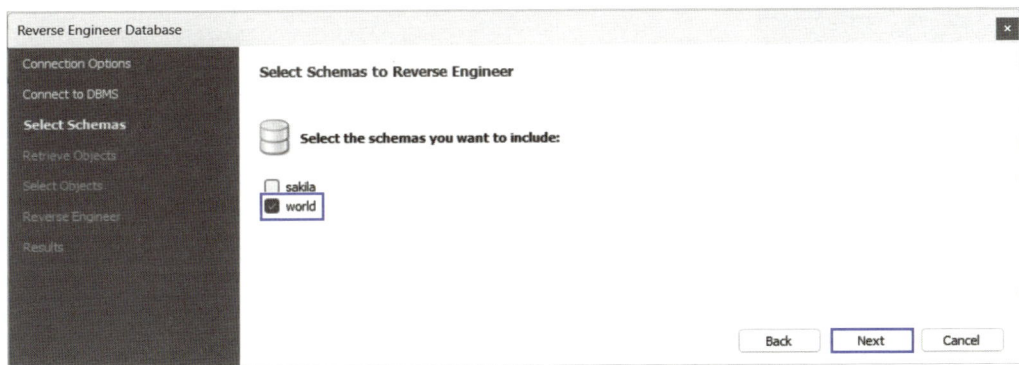

05. 'Retrieval Completed Successfully'가 표시된 상태에서 [Next] 버튼을 클릭합니다.

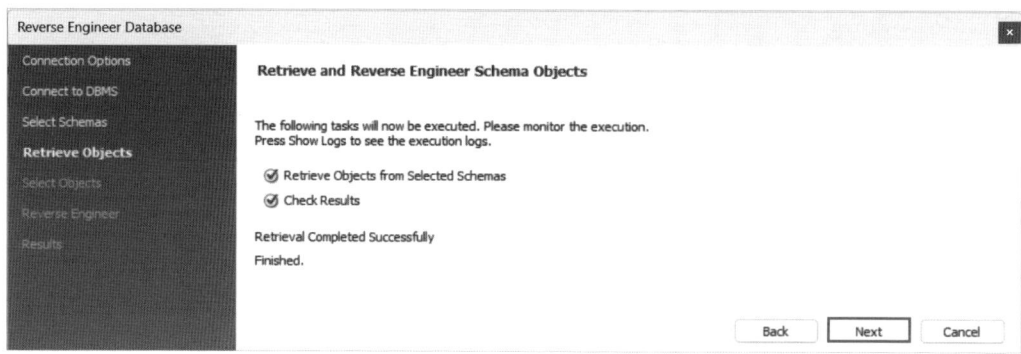

06. [Show Filter] 버튼을 클릭하여 Import된 객체를 확인하고 Reverse할 객체를 선택할 수 있습니다.

07. Import된 테이블 목록에서 ERD로 변환할 테이블을 빼기/더하기 할 수 있습니다. World 스키마는 전체를 ERD로 변환하므로 현 상태에서 [Execute] 버튼을 클릭합니다.

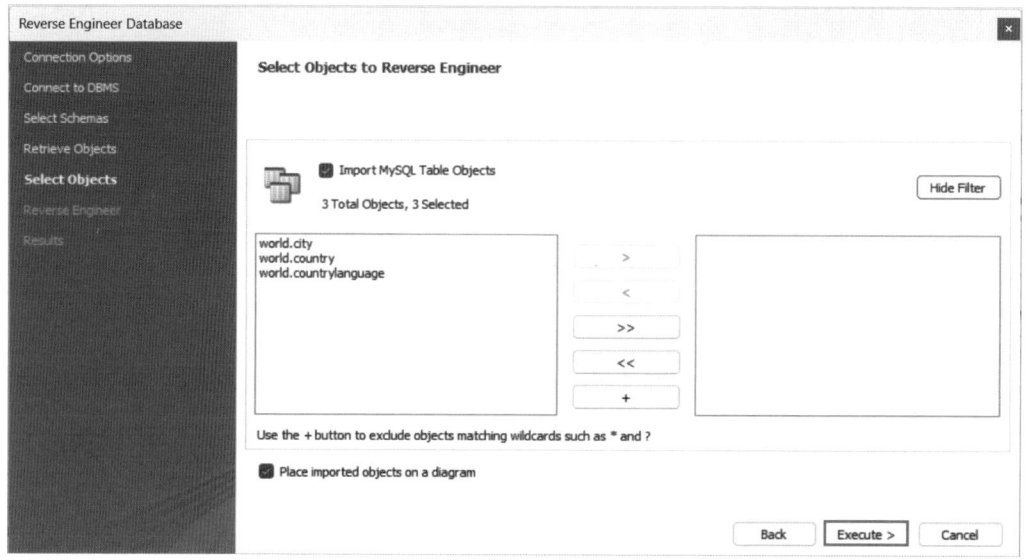

08. Reverse Engineering 처리 결과를 확인하고 [Next] 버튼을 클릭합니다.

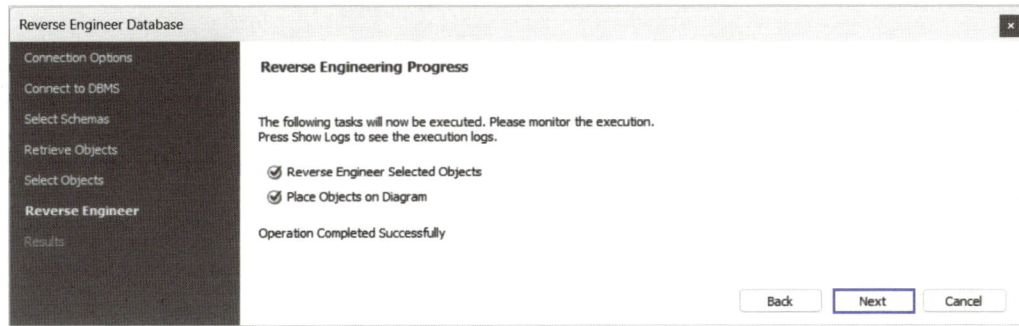

09. [Finish] 버튼을 클릭합니다.

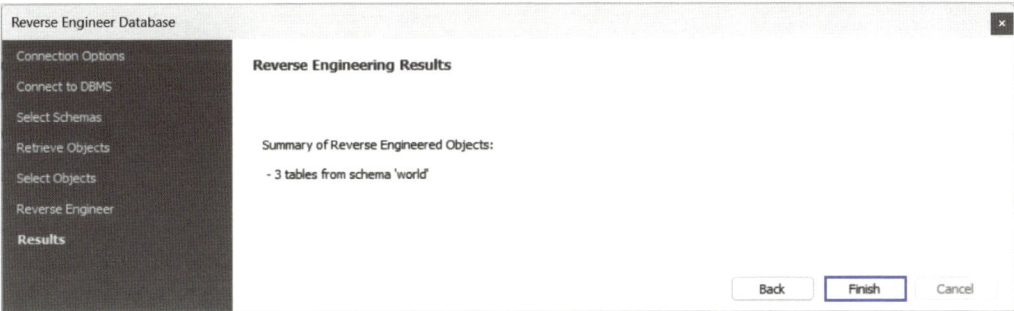

10. 테이블을 ERD로 변환한 결과입니다.

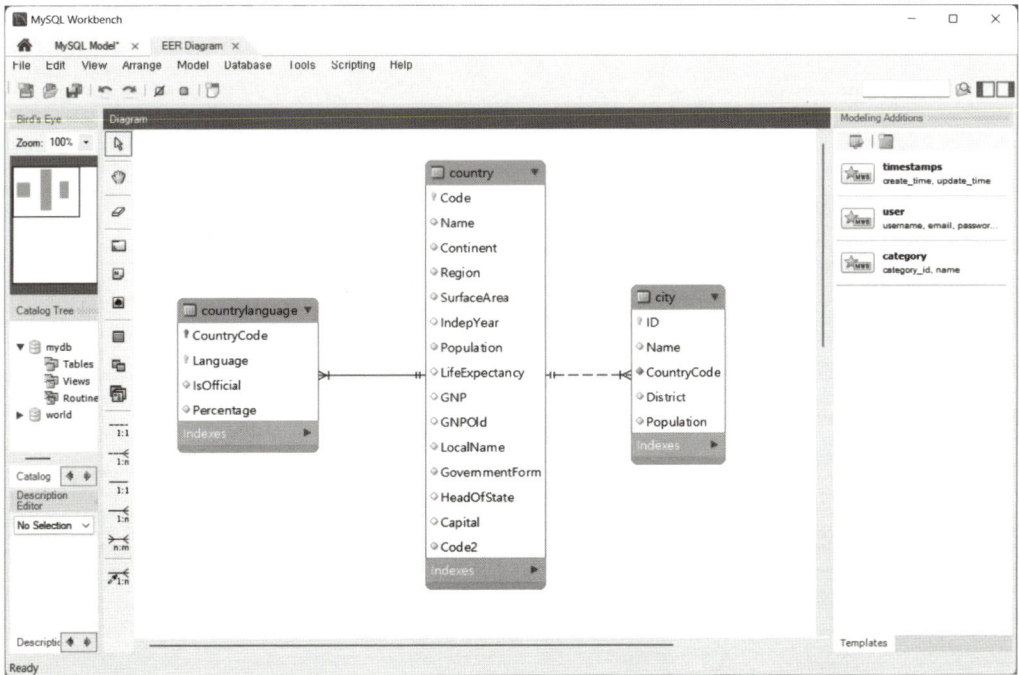

sakila 스키마를 ERD로 변환하기

01. 이번에는 [sakila] 스키마를 선택해서 ERD로 변환해 보겠습니다. 이전과 마찬가지로 메뉴 바에서 [Database] - [Reverse Engineer]를 선택하고 MySQL Server 설치 단계에서 만든 [LocalServer] 접속을 선택하고 [Next] 버튼을 클릭합니다. DBMS에 접속 단계에서 [Next] 버튼을 클릭합니다.

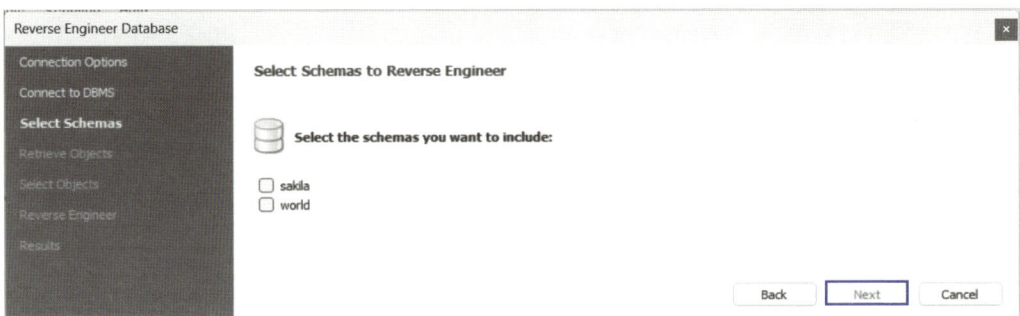

02. [sakila] 스키마를 선택하고 [Next] 버튼을 클릭합니다.

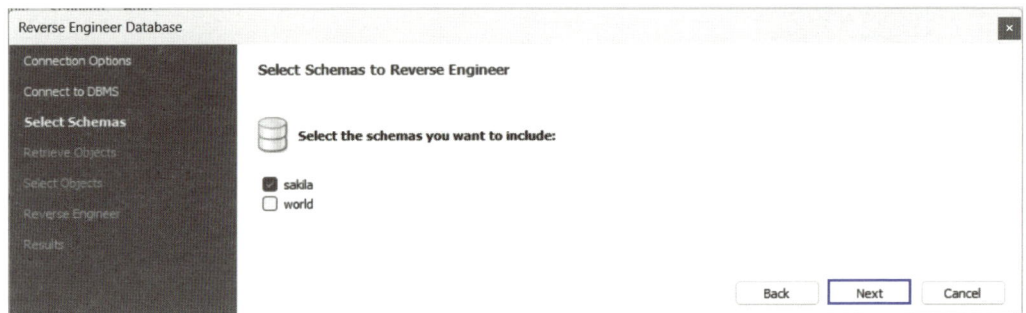

03. 'Retrieval Completed Successfully'가 표시된 상태에서 [Next] 버튼을 클릭합니다.

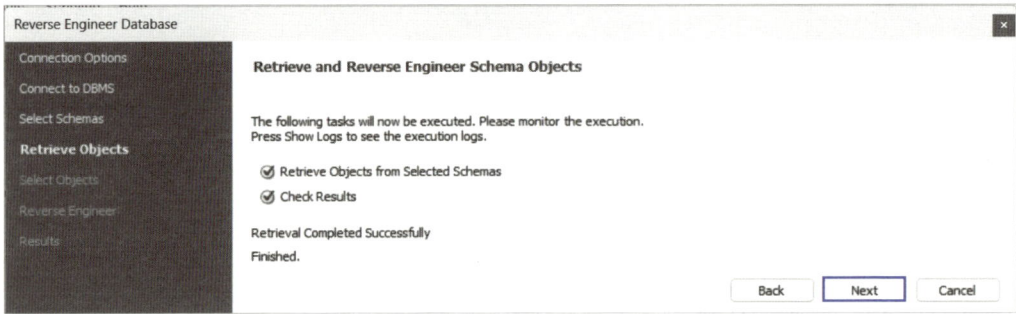

04. 테이블(Import MySQL Table Objects)만 선택하고 다른 객체들은 선택을 해제한 상태에서 [Show Filter] 버튼을 클릭합니다.

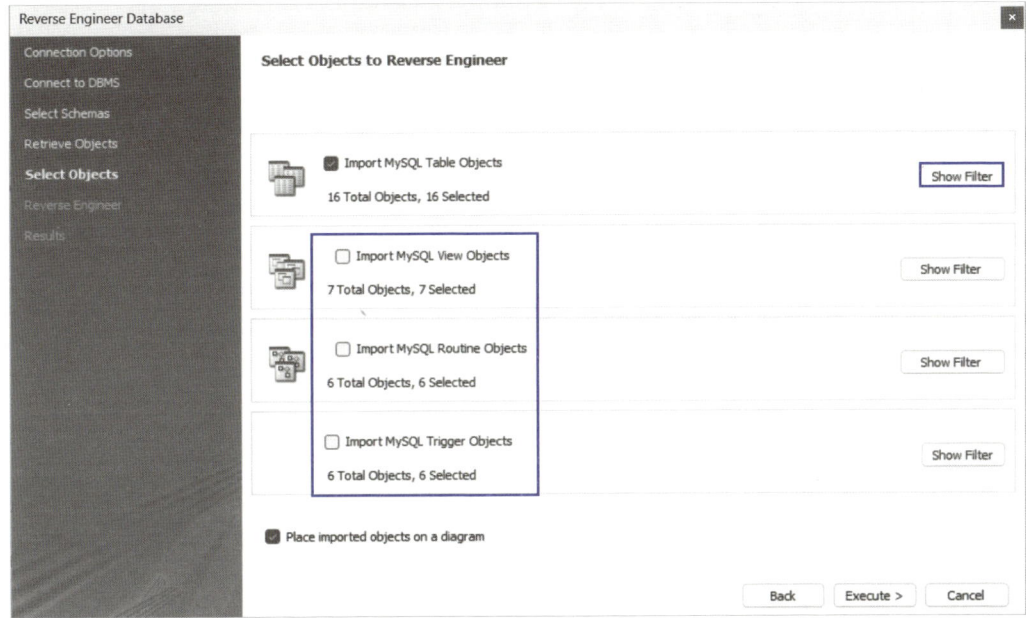

05. Import된 테이블 목록에서 ERD로 변환하지 않을 테이블(saklia.actor, saklia.city, saklia.country, saklia.film_actor, saklia.film_text, saklia.language, saklia.payment)을 선택해서 제거한 후 [Execute] 버튼을 클릭합니다.

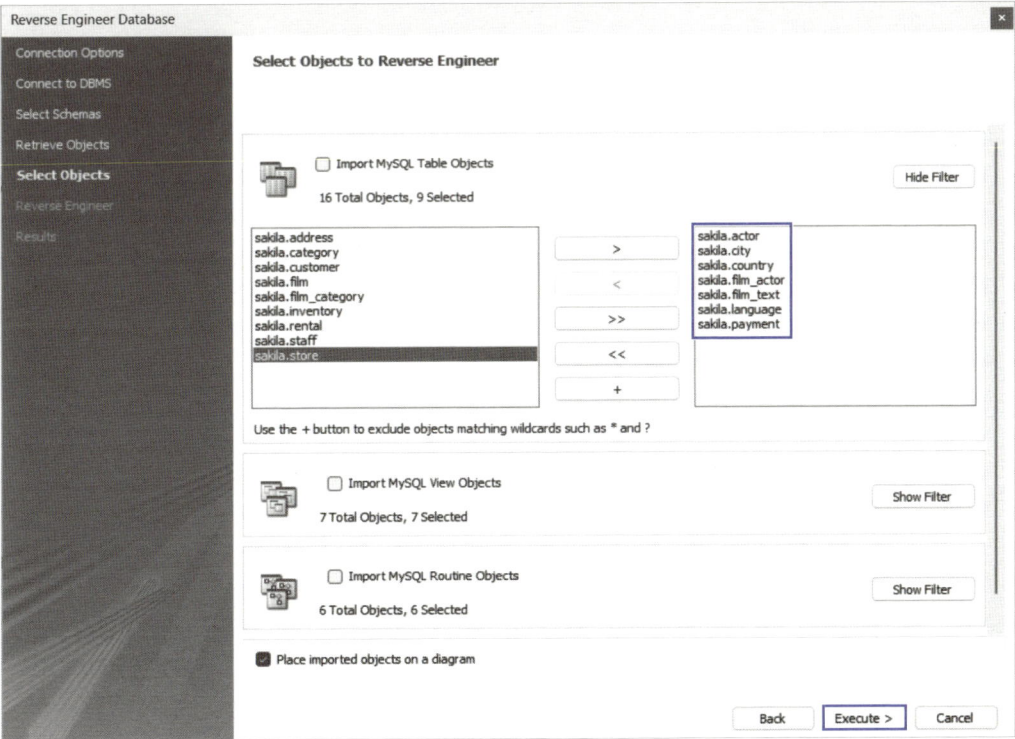

03 _ 데이터베이스 지도 / 79

06. Reverse Engineering 처리 결과를 확인하고 [Next] – [Finish] 버튼을 클릭하여 변환을 완료합니다.

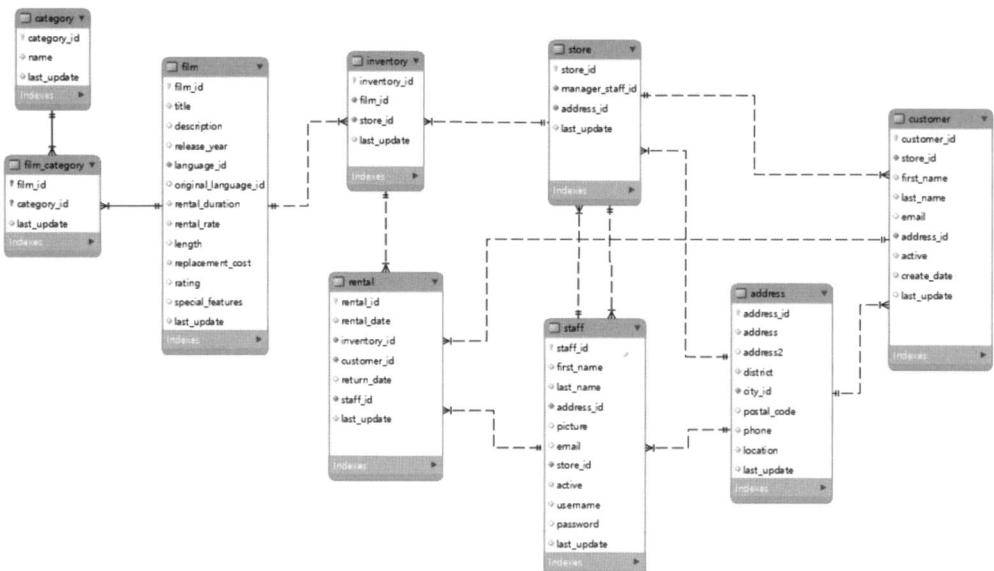

04

데이터 관리

4.1. 데이터 처리 표준어: SQL

SQL(Structured Query Language)은 RDBMS에서 데이터를 다루기 위해 사용하는 언어입니다. 한국인과는 한국어로 대화하고 미국인과 대화하려면 영어를 사용하듯이 RDBMS와 대화하려면 SQL을 사용합니다. SQL 문은 사용자가 실제 데이터가 처리되는 세부적인 과정을 몰라도 데이터를 조작할 수 있는 장점이 있습니다.

MySQL, 오라클, MSSQL, PostgreSQL과 같은 많은 RDBMS 제품들이 있고 각 회사별 제품의 구조나 특성이 조금씩 다르지만, 사용되는 SQL 문은 대부분 동일합니다. RDBMS 제품마다 약간의 차이점이 있지만 표준 문법에 맞게 작성하면 대부분 통용되므로 보편적으로 사용할 수 있는 장점이 있습니다. 오라클로 사용하던 시스템을 MySQL로 변환할 때 기존에 작성된 SQL 문을 조금만 수정하면 그대로 사용할 수 있습니다.

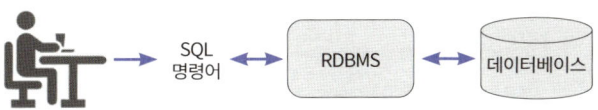

SQL 명령어의 특징은 다음과 같습니다.

- 배우고 사용하기 쉬운 언어입니다.
- 데이터의 집합(SET) 단위로 처리됩니다.
- 공인된 기관의 표준 SQL 문법이 존재합니다
- 개발자를 포함한 일반 사용자들도 SQL을 배우고 사용합니다.

SQL 명령어로 다음과 같은 일을 할 수 있습니다.

- 데이터베이스에 테이블과 같은 객체를 생성, 변경, 삭제할 수 있습니다.
- 테이블에 데이터를 입력, 수정, 삭제, 조회하는 질의 언어입니다.
- SQL은 구조화된 언어로 문형에 맞춰 작성합니다.
- SQL은 다른 절차적 언어와는 다르게 처리 과정을 기술할 필요가 없습니다.

SQL 문 작성 지침을 고려하여 문장을 작성합니다.

- SQL 문은 특별히 표시하지 않는 한 대소문자 구분을 하지 않습니다.
- 일반적으로 키워드는 대문자로 입력하고, 테이블 이름, 컬럼 등은 소문자로 입력합니다.
- 키워드는 여러 행에 나누어 쓰거나 약어로 쓸 수 없습니다.
- 문장은 세미콜론(;)으로 끝납니다.
- SQL 문은 여러 라인에 걸쳐서 작성할 수 있고 읽기 좋게 들여쓰기를 하는 것이 좋습니다.
- SELECT 다음에 별표(*)를 사용하여 테이블에 있는 모든 컬럼을 표시할 수 있습니다.
- 여러 컬럼을 조회할 때는 콤마(,)로 컬럼을 구분합니다.
- SELECT 절에서 출력 결과에 표시할 순서대로 컬럼을 지정합니다.

MySQL Server에 접속하는 방법

설치된 MySQL DB Server에 접속하는 방법은 MySQL Monitor과 MySQL Workbench, 두 가지입니다.

첫 번째로, [MySQL 8.0 Command Line Client] 메뉴를 선택하여 MySQL Monitor를 통해 DB Server에 접속합니다.

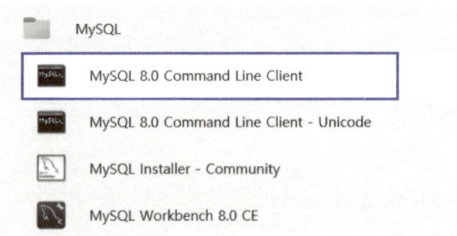

MySQL Monitor가 실행되면 설치 과정에서 설정한 루트(root) 사용자의 비밀번호를 입력합니다.

mysql> 프롬프트에서 show databases;를 입력하면 접속한 사용자가 보유한 데이터베이스 목록을 보여 줍니다.

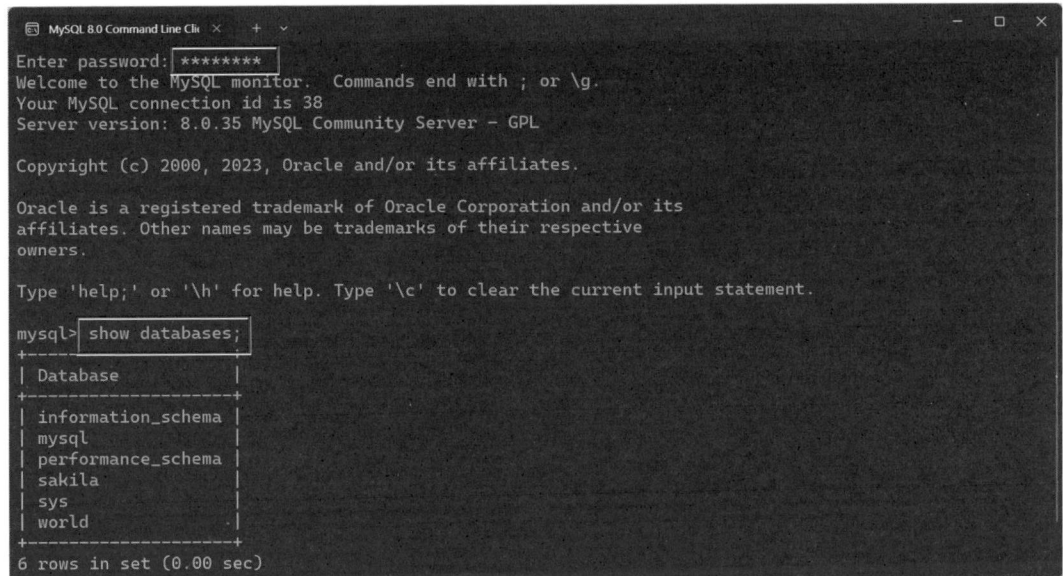

두 번째로, [MySQL Workbench 8.0 CE] 메뉴를 선택하여 MySQL Workbench를 실행합니다.

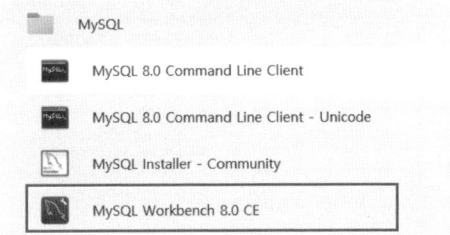

접속 목록에서 MySQL 설치 과정에서 만든 [LocalServer]를 클릭합니다.

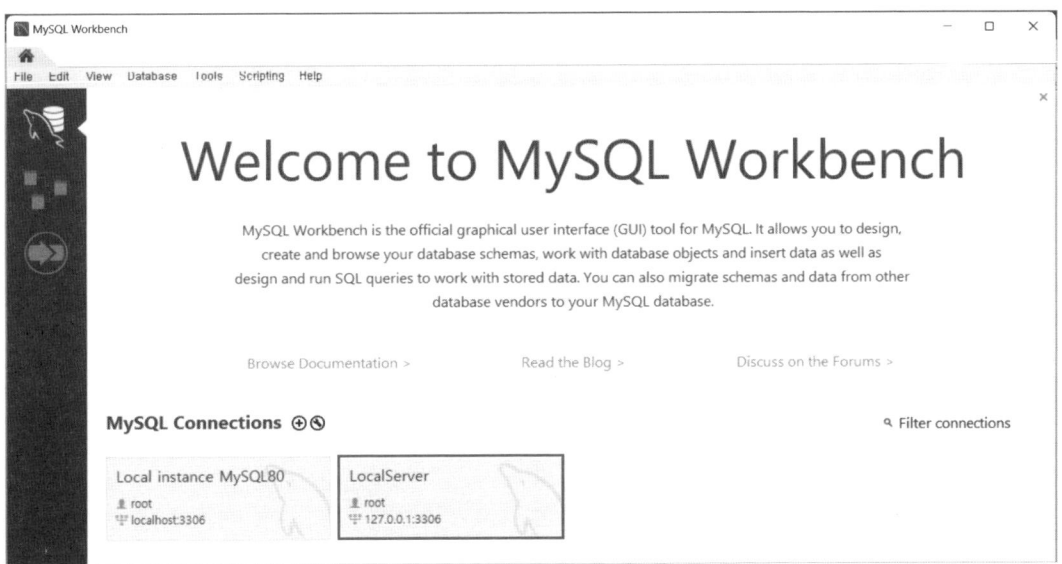

LocalServer에 접속한 초기 화면에서 MySQL Workbench 툴의 주요 기능을 알아보겠습니다.

메뉴 바와 툴 바가 있고, 제일 왼쪽에 [Navigator] 창이 있습니다. [Navigator] 창은 [Administration] 탭과 [Schemas] 탭이 있습니다. [Administration] 탭은 DBA 업무와 관련된 탭으로 이 책에서는 다루지 않습니다.

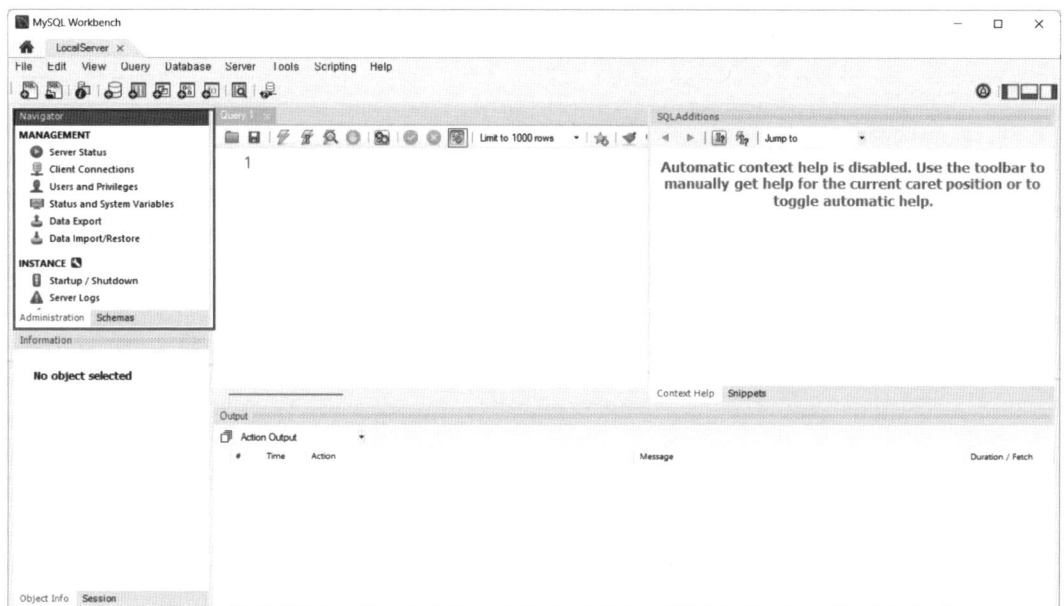

[Navigator] 창의 두 번째 탭은 [Schemas] 탭입니다. 현재 접속한 사용자(root)의 스키마(데이터베이스) 목록을 확인할 수 있습니다.

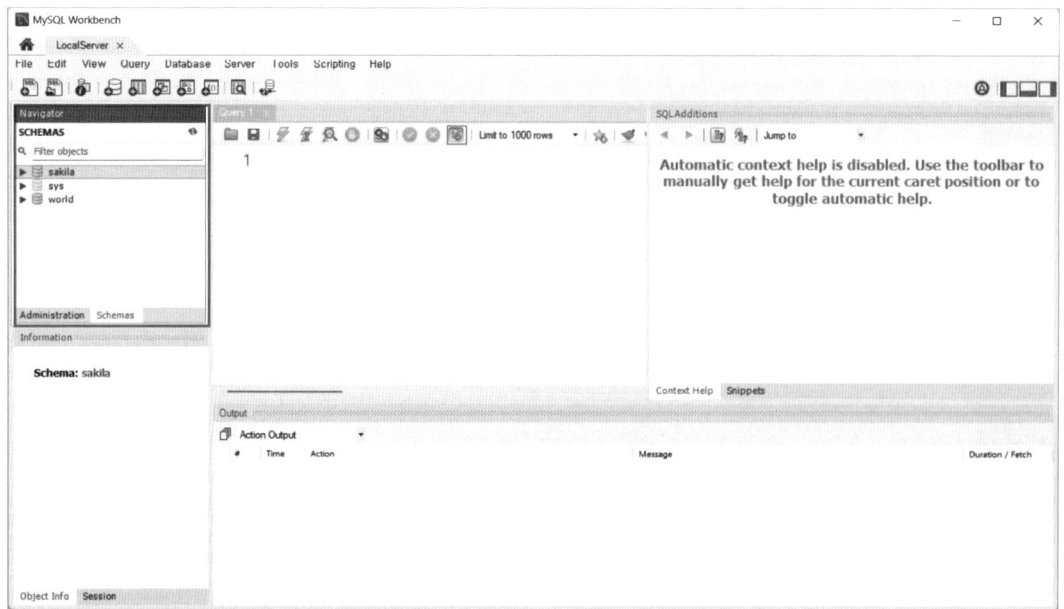

[Navigator] 창의 아래에는 [Schemas] 탭에서 선택한 객체의 정보(Object Info)를 확인할 수 있습니다.

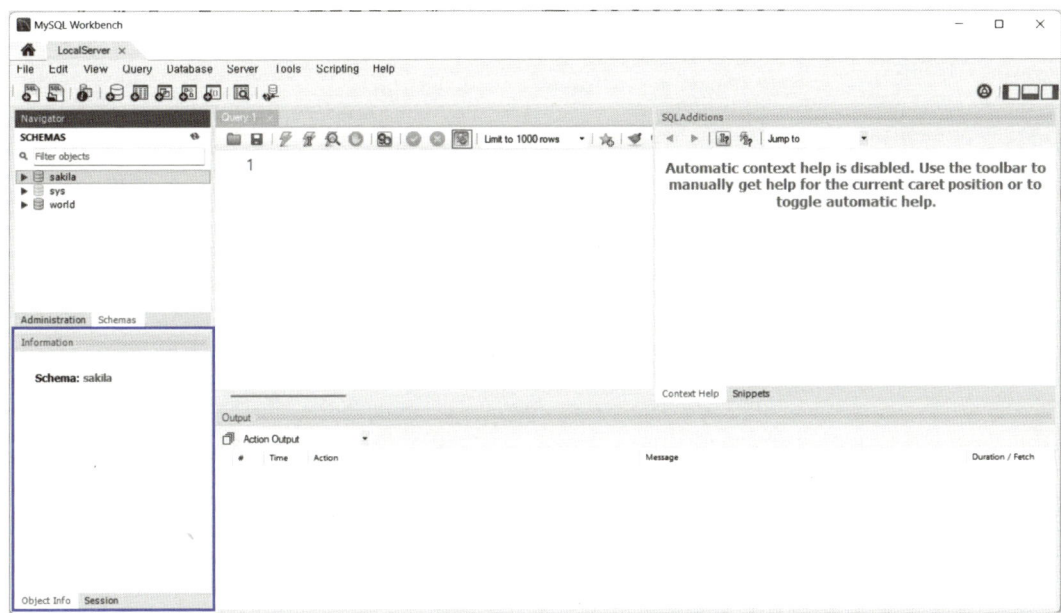

화면의 제일 오른쪽에는 [SQL Additions] 창이 있습니다.

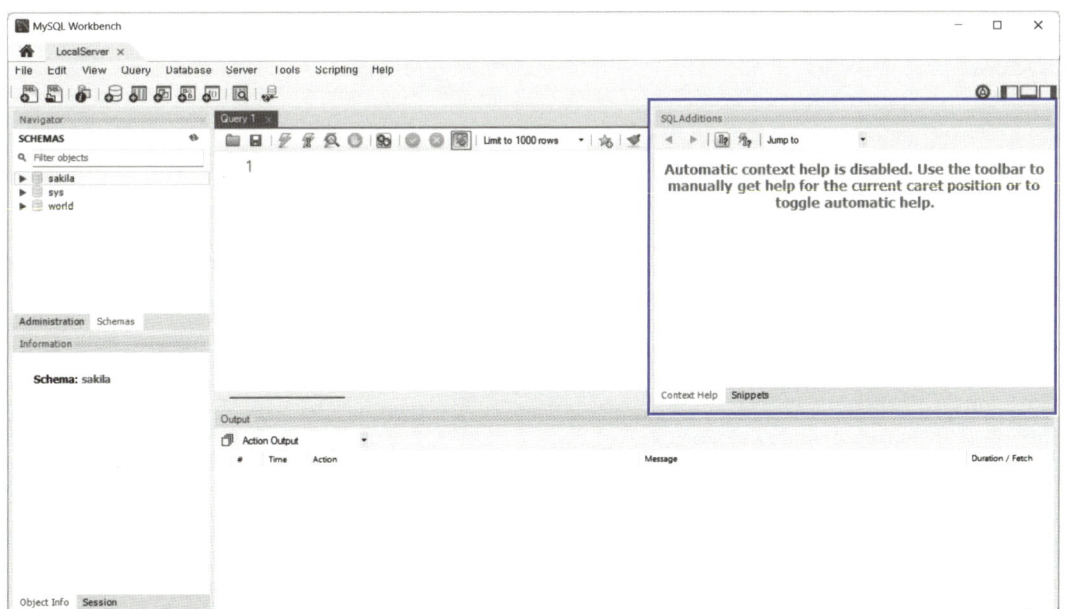

아래에 있는 [Output] 창을 통해 MySQL Server가 보내는 메시지를 확인할 수 있습니다.

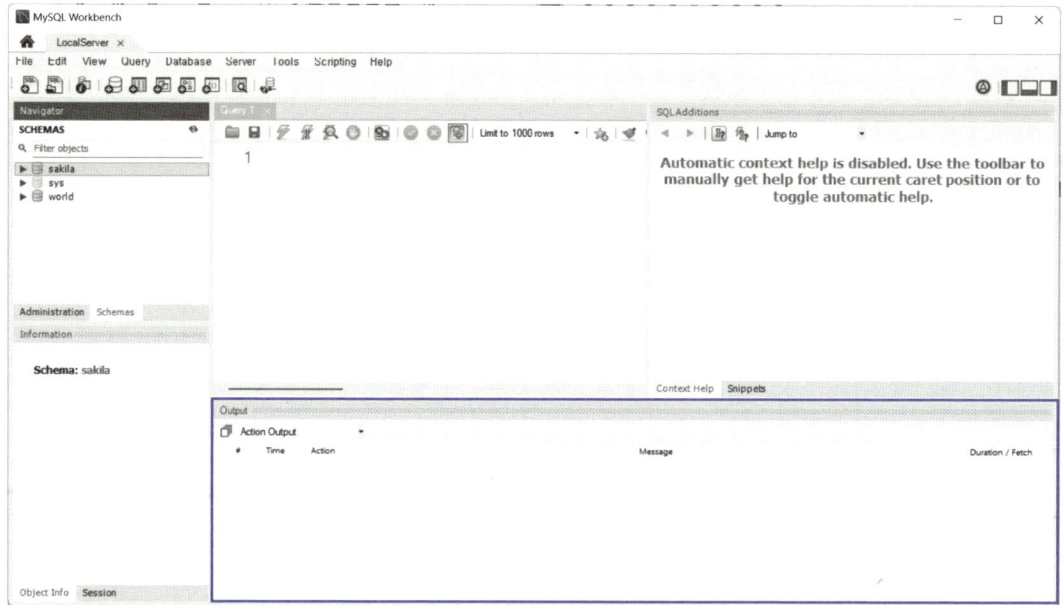

[Query] 창은 제일 많이 사용하는 창입니다. 이 창에서 SQL 명령어를 입력하고 실행합니다.

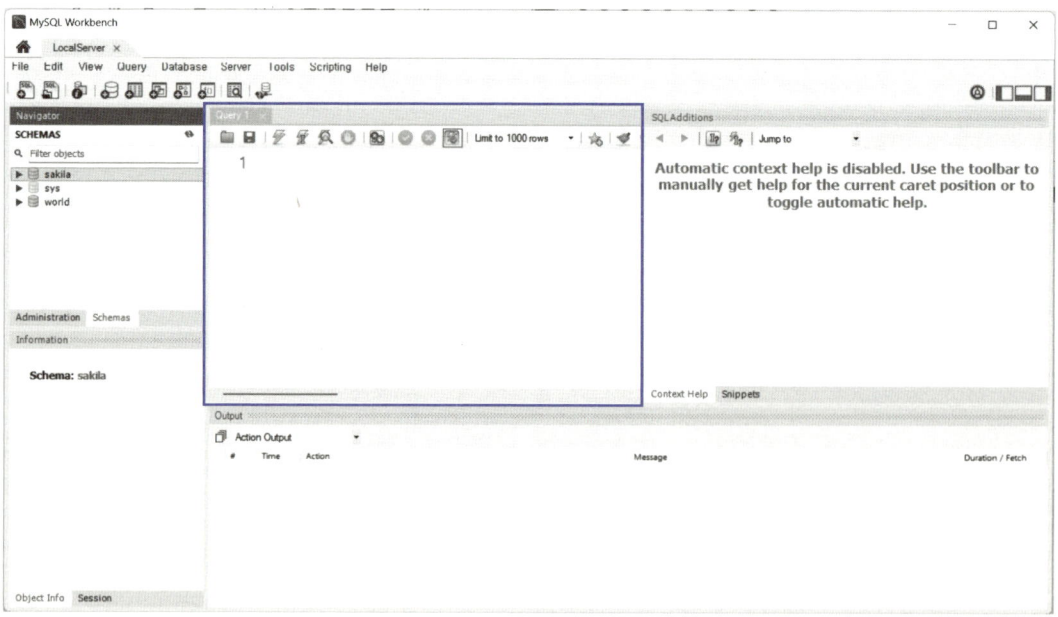

툴 바의 제일 오른쪽에 있는 3개의 패널로 각각 ① [Navigator] 창, ② [Output] 창, ③ [SQL Additions] 창을 켜거나 끌 수 있습니다.

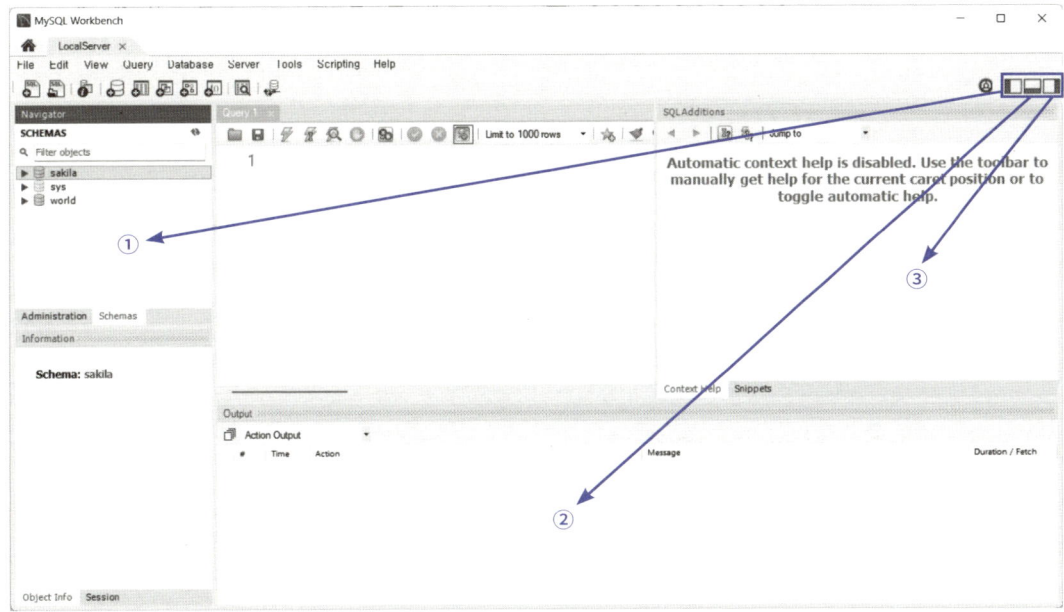

3개의 패널을 모두 끄고 [Query] 창을 넓게 만들었습니다.

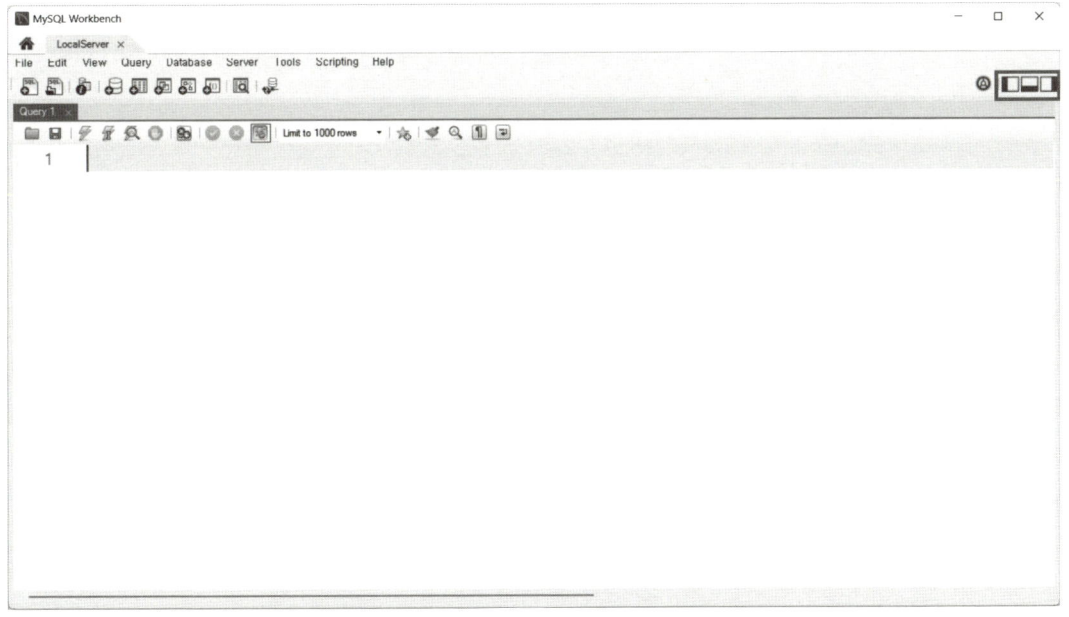

다음은 [Query] 창의 툴 바에 있는 아이콘 중에서 제일 많이 사용하는 4개 버튼입니다.

 열기	[Query] 창에 스크립트 파일을 엽니다. 메뉴 바의 [File] - [Open SQL Script]와 동일합니다. 단축키는 Ctrl + Shift + O 입니다. 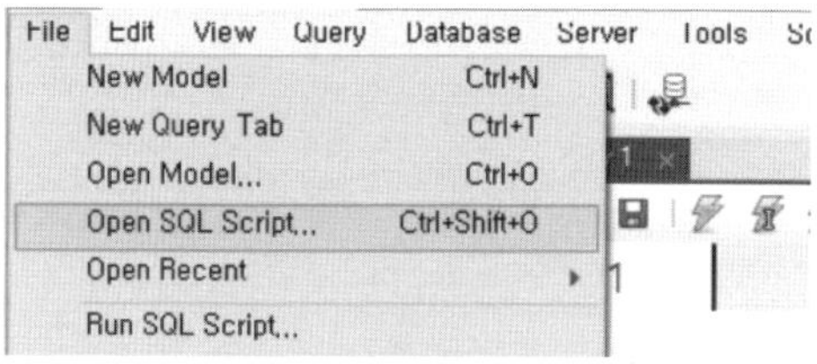	
저장	[Query] 창의 스크립트를 파일로 저장합니다. 메뉴 바의 [File] - [Save Script]와 동일합니다. 단축키는 Ctrl + S 입니다. 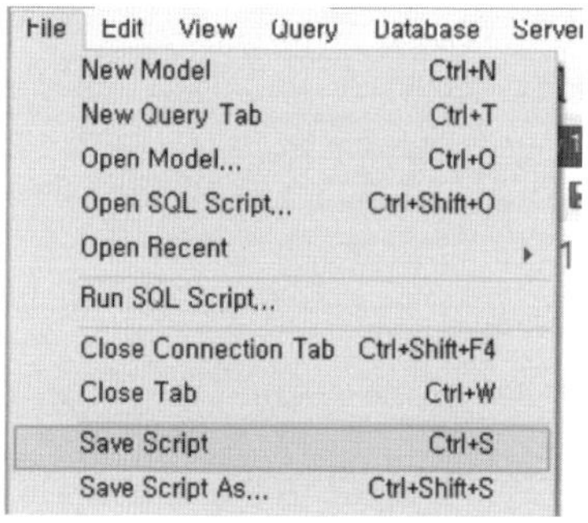	
 전체/선택 실행	[Query] 창의 전체 명령 또는 선택한 명령 스크립트를 실행합니다. 메뉴 바의 [Query] - [Execute(All or Selection)]와 동일합니다. 단축키는 Ctrl + Shift + Enter 입니다. 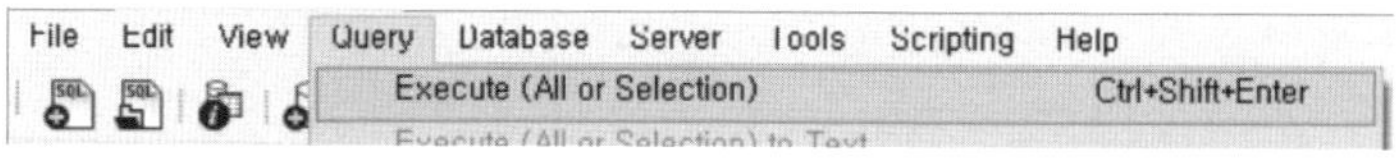	
 문장 실행	[Query] 창의 커서가 위치한 명령 스크립트를 실행합니다. 메뉴 바의 [Query] - [Execute Current Statement]와 동일합니다. 단축키는 Ctrl + Enter 입니다. 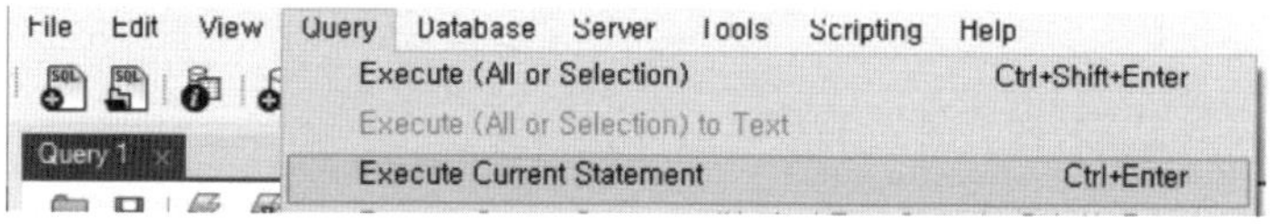	

4.2. MySQL 스키마

MySQL에서 스키마(Schema)란 윈도우의 폴더와 유사한 개념으로 관련된 테이블들의 묶음입니다. MySQL 샘플 데이터베이스를 설치하면 World와 Sakila, 두 개의 스키마가 생성됩니다. 이때 스키마는 데이터베이스와 같은 의미입니다.

일반 회사에서 사용하는 업무용 시스템은 해당 업무와 관련된 테이블들을 묶어 인사, 영업, 생산, 자재 데이터베이스가 있고 각 데이터베이스 내에 테이블이 위치합니다.

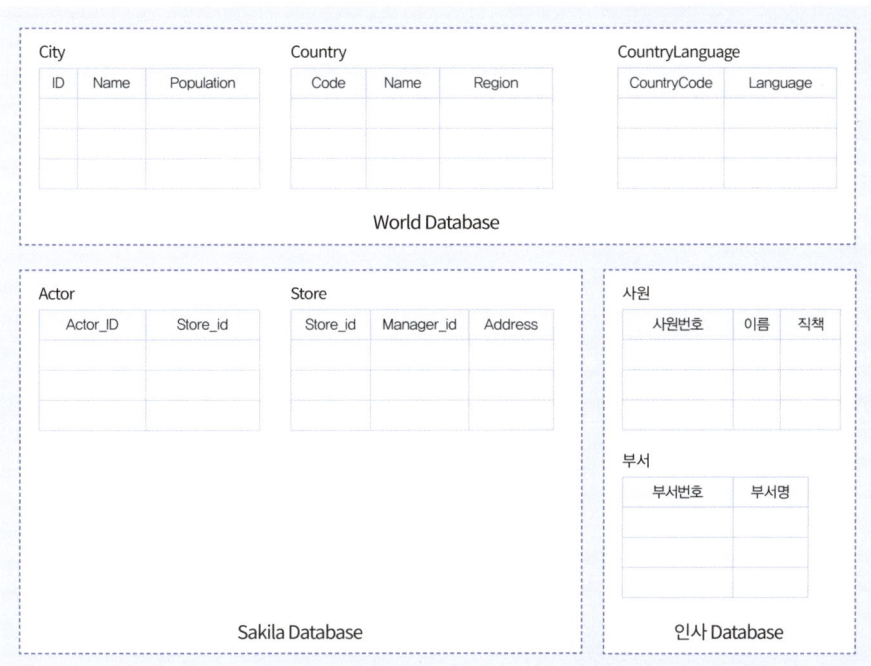

데이터베이스 서버

USE 명령어로 기본(default) 스키마를 지정합니다. USE world; 명령어를 입력하고 Ctrl + Enter 를 누르거나 ⚡ 버튼을 클릭하면 world 데이터베이스를 기본 스키마로 지정합니다. 툴의 [Navigator] 창의 [Schemas] 탭의 world 단어가 굵게 바뀐 것을 확인할 수 있습니다.

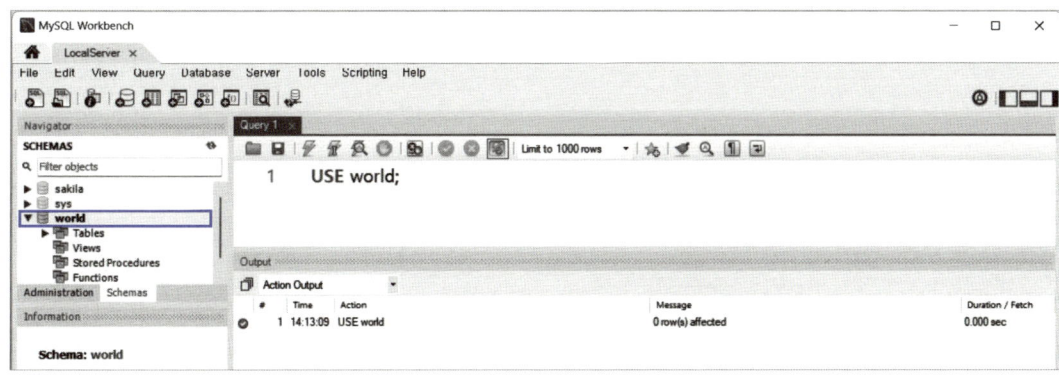

실습용 스키마 만들기

SQL 실습용 테이블을 만들기 전에, 먼저 실습용 테이블들이 저장될 스키마를 만듭니다.

01. [Navigator] 창의 [Schemas] 탭에서 마우스 오른쪽 버튼을 클릭한 후 팝업 메뉴에서 [Create Schema]를 선택합니다.

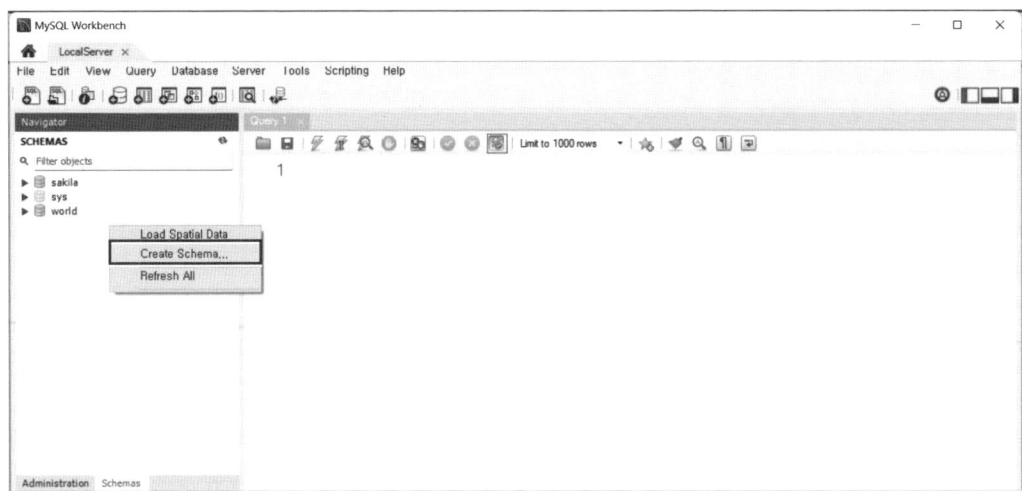

02. 새 스키마 창에서 스키마 이름을 'sqldb'로 입력하고 [Apply] 버튼을 클릭합니다.

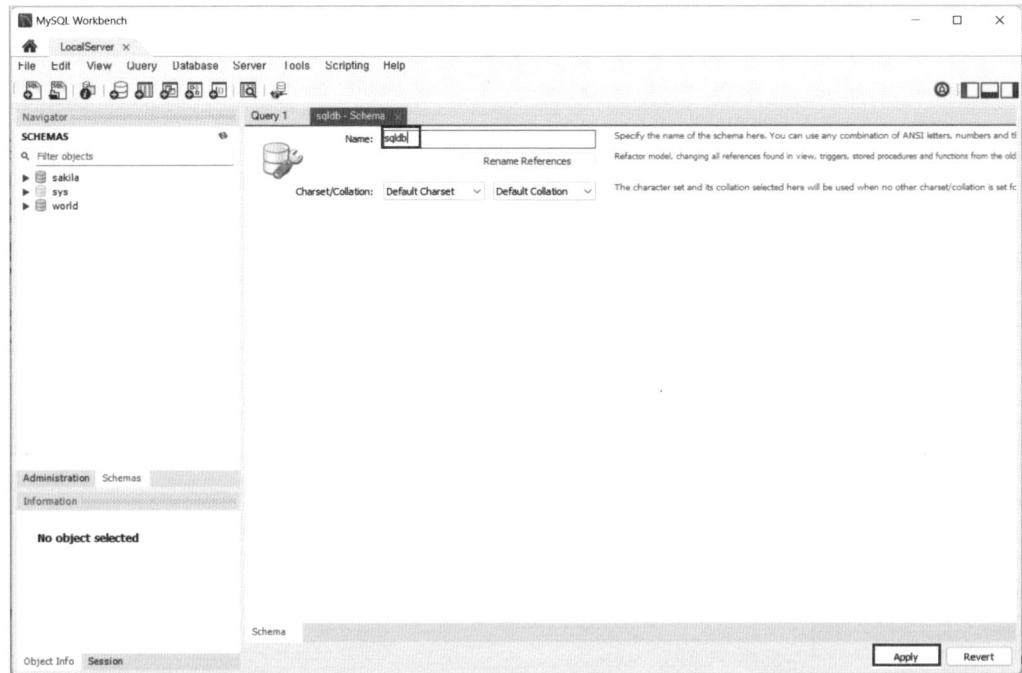

03. [Apply SQL Script to Database] 창에서 자동으로 생성된 SQL 문을 확인하고 다시 [Apply] 버튼을 클릭합니다.

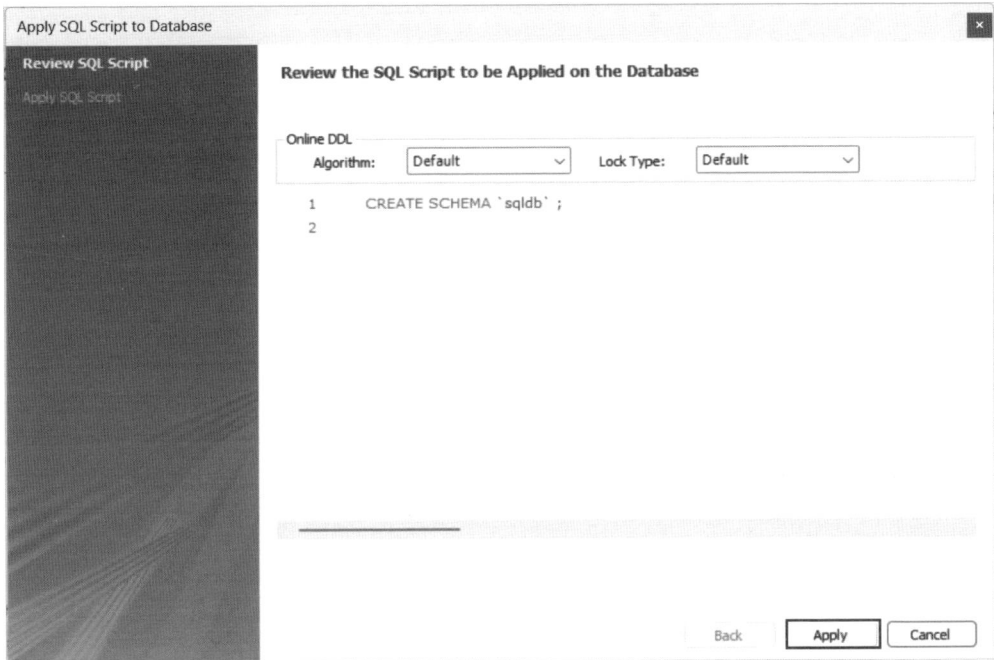

04. 다음 창에서 [Finish] 버튼을 클릭하면 명령어가 실행됩니다.

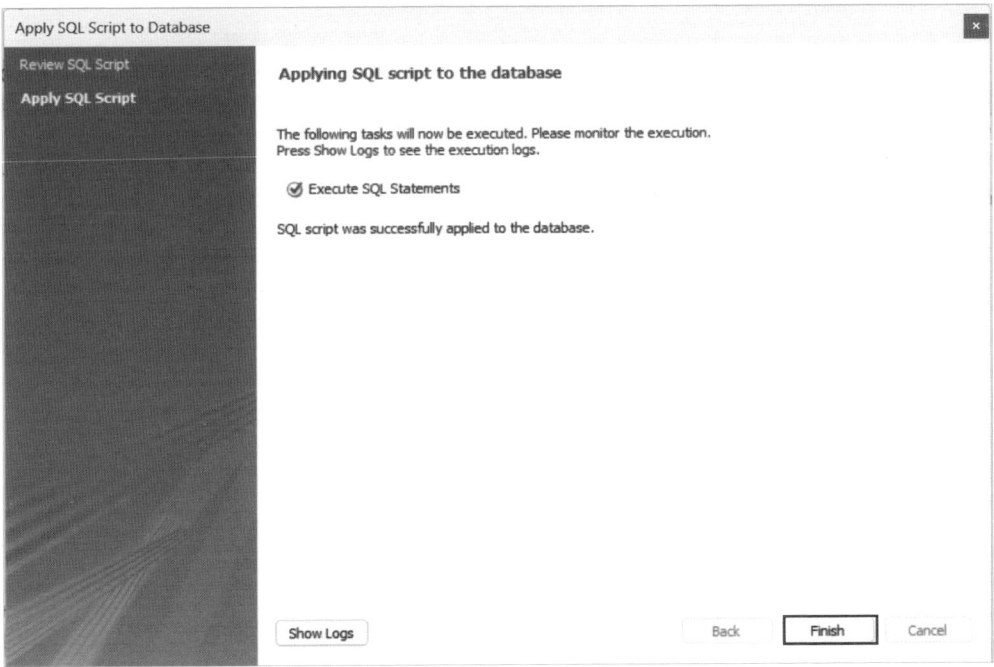

05. 왼쪽의 [Schemas] 목록에 [sqldb]가 추가된 것을 확인하고 스키마를 생성하는 창을 닫습니다.

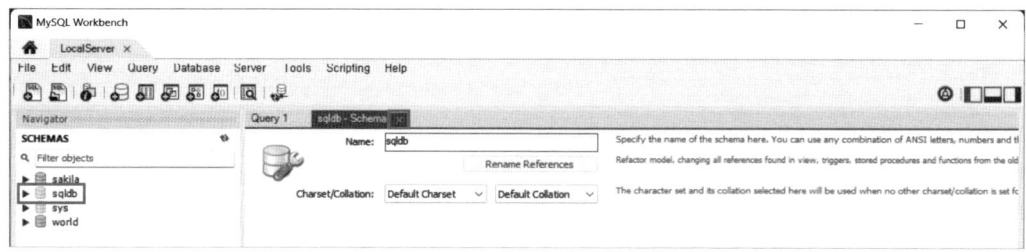

06. [sqldb] 스키마를 선택하고 마우스 오른쪽 버튼을 클릭한 후 팝업 메뉴에서 [Set as Default Schema]를 선택해서 [sqldb]를 기본 스키마로 지정합니다.

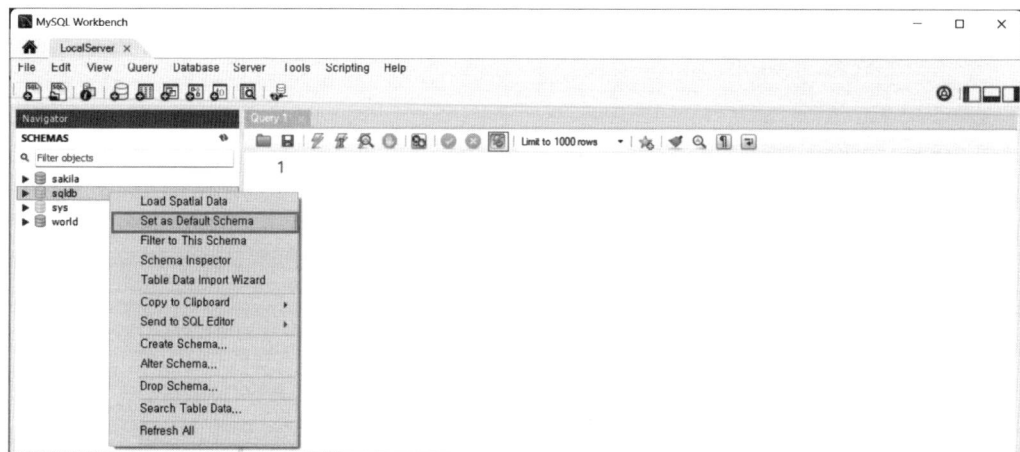

07. [sqldb]가 기본 스키마로 지정되면 스키마명이 굵게 표현된 것을 확인합니다.

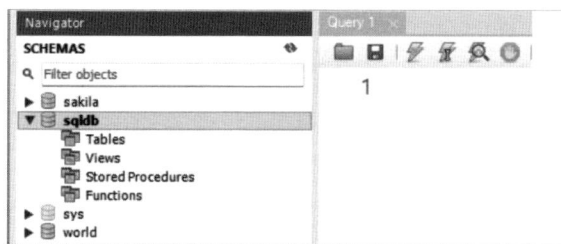

08. [Query] 창에서 use sqldb; 명령어를 입력해서 기본 스키마로 지정할 수도 있습니다.

4.3. 데이터 정의서

데이터 정의서(Data Definition Language), 즉 DDL 문은 테이블이나 인덱스, 뷰와 같은 객체를 생성, 변경, 삭제할 수 있는 명령어입니다.

CREATE TABLE 문으로 테이블을 생성하고 DROP TABLE 문으로 테이블을 삭제해 보겠습니다.

명령어	설명
CREATE	데이터베이스 내의 모든 객체를 생성
ALTER	이미 생성된 객체의 구조를 변경
DROP	생성되어 있는 객체를 삭제
RENAME	이미 생성한 객체의 이름을 변경
COMMENT	객체 이름, 컬럼에 대한 설명을 저장
TRUNCATE	테이블을 초기화함

CREATE TABLE 문

테이블은 사용자가 접근할 수 있는 데이터를 보유하며 컬럼(Column)과 행(Row)으로 구성됩니다.

CREATE TABLE 문으로 새로운 테이블을 만들 수 있습니다.

사용 방법

```
CREATE TABLE 테이블명
( 컬럼명1 데이터유형  [기본값 …]
  [, 컬럼명2 데이터유형 …]
);
```

- 기본적인 데이터 저장 단위입니다.
- 사용자의 모든 데이터를 보유합니다.
- 컬럼과 행으로 구성됩니다.

데이터 유형

MySQL의 데이터 유형의 종류는 30개 가까이 되지만 그중 많이 사용되는 데이터 유형을 살펴보겠습니다.

구분	데이터 유형	설명
숫자	SMALLINT	정수
	INT 또는 INTEGER	정수
	FLOAT	소수점 아래 7자리 표현
	DOUBLE REAL	소수점 아래 15자리 표현
문자	CHAR(n)	고정 길이 문자형
	VARCHAR(n)	가변 길이 문자형
	TEXT	N 크기의 텍스트 데이터
	LONGTEXT	최대 4GB 크기의 텍스트 데이터
	LONGBLOB	최대 4GB 크기의 BLOB(Binary Large Object) 데이터
날짜와 시간	DATE	'YYYY-MM-DD' 형식
	DATETIME	'YYYY-MM-DD HH:MM:SS' 형식

- SQL 내에서 문자열로 표현하려면 ' ' 또는 " "로 묶어 표현합니다.
- NULL은 값이 정의되지 않은 '미지정'을 의미합니다.

MySQL Workbench 툴의 GUI 환경에서 테이블 만들기

01. 다음 컬럼들로 구성된 인물 테이블을 만들어 보겠습니다.

테이블명	한글 컬럼명	영문 컬럼명	데이터 유형	NULL 여부	기타
인물 테이블 person	인물번호	personid	INT	NN	PK Auto Increment
	이름	name	VARCHAR(255)	NN	
	나이	age	INT		
	생년월일	birthdate	DATE		
	성별	gender	CHAR(1)		
	다른이름	legalname	VARCHAR(45)		
	키	height	INT		
	신발사이즈	shoesize	INT		

02. [Navigator] 창 - [Schemas] 탭의 [sqldb] 스키마를 확장합니다. [Tables]를 선택한 후 마우스 오른쪽 버튼을 클릭하고 팝업 메뉴에서 [Create Table] 메뉴를 선택합니다.

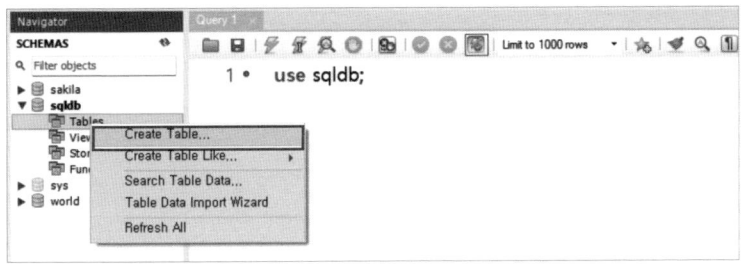

03. 1번에서 정의한 인물 테이블의 이름(person)과 컬럼명, 데이터 유형 등을 입력합니다. PK(Primary Key, 기본키), NN(Not Null, 필수 입력), AI(Auto Increment, 자동 번호 생성)를 선택하고 [Apply] 버튼을 클릭합니다.

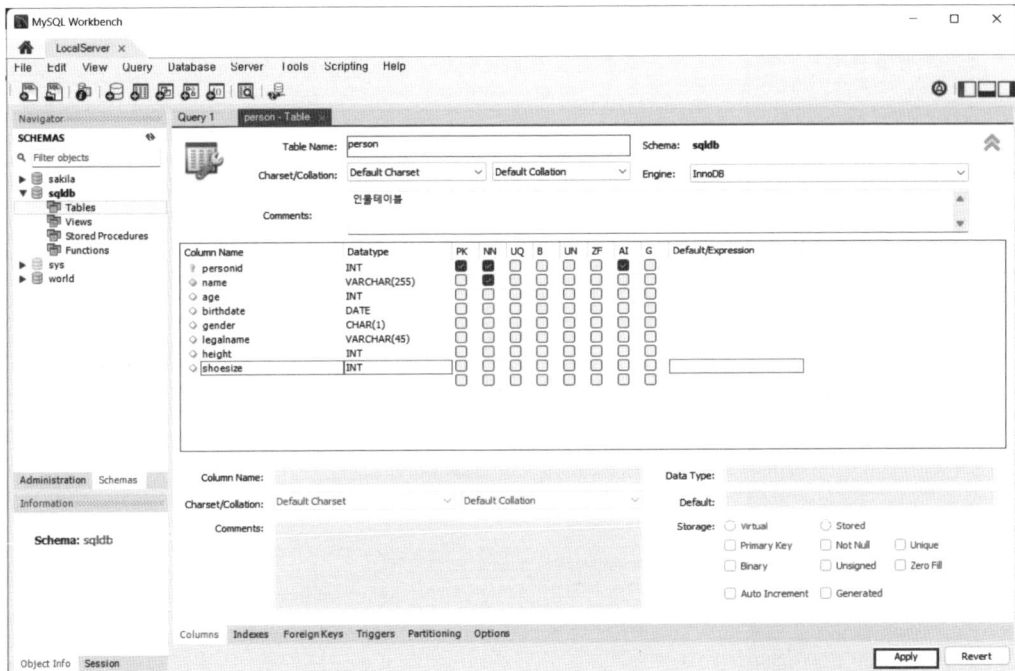

04. [Apply SQL Script Database] 창에서 자동으로 생성된 SQL 문을 확인하고 [Apply] 버튼을 클릭합니다.

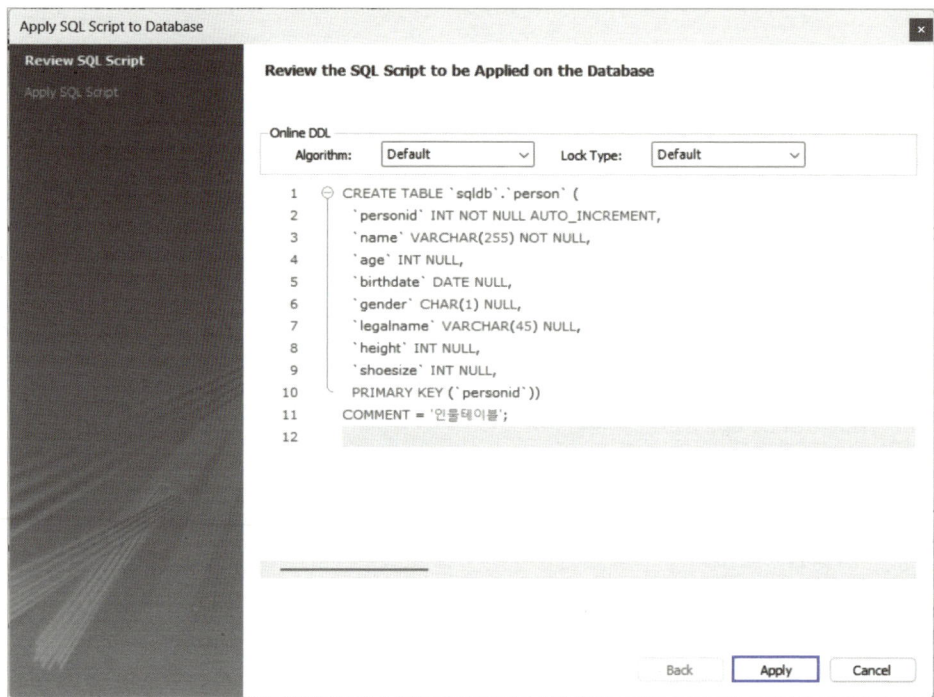

05. 다음 화면에서 [Finish] 버튼을 클릭합니다.

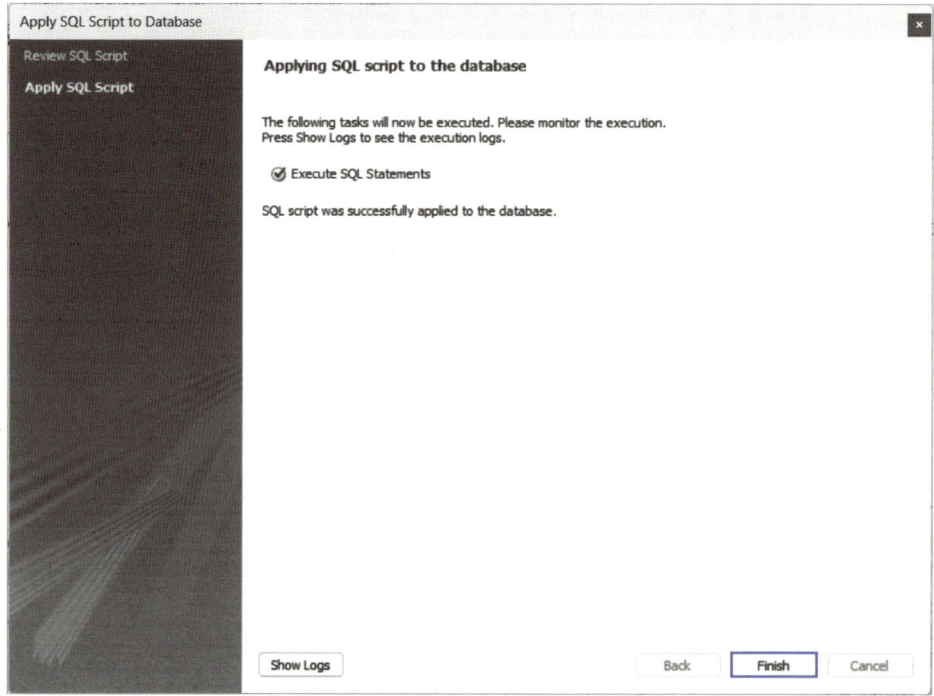

06. [sqldb] 스키마에 person 테이블이 생성되었음을 확인하고 테이블을 생성하는 창은 닫습니다.

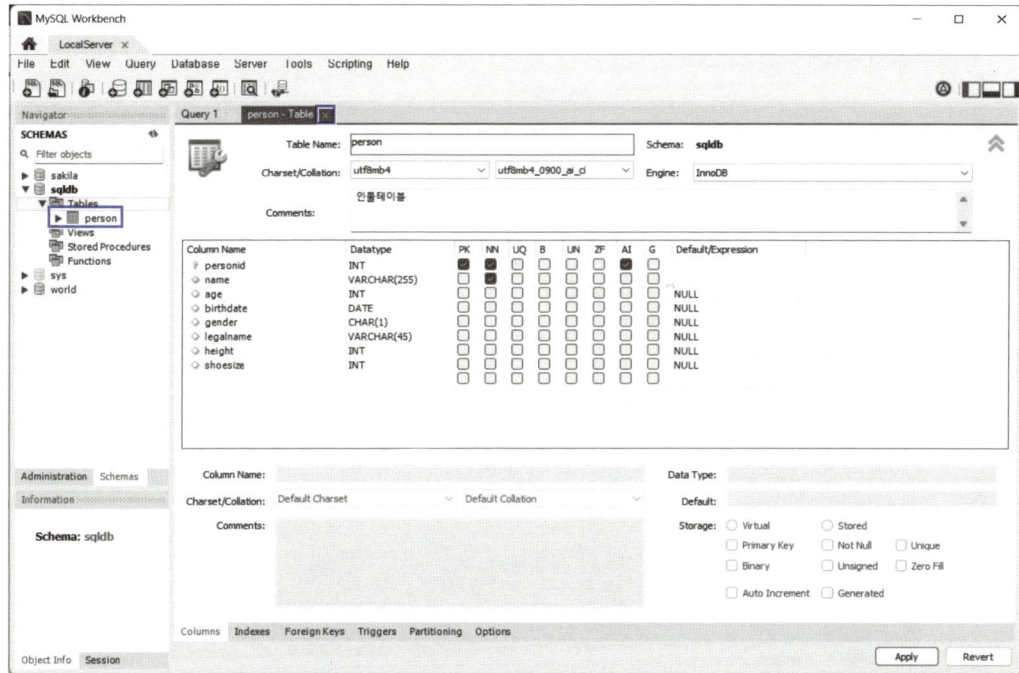

07. [Query] 창에서 DESCRIBE person;을 입력하고 Ctrl + Enter 를 누르거나 🗲 버튼을 클릭하면 [Result 1] 창에 실행 결과가 나타납니다. DESCRIBE 명령어로 person 테이블의 구조를 확인할 수 있습니다. 보통은 줄여서 DESC로 입력합니다.

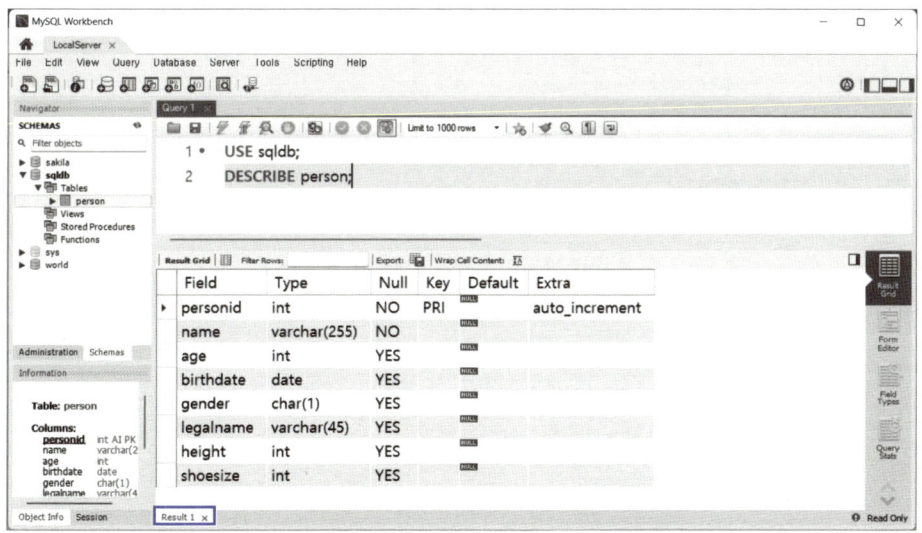

08. [Navigator] 창 - [Schemas] 탭 - [sqldb] 스키마 - [Tables]를 확장합니다. person 테이블을 선택하고 마우스 오른쪽 버튼을 클릭한 후 팝업 메뉴에서 [Select Rows - Limit 1000]을 선택합니다.

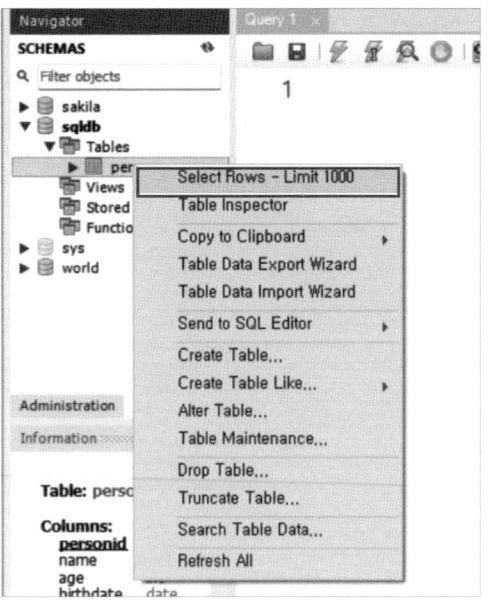

09. person 테이블의 [Query] 창에 [sqldb.person] 테이블에 있는 데이터가 조회됩니다. 신규 테이블이므로 입력된 데이터는 없습니다.

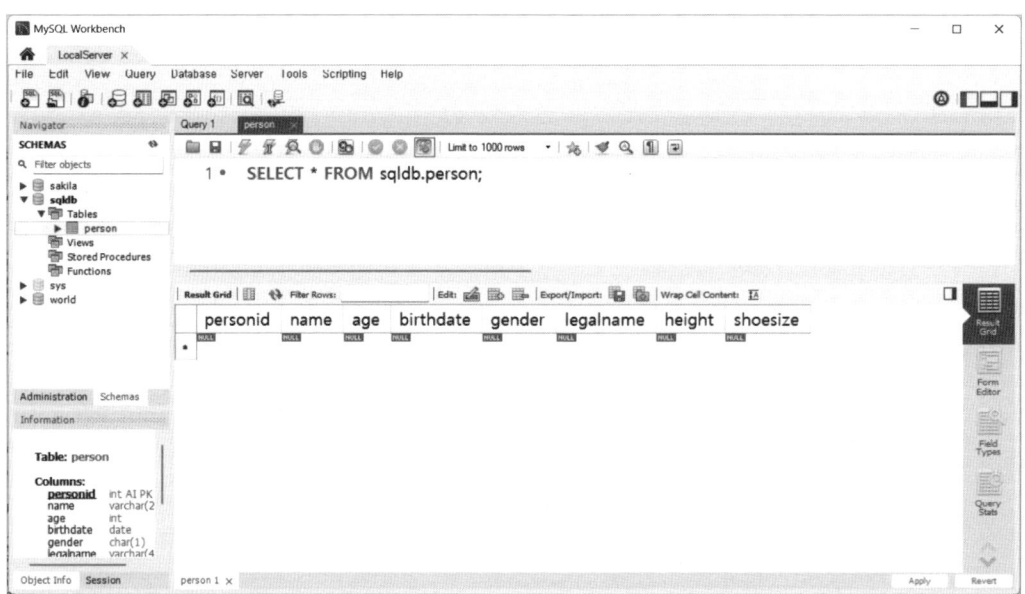

DROP TABLE 문

DROP TABLE 문은 스키마 내의 테이블을 삭제합니다.

사용 방법

```
DROP TABLE 테이블명;
```

- 테이블의 모든 데이터 및 구조를 삭제합니다.
- DROP TABLE 문은 취소할 수 없습니다. 명령어를 실행하면 바로 데이터베이스에 반영됩니다.
- 테이블과 연관된 인덱스도 모두 삭제됩니다.

MySQL Workbench 툴의 GUI 환경에서 테이블 삭제하기

01. [Navigator] 창 - [Schemas] 탭 - [sqldb] 스키마 - [Tables]를 확장합니다. person 테이블을 선택하고 마우스 오른쪽 버튼을 클릭한 후 팝업 메뉴에서 [Drop Table] 메뉴를 선택합니다.

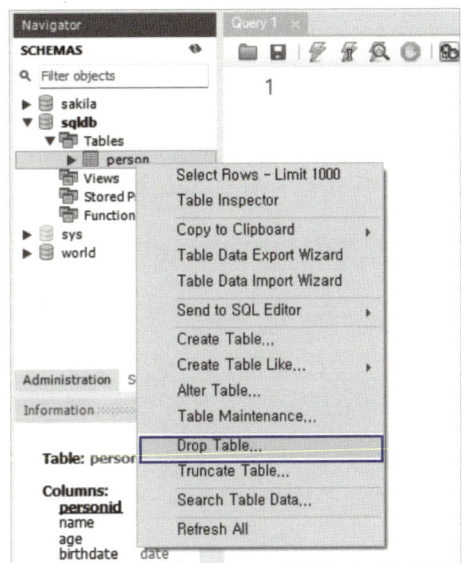

02. 나타난 팝업 창에서 [Drop Now]를 클릭합니다.

03. [Query] 창에 DESC person;을 입력하고 Ctrl + Enter 를 누르거나 🔨 버튼을 클릭하면 테이블이 존재하지 않는다는 오류가 발생합니다. [sqldb] 스키마의 [Tables] 목록에서 person 테이블이 사라졌음을 확인합니다.

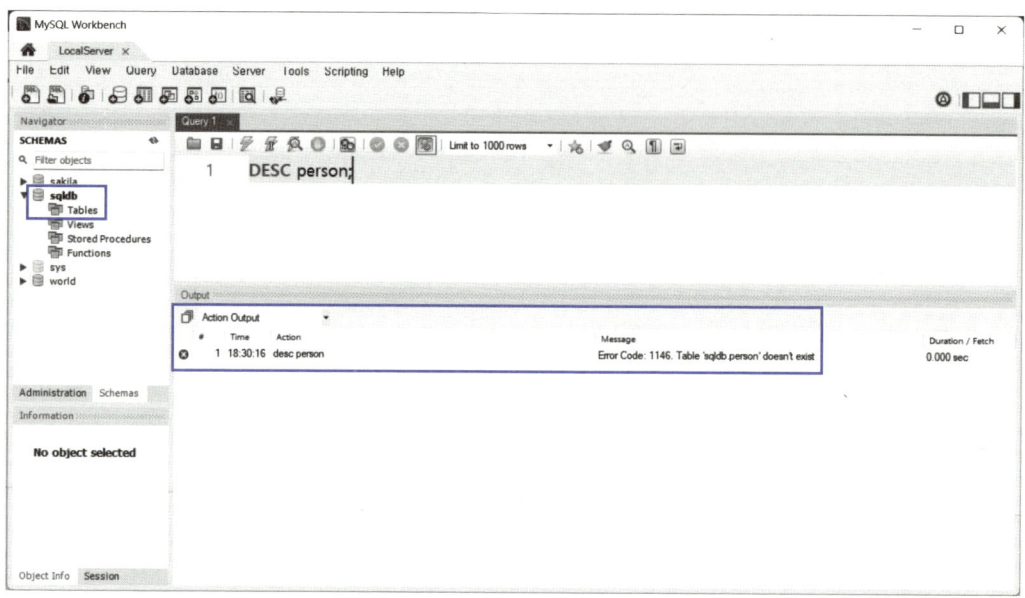

SQL 명령어로 직접 테이블을 생성하고 삭제하기

[Query] 창에 SQL 명령어를 직접 작성해서 테이블을 생성해 봅니다.

01. [Query] 창에 기존 코드를 삭제하고 다음과 같이 person 테이블을 생성하는 명령어를 입력합니다.

```
CREATE TABLE person (
    personid    INT             NOT NULL AUTO_INCREMENT,
    name        VARCHAR(255)    NOT NULL,
    age         INT,
    birthdate   DATE,
    gender      CHAR(1),
    legalname   VARCHAR(255),
    height      INT,
    shoesize    INT,
    PRIMARY KEY (personid)
);
```

02. 명령어를 입력하고 Ctrl + Enter 를 누르거나 🔨 버튼을 클릭하면 테이블이 생성됩니다. 명령어로 객체를 생성하면 즉시 테이블 목록이 바뀌지는 않습니다. [sqldb] 스키마 - [Tables]를 선택하고 마우스의 오른쪽 버튼을 클릭한 후 팝업 메뉴에서 [Refresh All]을 선택하면 생성된 테이블을 확인할 수 있습니다.

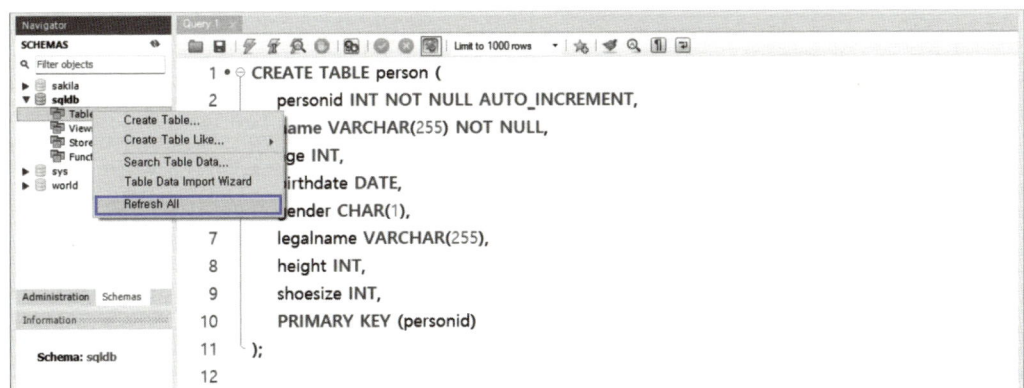

03. DESC person;을 입력하고 Ctrl + Enter 를 누르거나 🔨 버튼을 클릭하면 [Result 1] 창에서 person 테이블의 구조를 확인할 수 있습니다.

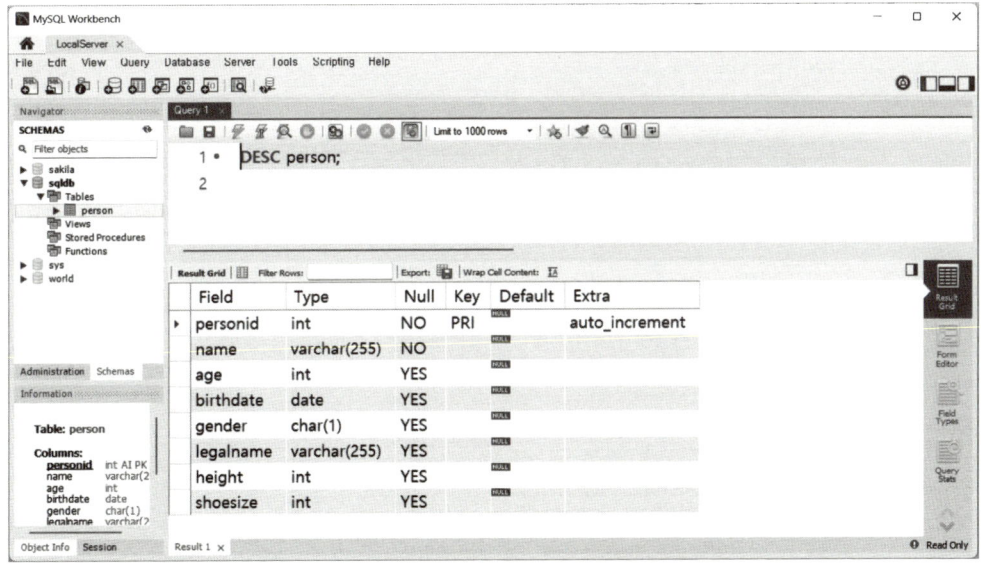

04. drop table person;을 입력하고 Ctrl + Enter를 누르거나 🗲 버튼을 클릭했을 때, 오류 없이 명령이 실행되면 [Output] 창이 나타나지 않습니다. [sqldb] 스키마의 [Tables] 목록에 테이블이 사라졌음을 확인합니다.

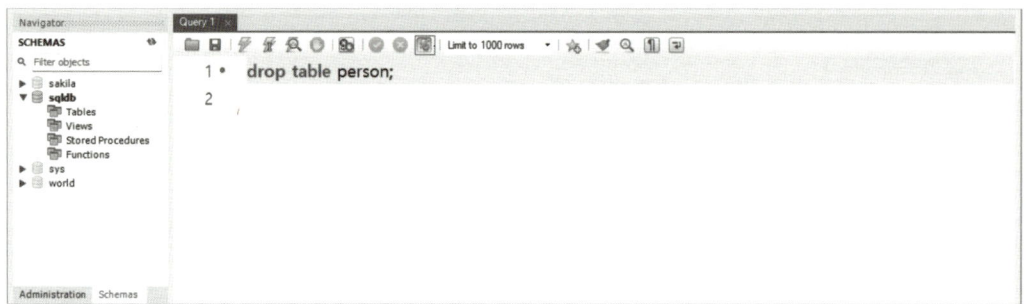

4.4. 데이터 조작어

데이터 조작어(Data Manipulation Language), 즉 DML 문은 테이블에 데이터를 입력, 수정, 삭제할 때 사용합니다.

명령어	설명
INSERT	테이블에 새로운 행을 입력
UPDATE	테이블에 있는 행을 수정
DELETE	테이블에 있는 행을 삭제

INSERT 문

INSERT 문은 테이블에 새로운 행을 생성합니다.

사용 방법

```
INSERT INTO 테이블명 [( 컬럼1 [, 컬럼2...] )]
VALUES (입력값1 [, 입력값2...] );
```

- INSERT 문을 사용하여 테이블에 새로운 행을 입력합니다.
- VALUES 키워드를 사용해서 컬럼에 입력될 값을 나열합니다.
- 테이블에 컬럼 목록을 생략하면 테이블의 컬럼 순서대로 모든 컬럼을 나타내지만, 명확한 의미 전달을 위해 INSERT 절에 컬럼 목록을 사용합니다.
- INSERT 절에 사용하는 컬럼 목록은 테이블의 순서와 같을 필요는 없지만 VALUES 절에 나열된 값의 순서와 개수는 INSERT 절에 나열된 컬럼의 순서 및 개수와 같아야 합니다.

- 문자와 날짜 값은 작은따옴표(' '), 큰따옴표(" ")로 묶습니다.
- MySQL은 VALUES 절에 여러 행을 입력할 수도 있습니다.

테이블에 한 행을 입력하는 문장으로 ①, ②는 동일한 문장입니다.

```
① INSERT INTO person (personid, name, age, birthdate, gender, legalname, height, shoesize)
        VALUES (1,'아이유',29,'1993-05-16','2','이지은',162,225);
```

```
② INSERT INTO person
        VALUES (1,'아이유',29,'1993-05-16','2','이지은',162,225);
```

테이블 구조는 시스템 운영 중에 변경될 수 있으므로 ①처럼 컬럼명을 나열하는 형태를 권장합니다.

personid	name	age	birthdate	gender	legalname	height	shoesize
1	아이유	29	1993-05-16	2	이지은	162	225
NULL	NULL	NULL	NULL	NULL	NULL	NULL	NULL

NULL 값을 갖는 행 입력하기

컬럼 목록에서 생략된 컬럼에는 별도로 기본값을 설정하지 않은 경우 NULL 값이 입력됩니다. 기본값을 설정한 경우에는 지정해 둔 기본값(Default)이 입력됩니다.

```
① INSERT INTO person (name, age, birthdate, gender)
        VALUES ('이찬혁',28,'1996-09-12','1');
```

VALUES 부분에 NULL 키워드를 사용하여 NULL 값을 입력합니다.

```
② INSERT INTO person (name, age, birthdate, gender, legalname, height, shoesize)
        VALUES ('제니',28,'1996-01-26','2', NULL, NULL, NULL);
```

〈'이찬혁', 28,'1996-09-12','1'〉, 〈'제니', 28,'1996-01-26','2'〉 두 행을 입력했습니다. 〈personid〉 컬럼은 AUTO_INCREAMENT가 지정되어 있으므로 각각 2, 3이 입력되었음을 확인합니다. 그 외 〈legalname, height, shoesize〉 컬럼은 NULL 값이 입력됨을 확인합니다.

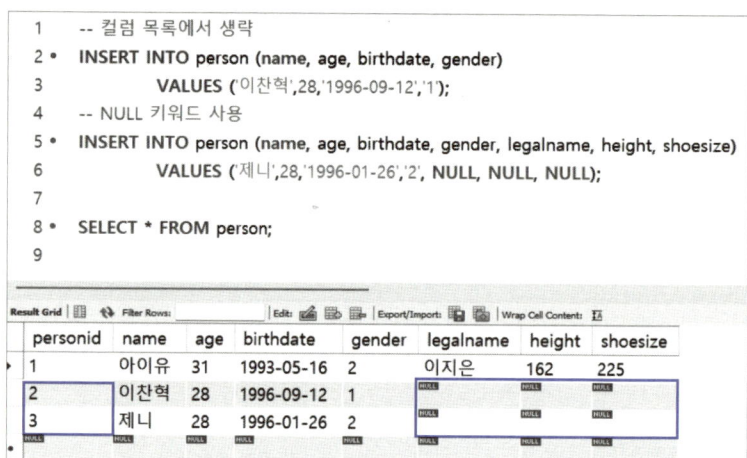

여러 행을 한꺼번에 입력하기

MySQL에서 사용하는 문형으로 VALUES 절을 한 번 사용하면서 여러 행을 한꺼번에 입력할 수 있습니다. 오라클에서는 적용되지 않는 문형입니다.

```
INSERT INTO person (personid, name, age,birthdate,gender,legalname, height, shoesize)
        VALUES  ( 4,'이무진',24,'2000-12-28','1',NULL,173,270),
                ( 5,'로제',27,'1997-02-11','2','박채영',168,240),
                ( 6,'지수',29,'1995-01-03','2','김지수',162,235);
```

personid	name	age	birthdate	gender	legalname	height	shoesize
4	이무진	24	2000-12-28	1	NULL	173	270
5	로제	27	1997-02-11	2	박채영	168	240
6	지수	29	1995-01-03	2	김지수	162	235

UPDATE 문

UPDATE 문은 존재하는 행의 컬럼의 값을 수정합니다.

사용 방법

```
UPDATE 테이블명
 SET 컬럼1 = 변경값 [, 컬럼2 = 변경값, … ]
[WHERE 조건문];
```

- WHERE 절을 지정하여 특정 행을 수정합니다.
- WHERE 절을 생략하면 테이블의 모든 행이 수정됩니다.

〈personid〉가 〈3〉인 제니의 〈height, shoesize〉 컬럼의 값이 NULL임을 확인합니다.

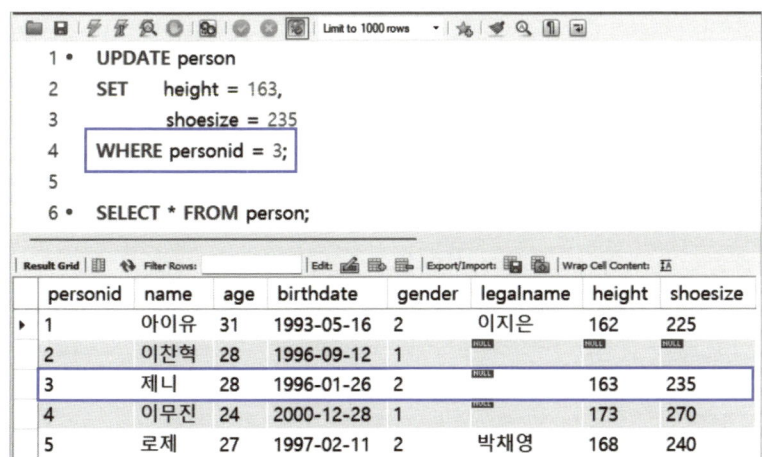

다음 UPDATE 문은 personid = 3인 행의 키는 〈163〉, 신발 사이즈는 〈235〉로 변경하는 문장입니다.

```
UPDATE person
SET     height = 163,
        shoesize = 235
WHERE personid = 3;
```

명령어를 실행하고 데이터를 조회하면 〈personid〉가 〈3〉인 제니의 〈height, shoesize〉 컬럼의 값이 각각 〈163, 235〉로 변경되었음을 확인합니다.

UPDATE 문은 WHERE 절에 만족하는 행의 컬럼의 값을 변경하는 문장입니다. gender = 1인 행은 ⟨2, 이찬혁⟩과 ⟨4, 이무진⟩ 2행이 있습니다.

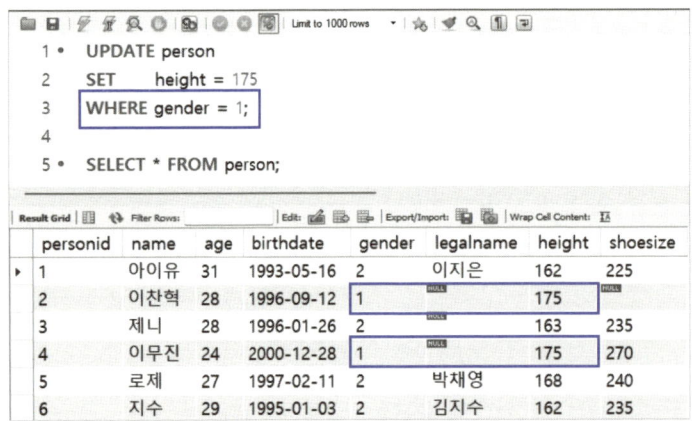

다음은 gender = 1인 행의 키를 ⟨175⟩로 변경하는 문장입니다.

```
UPDATE person
SET    height = 175
WHERE gender = 1;
```

명령어를 실행하고 데이터를 조회하면 ⟨gender⟩가 ⟨1⟩인 ⟨이찬혁, 이무진⟩ 두 행의 ⟨height⟩ 컬럼의 값이 각각 ⟨175⟩로 변경되었음을 확인합니다.

UPDATE 문에서 WHERE 절을 생략하면 테이블의 전체 행의 해당 컬럼의 값이 지정된 값으로 변경됩니다.

다음은 person 테이블에 있는 전체 행의 ⟨height, shoesize⟩ 컬럼 값을 ⟨163, 235⟩으로 변경하는 문장입니다.

```
UPDATE person
SET    height = 163,
       shoesize = 235;
```

조건절이 없는 UPDATE 문을 수행하면 아래와 같은 오류가 발생합니다.

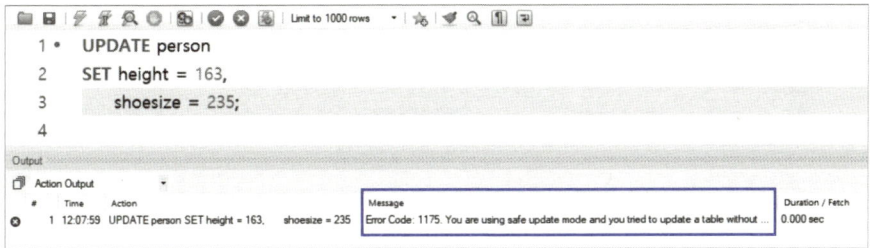

MySQL Workbench 환경 설정에서 [Safe Updates]의 체크를 해제합니다.

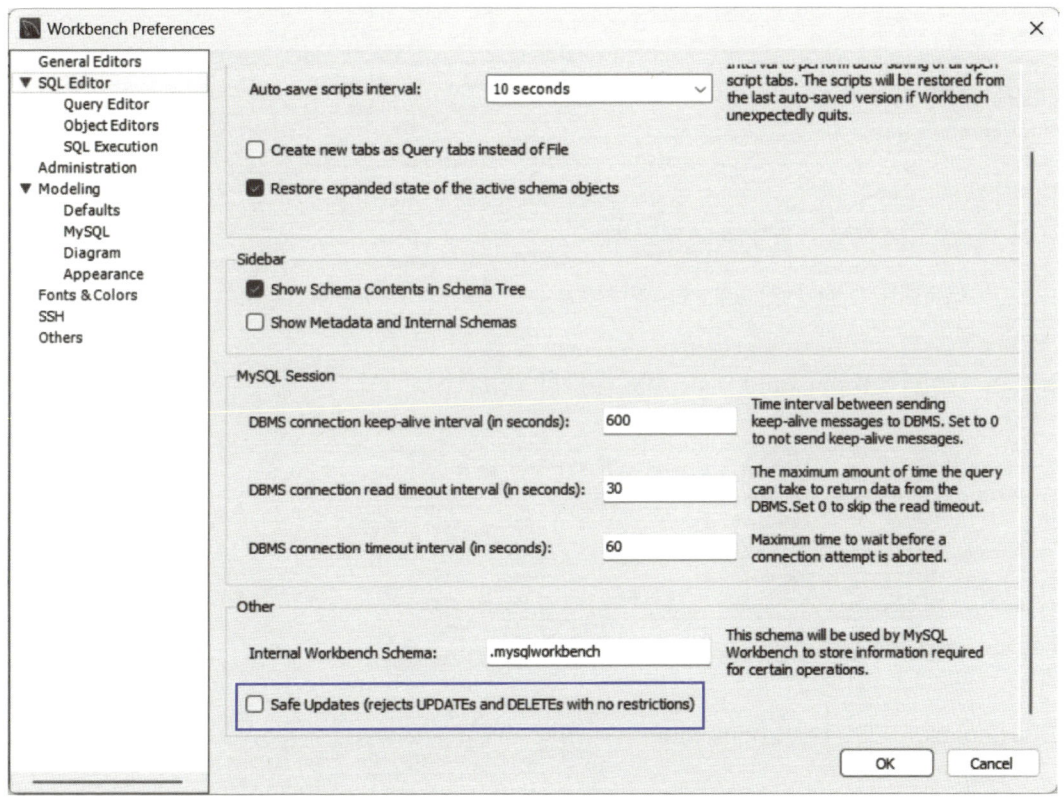

다시 명령어를 실행하고 데이터를 조회하면 person 테이블 전체 행의 〈height, shoesize〉 컬럼 값이 〈163, 235〉로 변경되었음을 확인합니다.

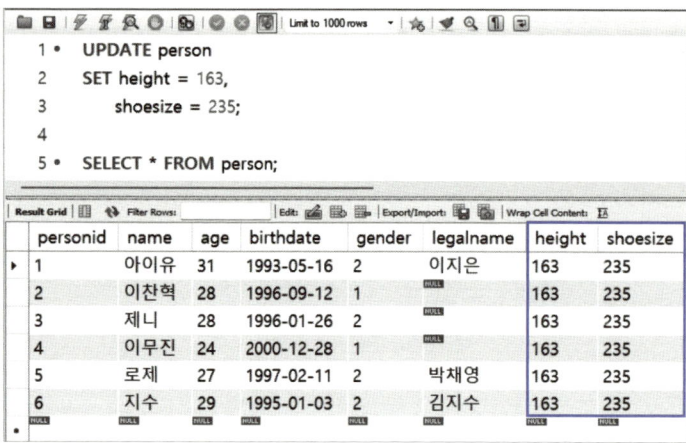

DELETE 문

DELETE 문은 기존의 행을 삭제합니다.

사용 방법

```
DELETE FROM 테이블명
[WHERE 조건문];
```

- WHERE 절을 지정하면 특정 행이 삭제됩니다.
- WHERE 절을 생략하면 테이블의 모든 행이 삭제됩니다.

person 테이블에서 personid = 4인 데이터를 확인합니다.

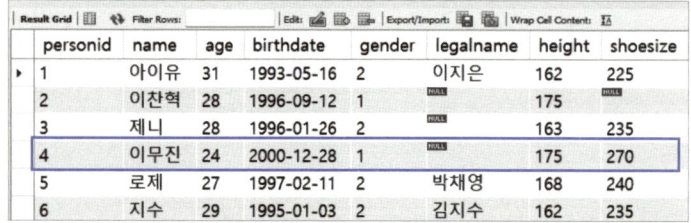

다음은 person 테이블에서 personid = 4인 행을 삭제하는 문장입니다.

```
DELETE FROM person
WHERE personid = 4;
```

명령어를 실행하고 데이터를 조회하면 〈personid〉가 〈4〉인 행이 삭제되었음을 확인합니다.

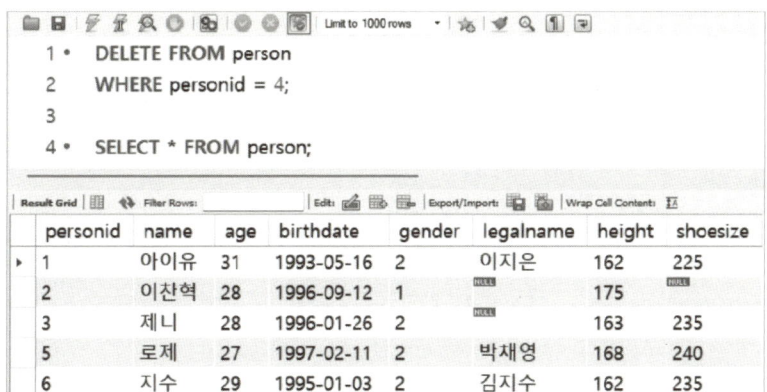

DELETE 문에서 WHERE 절을 생략하면 테이블에 있는 모든 행이 삭제됩니다. 다음은 person 테이블에 있는 모든 행을 삭제하는 문장입니다.

```
DELETE FROM person;
```

명령어를 실행하고 데이터를 조회하면 person 테이블에 있는 모든 행이 삭제되었음을 확인합니다.

MySQL Workbench 툴의 GUI 환경에서 데이터 입력/수정/삭제하기

MySQL Workbench 툴의 [Result] 창에서 마치 엑셀에서 데이터를 조작하듯이 직접 데이터를 입력, 수정, 삭제하고 테이블에 반영할 수 있습니다.

01. 이전 실습에서 person 테이블의 데이터 전체를 삭제했으므로 현재 입력된 데이터는 없습니다. person 테이블의 데이터가 조회된 [Result] 창에서 다음과 같은 데이터를 입력하고 [Apply] 버튼을 클릭합니다.

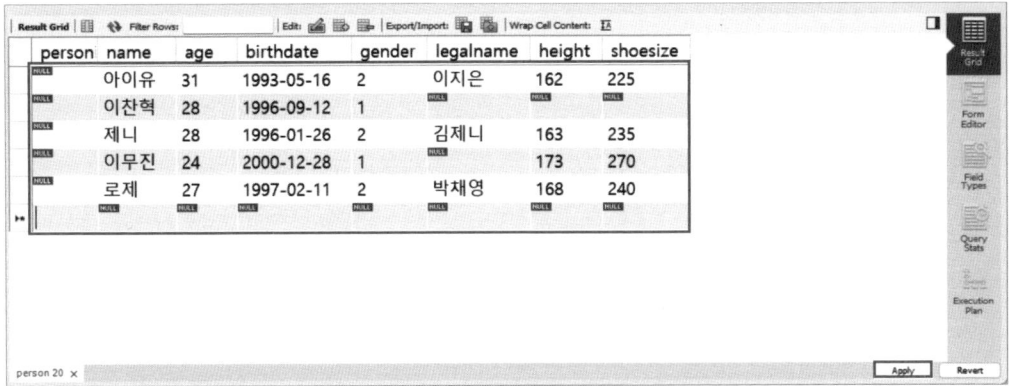

02. [Apply SQL Script to Database] 창에서 자동으로 생성된 SQL 문을 확인하고 [Apply] 버튼을 클릭합니다.

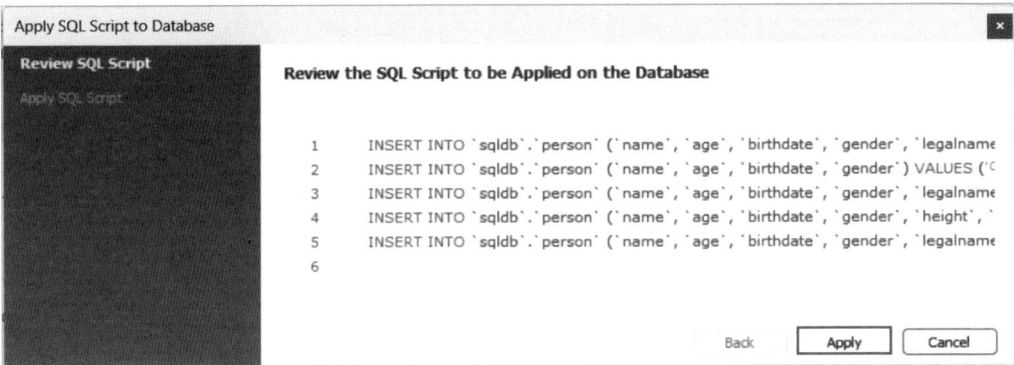

03. [Finish] 버튼을 클릭합니다.

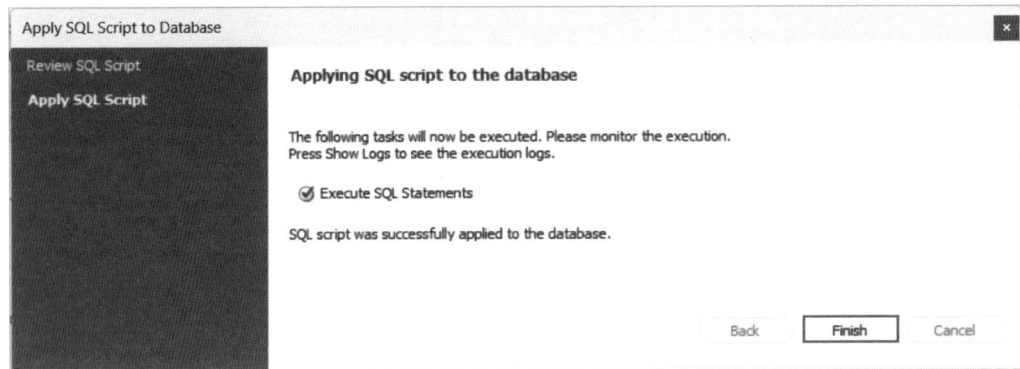

04. AUTO_INCREMENT가 지정된 〈personid〉 컬럼의 값은 〈1, 2, 3 …〉으로 지정되며 데이터가 입력되었음을 확인합니다.

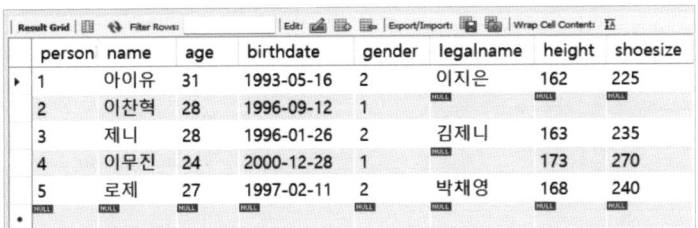

05. 〈이찬혁〉의 〈height, shoesize〉 컬럼의 값을 〈168, 260〉으로 편집하고 [Apply] 버튼을 클릭합니다.

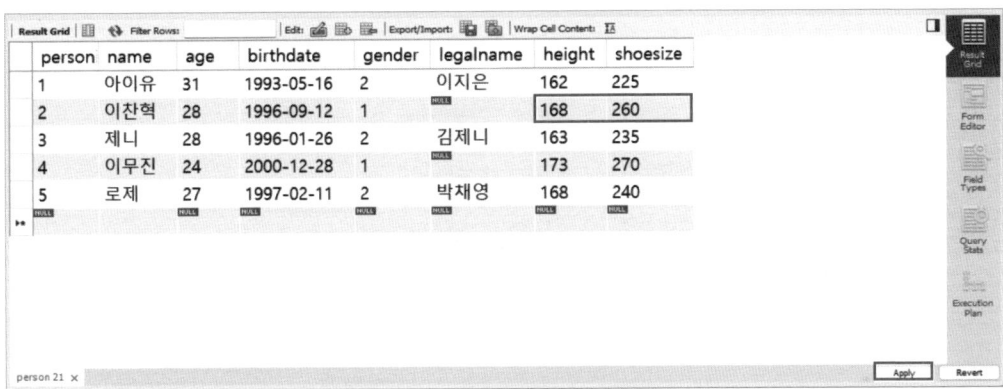

06. [Apply SQL Script to Database] 창에서 자동으로 생성된 SQL 문을 확인하고 [Apply] 버튼을 클릭합니다.

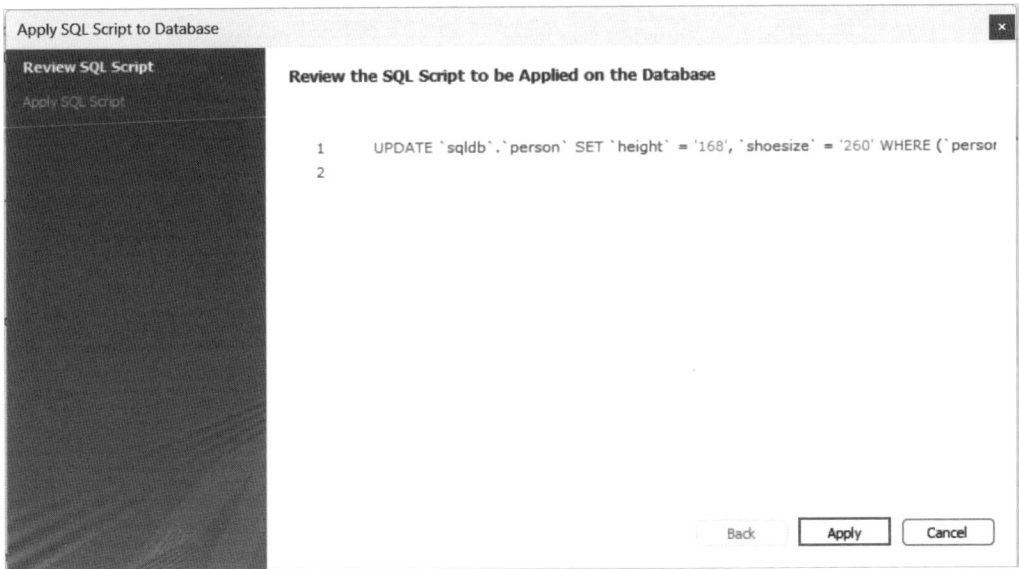

07. [Finish] 버튼을 클릭합니다.

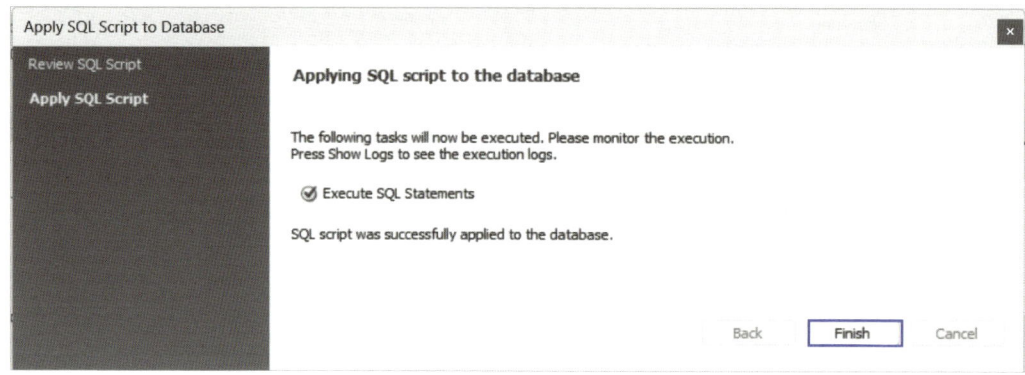

08. ⟨personid⟩가 ⟨2⟩인 행의 ⟨height, shoesize⟩ 컬럼의 값이 ⟨168, 260⟩으로 변경됨을 확인합니다.

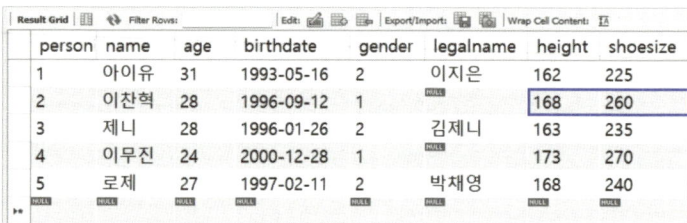

09. ⟨personid⟩가 ⟨2⟩인 행을 선택한 상태에서 🗑 버튼을 클릭하고, ⟨4⟩인 행을 선택한 상태에서 🗑 버튼을 클릭합니다.

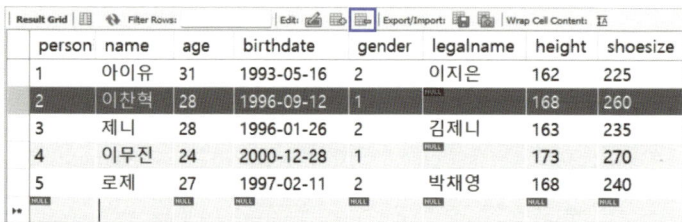

10. ⟨personid⟩가 ⟨2⟩, ⟨4⟩인 두 행이 [Result] 창에서 지워진 것을 확인하고 [Apply] 버튼을 클릭합니다.

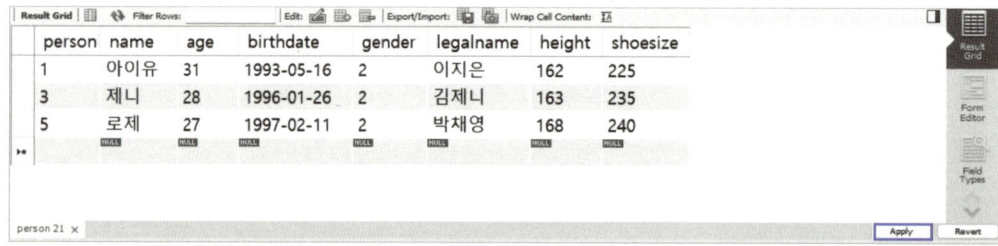

11. [Apply SQL Script to Database] 창에서 자동으로 생성된 SQL 문을 확인하고 [Apply] 버튼을 클릭합니다.

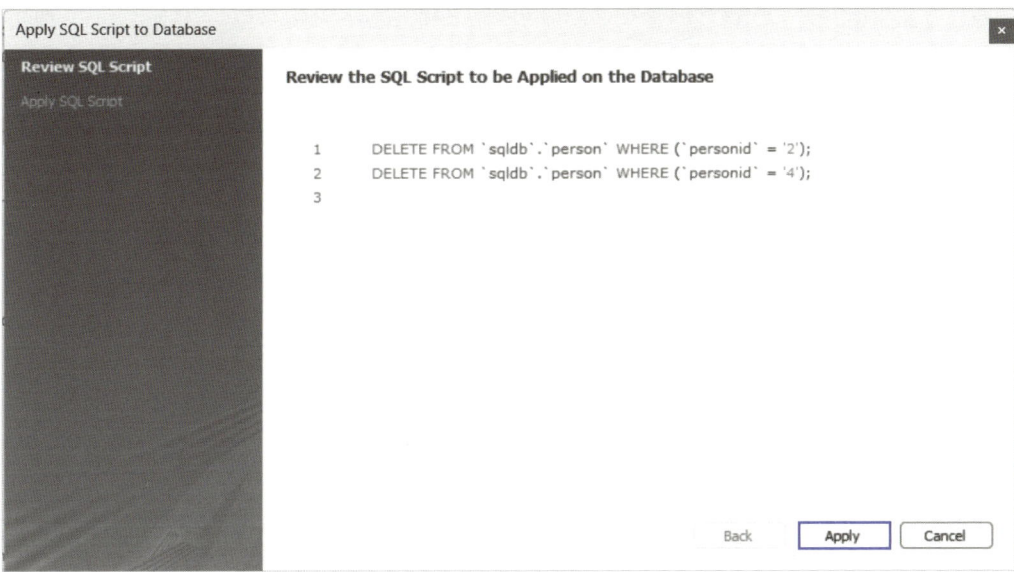

12. [Finish] 버튼을 클릭합니다.

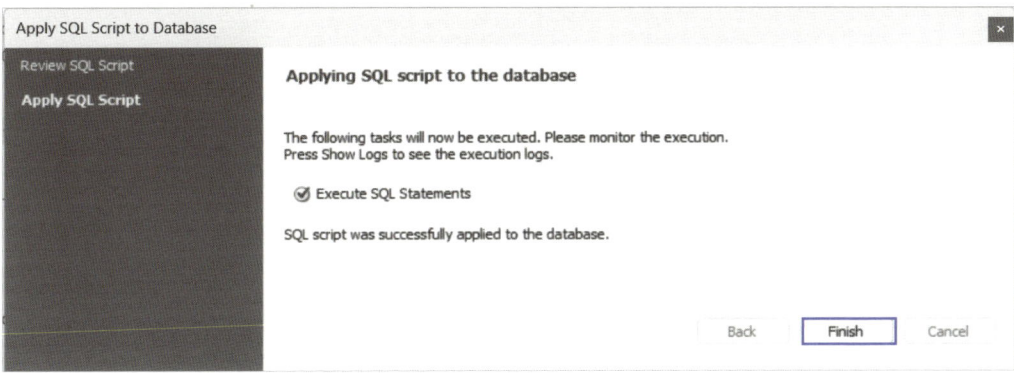

13. ⟨personid⟩가 ⟨2⟩, ⟨4⟩인 두 행이 삭제되었음을 확인합니다.

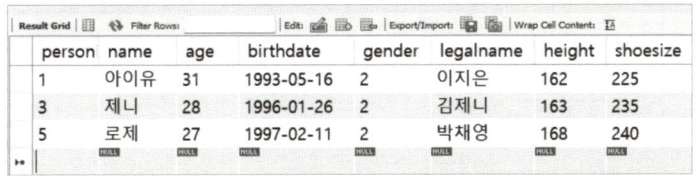

실습용 테이블과 데이터

다음은 5장과 6장에서 SELECT 문 실습을 위한 회사 테이블과 인물 테이블입니다. 실습 과정에서 테이블의 정보가 필요하면 본 페이지에서 확인합니다.

ERD

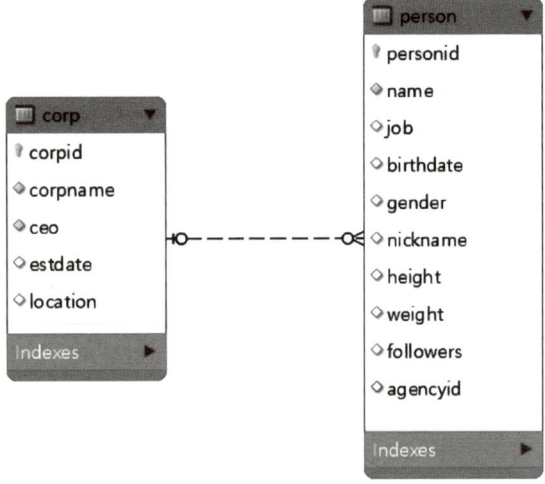

회사 테이블 구조와 데이터

테이블명	한글 컬럼명	영문 컬럼명	데이터 유형	NULL 여부	기타
회사 CORP	회사번호	corpid	INT	NN	PK Auto_Increment
	회사명	corpname	VARCHAR(80)	NN	
	대표이름	ceo	VARCHAR(40)	NN	
	설립일자	estdate	DATE		
	위치	location	VARCHAR(200)		

회사 테이블에 입력된 실습 데이터입니다.

회사번호	회사명	대표이름	설립일자	위치
1	한바다	한선영	2022-06-29	서울시 강남구 테헤란로 103길 17
2	돌담	부용주	2016-11-07	강원도 강릉시 경강로 2007
3	청해진	김수종	2004-11-24	전라남도 완도군 장도
4	정원고	김두식	2023-08-09	서울시 중구 회현동 1가
5	글로리	이양화	2018-07-07	서울시 종로구 효자로 12

인물 테이블 구조와 데이터

테이블명	한글 컬럼명	영문 컬럼명	데이터 유형	NULL 여부	기타
인물 PERSON	인물번호	personid	INT	NN	PK Auto_Increment
	이름	name	VARCHAR(40)	NN	
	업무	job	VARCHAR(60)		
	생년월일	birthdate	DATE		
	성별	gender	CHAR(1)		
	별명	nickname	VARCHAR(40)		
	키	height	INT		
	몸무게	weight	INT		
	팔로워수	followers	INT		
	관련회사번호	agencyid	INT		FK, corp(corpid)

인물 테이블에 입력된 실습 데이터입니다.

인물번호	이름	업무	생년월일	성별	별명	키	몸무게	팔로워수	관련회사번호
1	장보고	군인	1993-05-16	1	해신	168	65	NULL	3
2	장주원	공무원	1970-11-29	1	구룡포	175	82	NULL	4
3	김봉석	학생	1996-01-26	1	비행	181	94	NULL	4
4	정명석	변호사	1983-10-14	1	NULL	178	70	NULL	1
5	강동주	의사	1987-04-06	1	NULL	183	73	2413000	2
6	차은재	의사	1988-05-06	2	또잉_또잉	174	50	15270000	2
7	우영우	변호사	1992-09-04	2	나는_고래	163	45	3426000	1
8	유길채	세공사	1991-05-06	2	NULL	168	48	1304000	NULL
9	장희수	학생	1996-04-22	2	무한재생	167	47	6650000	4
10	장현	통역관	1978-03-12	1	이장현	177	67	1650000	NULL
11	서우진	의사	1988-05-06	1	모난돌	187	74	13530000	2

05

한 테이블에서 데이터 조회

5.1. 데이터 기본 조회

SELECT 문을 이용하여 원하는 컬럼만 조회할 수 있습니다.

SQL 문 작성 지침을 고려하여 문장을 작성합니다.

- SQL 문은 특별히 표시하지 않는 한 대소문자를 구분하지 않습니다.
- 일반적으로 키워드는 대문자로, 테이블명, 컬럼 등은 소문자로 입력합니다.
- 키워드는 여러 행에 나누어 쓰거나 약어로 쓸 수 없습니다.
- 문장은 세미콜론(;)으로 끝납니다.
- SQL 문은 여러 행에 걸쳐서 작성할 수 있고 읽기 좋게 들여쓰기를 하는 것이 좋습니다.
- SELECT 다음에 별표(*)를 사용하여 테이블에 있는 모든 컬럼을 표시할 수 있습니다.
- 여러 컬럼을 조회할 때는 콤마(,)로 컬럼을 구분합니다.
- SELECT 절에서 출력 결과에 표시할 순서대로 컬럼을 지정합니다.

기본 SELECT 문

데이터를 조회하는 기본 문장은 SELECT ~ FROM 문장입니다.

사용 방법

```
SELECT    컬럼명1, 컬럼명2...
FROM      테이블명;
```

- SELECT 절은 조회할 대상 컬럼을 지정합니다.
- SELECT 절에서는 출력 결과에 표시할 순서대로 컬럼을 지정합니다.
- FROM 절은 SELECT 절에 나열된 컬럼을 포함하는 테이블을 지정합니다.

SELECT 키워드 다음에 별표(*)를 사용하면 테이블에 있는 데이터의 모든 컬럼을 표시할 수 있습니다.

```
SELECT   *
FROM    corp;
```

예제 회사 테이블의 모든 데이터를 조회합니다.

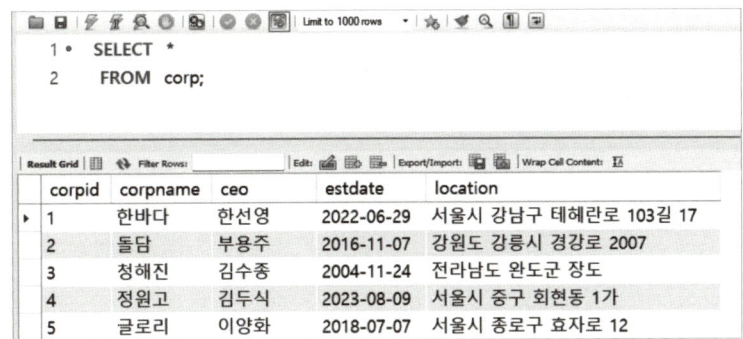

SELECT 다음에 조회할 컬럼들을 콤마(,)로 구분하여 테이블의 특정 컬럼을 지정합니다.

```
SELECT    corpname, ceo, estdate
 FROM     corp;
```

테이블 생성 시 정의된 순서와 관계없이 컬럼을 표시할 순서대로 SELECT 절에 지정합니다.

```
① SELECT    corpname, ceo, estdate
   FROM     corp;


② SELECT    corpname, estdate, ceo
   FROM     corp;
```

예제 회사 테이블에서 〈회사명, 대표이름, 설립일자〉를 조회합니다.

예제 회사 테이블에서 〈설립일자, 회사명, 대표이름〉을 조회합니다.

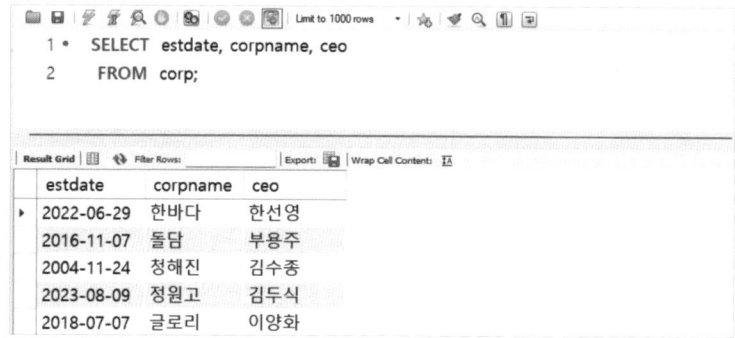

컬럼 별칭 정의

일반적으로 조회 결과를 표시할 때 선택한 컬럼명이 머리글(HEADING)로 표시됩니다. 컬럼의 별칭(Alias)으로 컬럼의 머리글을 변경할 수 있습니다. 컬럼의 별칭은 컬럼명 다음에 AS를 쓴 후에 별칭으로 사용할 단어를 지정합니다. AS 키워드는 생략 가능하지만 명시적으로 사용하는 것이 이해하기 좋습니다.

AS를 생략하면 SELECT 목록에서 컬럼명 다음에 공백을 구분자로 사용하여 별칭을 지정합니다.

```
SELECT  corpname AS 회사명, ceo AS 대표이름, estdate AS '설립일자'
FROM   corp;
```

- SELECT 절에서는 출력 결과에 표시할 순서대로 컬럼을 지정합니다.
- 특수 문자나 공백을 컬럼의 별칭으로 사용하려면 별칭에 따옴표(' ' 또는 " ")를 사용합니다.

예제 회사 테이블에서 <회사명, 대표이름, 설립일자>를 컬럼의 별칭을 지정하여 조회합니다.

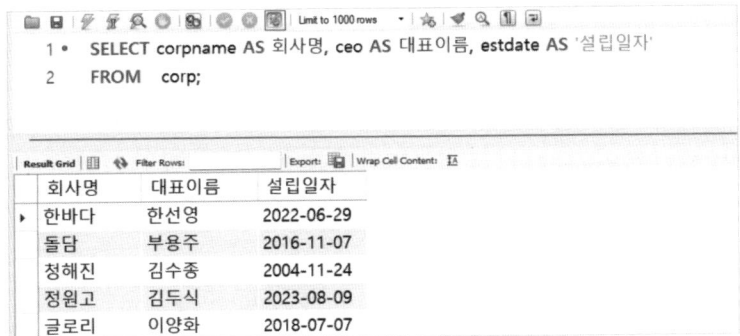

산술 연산자의 종류

데이터에 계산을 수행하여 표시할 경우 산술 계산식을 사용합니다. 산술 연산자를 사용하여 숫자나 날짜 데이터에 대한 계산식을 작성합니다. SQL 문에서는 FROM 절을 제외한 모든 절에서 산술 연산자를 사용할 수 있습니다. 산술 연산자의 종류는 더하기(+), 빼기(-), 곱하기(*), 나누기(/) 입니다.

몸무게에서 10을 뺀 결과 값에 컬럼의 별칭을 지정합니다.

```
SELECT    name, weight, weight - 10 AS '감량 몸무게'
FROM      person;
```

예제 인물 테이블에서 인물의 이름과 몸무게, 몸무게에서 10을 뺀 데이터를 조회합니다.

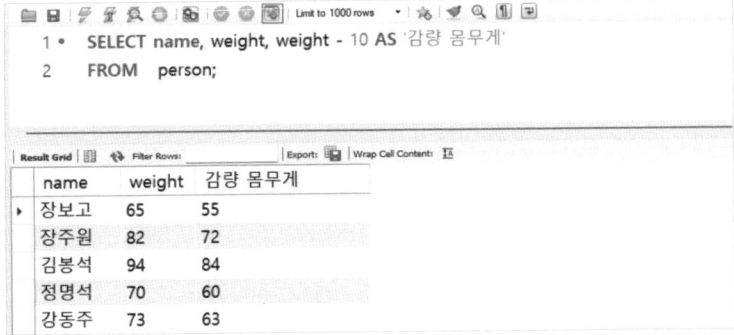

연산자 우선순위

곱하기와 나누기가 더하기나 빼기보다 먼저 수행합니다. 우선순위가 같은 연산은 왼쪽에서 오른쪽으로 수행합니다. 괄호( )를 사용해서 연산의 우선순위를 조정할 수 있습니다.

```
SELECT  name, weight, 2 * weight - 20, 2 * (weight - 20)
FROM    person;
```

예제 인물 테이블에서 인물의 〈이름〉과 〈몸무게〉, 〈몸무게〉의 연산자 순서를 달리한 데이터를 조회합니다. 연산자 우선순위에 따라 연산 결과가 다름을 확인합니다.

name	weight	2 * weight - 20	2 * (weight - 20)
장보고	65	110	90
장주원	82	144	124
김봉석	94	168	148
정명석	70	120	100
강동주	73	126	106

NULL 값의 정의

한 행의 특정 컬럼에 데이터 값이 없으면 NULL이라고 합니다. NULL 값은 0 또는 공백과는 다르고 '알 수 없는 값'이나 '미지정'을 뜻합니다. 0은 숫자이고 공백은 하나의 문자입니다. NULL 값을 포함하는 컬럼을 연산하면 결과 값도 NULL입니다.

```
SELECT  name, followers, followers + 880
FROM    person;
```

예제 인물 테이블에서 인물의 〈이름〉과 〈팔로워수〉, 〈팔로워수 + 880〉을 조회합니다.

팔로워수가 없는 인물의 연산 결과는 NULL 값으로 조회됨을 확인합니다.

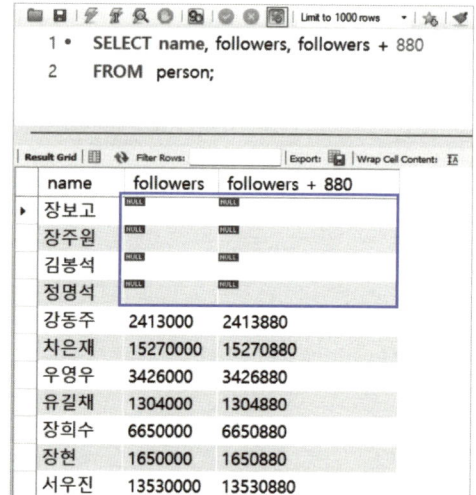

중복된 데이터를 제거하는 DISTINCT

결과 값에서 값이 중복된 행을 제거하려면 SELECT 바로 다음에 DISTINCT 키워드를 쓴 후, 컬럼명을 나열합니다. 같은 컬럼에 있는 동일한 값은 한 번만 출력됩니다.

DISTINCT 다음에 여러 컬럼을 나열하면 컬럼의 조합으로 고유한 행이 출력됩니다.

사용 방법

```
SELECT   DISTINCT 컬럼명1, 컬럼명2 …
FROM     테이블명;
```

- SELECT 다음에 DISTINCT 키워드를 한 번만 사용합니다.
- 여러 컬럼을 나열할 수 있습니다.

SELECT 다음에 DISTINCT 키워드를 입력한 다음에 중복을 제거할 컬럼명을 나열합니다.

```
SELECT DISTINCT job
FROM person;
```

예제 인물 테이블에서 〈업무〉를 조회합니다. 〈업무〉 컬럼에 있는 모든 데이터가 조회됩니다.

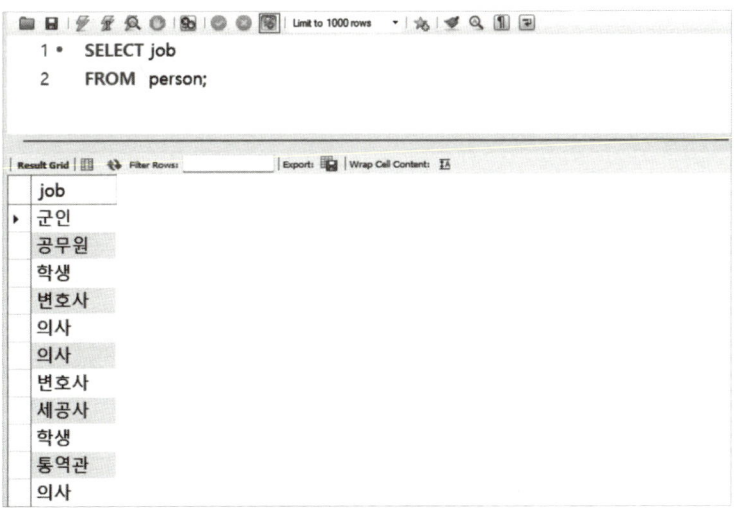

기본적인 데이터 조회는 테이블에 입력된 컬럼의 값을 있는 그대로 출력합니다. 인물 테이블의 〈job〉 컬럼의 경우 〈변호사, 의사, 학생〉은 중복된 데이터 값이 출력됩니다. DISTINCT 키워드를 이용해서 중복된 〈job〉을 제거하고 출력합니다.

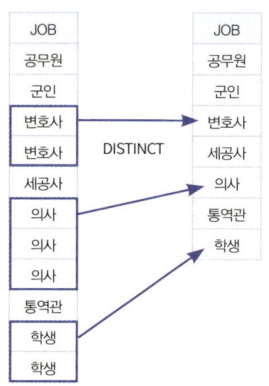

예제 인물 테이블에서 〈업무〉를 중복 없이 조회합니다.

DISTINCT 키워드 다음에 컬럼을 여러 개 나열하면 나열된 컬럼들의 조합으로 유일한 행을 출력합니다.

```
SELECT DISTINCT gender, job
FROM person;
```

예제 인물 테이블에서 〈성별〉, 〈업무〉의 종류를 조회합니다.

(1, 의사), (2, 의사)의 조합으로 중복된 데이터가 제거됩니다.

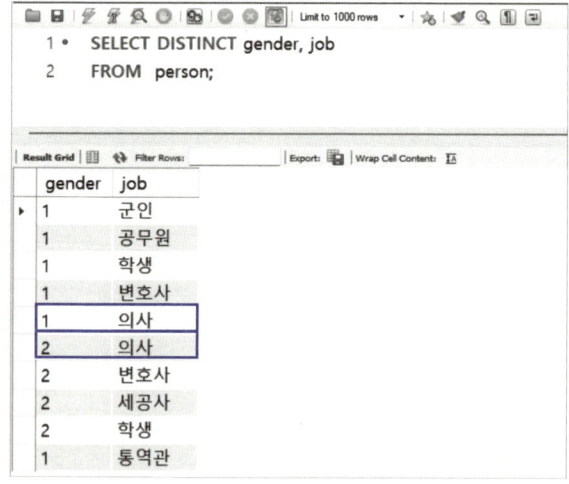

5.2. 데이터를 필터링하는 WHERE 절

WHERE 절을 사용해서 조회 결과로 반환되는 행을 제한할 수 있습니다. WHERE 절은 FROM 절 바로 다음에 사용하며 만족해야 할 조건을 기술합니다. 조건이 참인 경우 즉, 조건을 만족하는 행을 반환합니다.

사용 방법

```
SELECT   컬럼명1, 컬럼명2 …
FROM     테이블명
WHERE    조회조건;
```

- WHERE 절에서는 컬럼의 별칭을 사용할 수 없습니다.
- 문자열과 날짜 값은 작은따옴표(' ')로 묶어서 값을 지정할 수 있습니다.
- CHAR, VARCHAR와 같은 문자형 타입과 DATE 날짜 타입을 가진 컬럼을 특정 값과 비교하기 위해서는 인용 부호(작은따옴표)로 묶어서 비교 처리합니다.
- INTEGER, INT와 같은 숫자형 형태의 값은 인용 부호를 사용하지 않고 그대로 사용합니다.

비교 연산자

연산자	의미
=	같음
>, >=	보다 큼, 크거나 같음
<, <=	보다 작음, 작거나 같음
<>, !=	같지 않음 표현하는 연산자로 선택해서 사용함

WHERE 절에 조건을 명시하면 테이블 내에 있는 데이터를 걸러내는 필터 역할을 합니다.

```
SELECT name, job, gender
FROM   person
WHERE job = '의사';
```

예제 인물 테이블에서 의사들의 〈이름, 업무, 성별〉을 조회합니다.

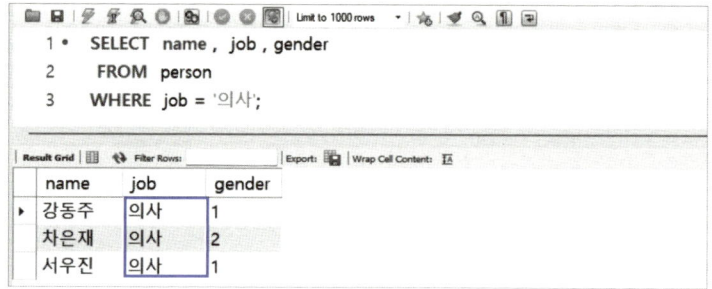

비교 연산자를 이용하여 '크거나 같다'는 조건 비교를 할 수 있습니다.

```
SELECT name, job, height
FROM  person
WHERE height >= 180;
```

예제 인물 테이블에서 키가 180 이상인 인물의 〈이름, 업무, 키〉를 조회합니다.

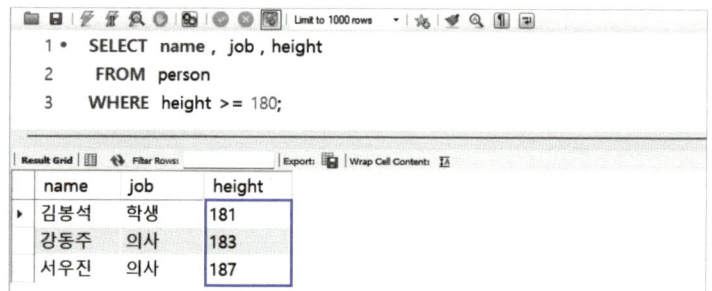

WHERE 절의 조건이 TRUE인 데이터가 조회됩니다. '같지 않다'는 <> 또는 != 중 선택해서 사용합니다.

```
SELECT name, job, gender
FROM  person
WHERE job <> '의사';
```

예제   인물 테이블에서 의사가 아닌 인물의 〈이름, 업무, 성별〉을 조회합니다.

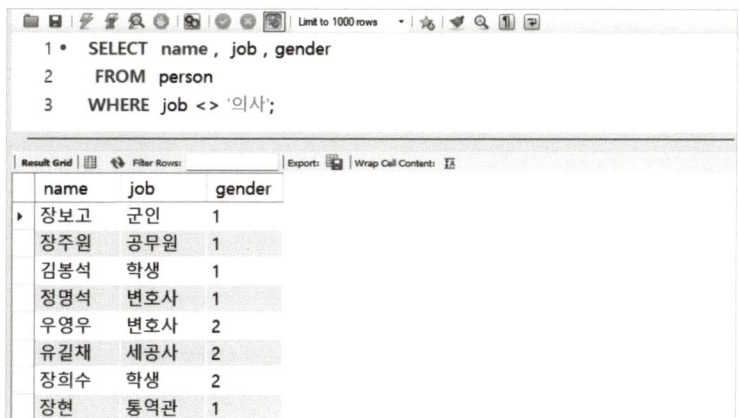

NULL에 관한 연산

NULL은 값이 지정되지 않은 컬럼이므로 = 또는 〈〉 연산자로 값을 비교할 수 없습니다.

연산자	사용법	의미
IS NULL	col IS NULL	col은 NULL이다.
IS NOT NULL	col IS NOT NULL	col은 NULL이 아니다.

별명이 입력되지 않은 인물을 조회하기 위해 = 연산자를 사용하면 0행이 조회됩니다.

```
SELECT name, job, nickname
FROM person
WHERE nickname = NULL;
```

인물 테이블의 전체 데이터를 조회해 보면 〈정명석 변호사〉, 〈강동주 의사〉, 〈유길채 세공사〉의 별명이 NULL 값임이 확인됩니다.

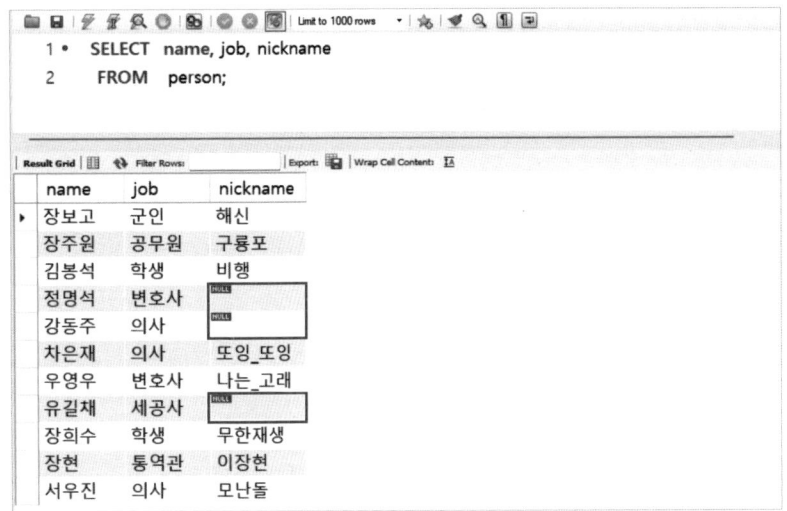

NULL 값인 데이터를 조회하기 위해 IS NULL 연산자를 사용합니다.

```
SELECT name, job, nickname
FROM person
WHERE nickname IS NULL;
```

예제   인물 테이블에서 별명이 입력되지 않은 인물의 〈이름, 업무, 별명〉을 조회합니다.

NULL 아닌 컬럼의 데이터를 조회하기 위해 IS NOT NULL 연산자를 사용합니다.

```
SELECT name, job, nickname
 FROM person
WHERE nickname IS NOT NULL;
```

예제 인물 테이블에서 별명이 입력된 인물의 〈이름, 업무, 별명〉을 조회합니다.

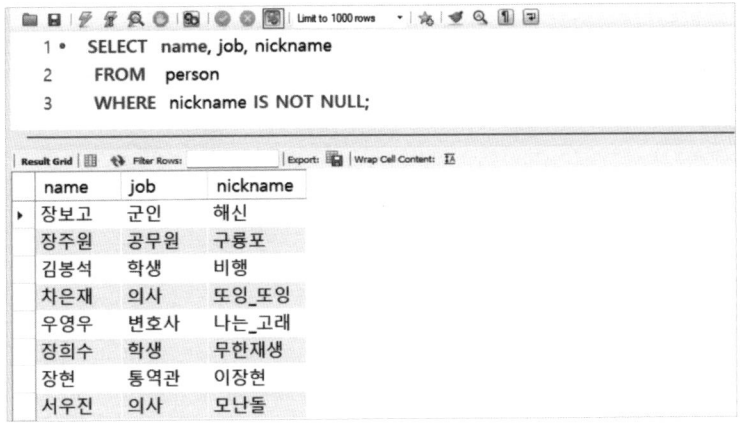

논리 연산자

AND, OR 연산자를 사용하여 WHERE 절에 여러 조건을 지정할 수 있습니다. 논리 연산자는 두 조건의 결과를 결합해서 하나의 결과를 생성하거나 단일 조건의 결과를 부정하기도 합니다. 조건의 전체가 참인 경우에만 행이 반환됩니다.

연산자	의미
AND	양쪽 조건이 모두 TRUE이면 TRUE를 반환
OR	양쪽 조건 중 하나만 TRUE이면 TRUE를 반환
NOT	뒤따르는 조건이 FALSE인 경우 TRUE를 반환

- 우선순위는 NOT, AND, OR순입니다.
- ( ) 안에 있는 연산자는 모든 우선 순위 규칙보다 먼저 수행합니다.

AND는 모든 조건의 결과가 TRUE인 경우 해당 행이 선택됩니다.

```
SELECT name, job, height
 FROM person
WHERE height >= 180
   AND job = '의사';
```

예제   인물 테이블에서 키가 180 이상인 의사의 〈이름, 업무, 키〉를 조회합니다.

앞의 의사 목록에 조회된 〈차은재, 의사〉는 키가 174이므로 행으로 선택되지 않습니다.

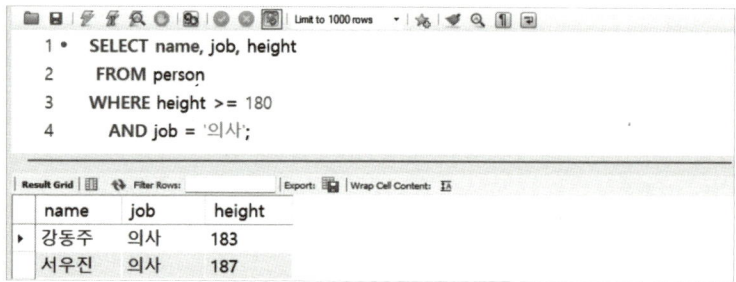

OR은 조건 중 하나가 TRUE면 해당 행이 선택됩니다.

```
SELECT name, job, height
 FROM person
WHERE height >= 180
   OR job = '의사';
```

예제   인물 테이블에서 키가 180 이상이거나 의사인 인물의 〈이름, 업무, 키〉를 조회합니다.

〈김봉석, 학생〉은 의사는 아니지만, 키가 180 이상이므로 조회됩니다.

〈차은재, 의사〉는 키가 180 미만이지만 의사이므로 조회됩니다.

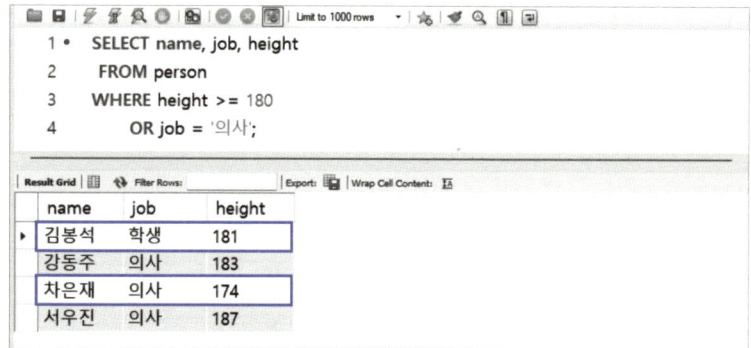

두 값 사이의 행을 조회하는 BETWEEN

BETWEEN은 조건절에 명시된 값이 어느 범위에 걸쳐 해당하는지를 확인하는 SQL 비교 연산자입니다. 비교하는 값의 범위가 110에서 120 사이의 값이라고 하면 BETWEEN 110 AND 120으로 형식으로 사용합니다.

BETWEEN a AND b는 a값과 b값 사이에 포함되는지 비교하므로 expr >=a AND expr <= b와 같습니다.

```
SELECT name, job, height
FROM person
WHERE height BETWEEN 175 AND 180;


SELECT name, job, height
FROM person
WHERE height >= 175 AND height <= 180;
```

예제 　인물 테이블에서 키가 175 이상 180 이하인 인물의 〈이름, 업무, 키〉를 조회합니다.

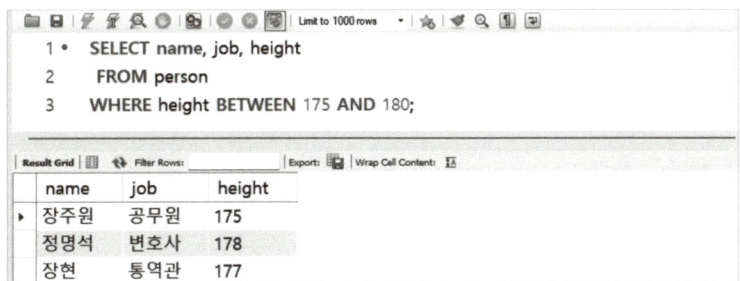

여러 값 중 일치하는 행을 조회하는 IN

IN 연산자는 여러 값 중에서 어느 하나와 일치하는 행을 조회하는 SQL 비교 연산자입니다. 형태는 IN(값1, 값2, 값3…)이며 비교 대상이 괄호 안의 값에 포함될 경우 조건을 만족합니다.

IN 리스트는 = 연산자와 OR 연산자를 합한 결과와 동일한 결과를 조회할 수 있는 연산자입니다.

```
SELECT name, job, nickname
FROM person
WHERE name IN ('유길채', '장현', '장보고');


SELECT name, job, nickname
FROM person
WHERE name = '유길채' OR name = '장현' OR name = '장보고';
```

예제 인물 테이블에서 이름이 유길채, 장현, 장보고 중 하나에 해당하는 〈이름, 업무, 별명〉을 조회합니다.

IN은 비교하는 값이 하나라도 반드시 괄호와 같이 사용해야 하며 문자, 숫자, 날짜 등 여러 형태의 데이터 유형 모두 비교 가능합니다.

```
SELECT name, job, height
FROM person
WHERE height IN (168, 175, 183);
```

예제 인물 테이블에서 키가 168, 175, 183인 인물의 〈이름, 업무, 키〉를 조회합니다.

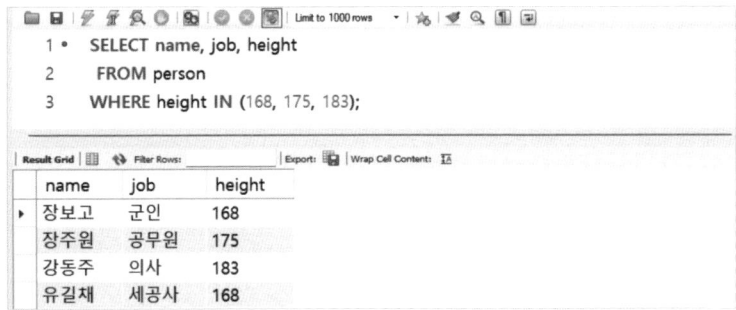

문자열의 일부가 일치하는 값을 조회하는 LIKE 연산자

문자열의 일부가 일치하는 값을 조회할 때 LIKE 연산자를 사용합니다. LIKE 연산자는 와일드 카드(Wild Card)와 함께 사용합니다.

와일드 카드

기호	설명
_	한 개의 문자와 대응
%	0개 또는 1개 이상의 문자와 대응

첫 글자가 포함된 데이터를 조회할 때 비교하는 문자 다음에 와일드 카드(%)를 입력합니다.

```
SELECT name, job, height
FROM   person
WHERE  name LIKE '장%';
```

예제 인물 테이블에서 장씨 성을 가진 인물의 〈이름, 업무, 키〉를 조회합니다.

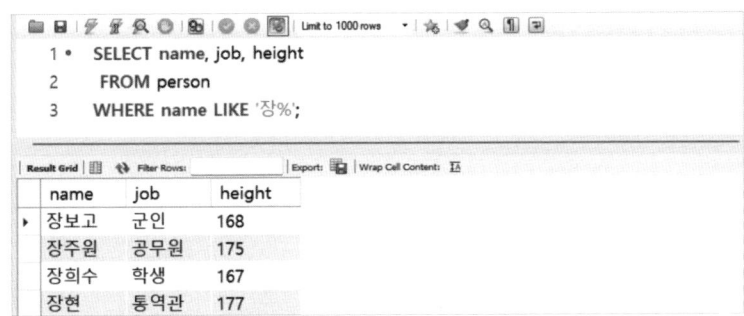

제일 마지막 문자가 포함된 데이터를 조회할 때는 와일드 카드(%)를 앞에 쓰고 마지막에 비교 문자를 입력합니다.

```
SELECT name, job, height
FROM   person
WHERE  name LIKE '%석';
```

예제 인물 테이블에서 이름의 마지막 문자가 '석'인 인물의 〈이름, 업무, 키〉를 조회합니다.

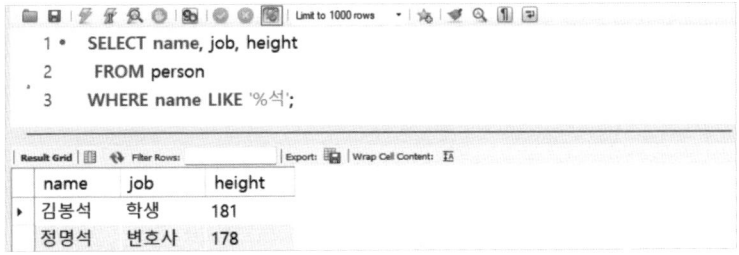

는 한 문자를 비교하는 와일드 카드입니다. ''를 두 개 입력하면 두 글자인 문자를 의미합니다.

```
SELECT  name, job, height
FROM    person
WHERE   name LIKE '__';
```

예제   인물 테이블에서 두 글자 이름인 인물의 〈이름, 업무, 키〉를 조회합니다.

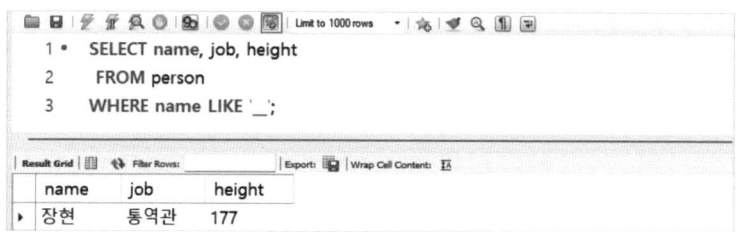

어느 자리든 '우' 문자를 포함하는 행을 조회할 때는 와일드 카드(%)를 처음과 끝에 사용할 수 있습니다.

```
SELECT  name, job, height
FROM    person
WHERE   name LIKE '%우%';
```

예제   인물 테이블에서 이름에 '우'인 문자가 있는 인물의 〈이름, 업무, 키〉를 조회합니다.

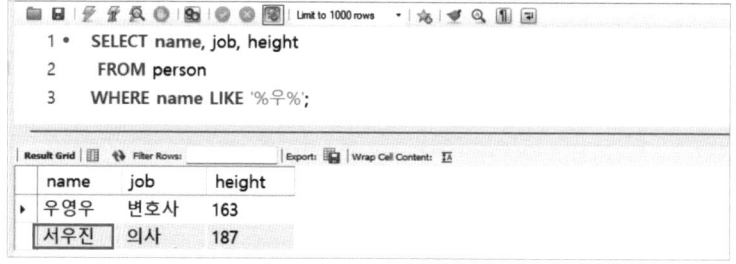

위의 조회 결과에서 '우' 문자가 두 번째 자리에 위치한 이름을 조회할 때 _와 %를 같이 사용합니다.

```
SELECT  name, job, height
FROM    person
WHERE   name LIKE '_우%';
```

예제 인물 테이블에서 이름의 두 번째 문자가 '우'인 인물의 〈이름, 업무, 키〉를 조회합니다.

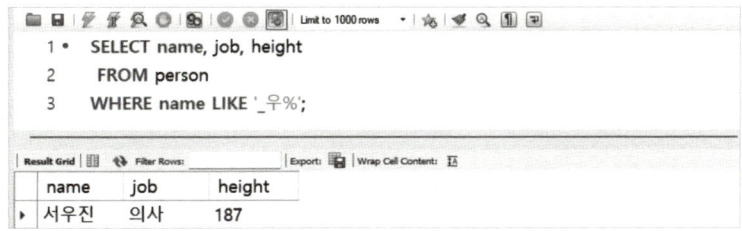

별명에 _ 문자를 포함하는 별명을 조회하기 위해 다음과 같이 SELECT 문을 작성하면 _ 문자가 와일드 카드로 인식되어 의도와 다른 결과가 조회됩니다.

예시 인물 테이블에서 별명에 _ 문자를 포함하는 인물의 〈이름, 별명〉을 조회합니다.

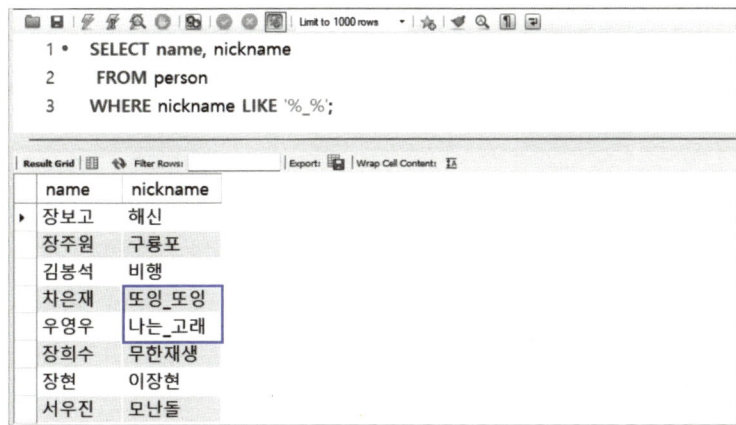

_ 문자를 와일드 카드가 아닌 비교 문자로 사용하려면 ESCAPE 옵션을 사용합니다. _나 % 와일드 카드 문자 앞에 임의의 문자를 입력하고 ESCAPE 옵션으로 제거합니다.

```
SELECT name, nickname
FROM   person
WHERE  nickname LIKE '%e_%' ESCAPE 'e';
```

예시 인물 테이블에서 별명에 _ 문자를 포함하는 인물의 〈이름, 별명〉을 조회합니다.

부정 연산자

NOT 연산자는 뒤따르는 조건의 결과가 FALSE이면 해당 행이 선택됩니다.

연산자	연산자 의미
NOT 컬럼명 =	~와 같지 않다.
NOT 컬럼명 >	~보다 크지 않다. (작거나 같다)
NOT 컬럼명 <	~보다 작지 않다. (크거나 같다)
NOT BETWEEN a AND b	a와 b의 값 사이에 있지 않다. (a, b 값을 포함하지 않는다)
NOT IN (list)	list 값과 일치하지 않는다.

NOT BETWEEN a AND b는 a값과 b값 사이에 포함되지 않는지 비교하기 위해 NOT 연산자를 사용하며 expr < a OR expr > b와 같습니다.

```
SELECT name, job, height
FROM    person
WHERE   height NOT BETWEEN 175 AND 180;


SELECT name, job, height
FROM    person
WHERE   height < 175
   OR height > 180;
```

예제 인물 테이블에서 키가 175보다 작거나 180보다 큰 인물의 〈이름, 업무, 키〉를 조회합니다.

name	job	height
장보고	군인	168
김봉석	학생	181
강동주	의사	183
차은재	의사	174
우영우	변호사	163
유길채	세공사	168
장희수	학생	167
서우진	의사	187

NOT IN 리스트는 <> 연산자와 AND 연산자를 합한 결과와 동일한 결과를 조회합니다.

```
SELECT name, job, nickname
FROM person
WHERE name NOT IN ('유길채', '장현', '장보고');


SELECT name, job, nickname
FROM person
WHERE name <> '유길채'
  AND name <> '장현'
  AND name <> '장보고';
```

예제   인물 테이블에서 이름이 〈유길채, 장현, 장보고〉가 아닌 인물의 〈이름, 업무, 별명〉을 조회합니다.

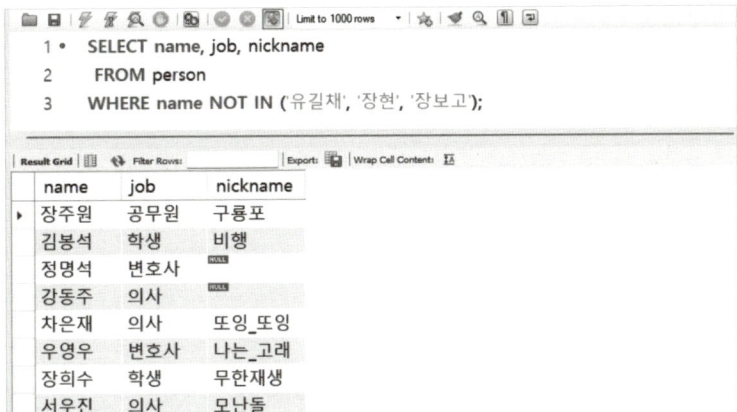

5.3. 특정 기준으로 데이터를 정렬하는 ORDER BY 절

기본적인 조회 결과는 디스크에 있는 순서대로 행이 조회되므로 ORDER BY 절을 사용하여 행을 정렬합니다. 정렬 조건으로 컬럼, 표현식, 별칭, SELECT 절에 나온 컬럼의 순서를 나타내는 숫자를 지정할 수 있습니다.

사용 방법

```
SELECT    컬럼명1, 컬럼명2…
FROM      테이블명
ORDER BY  정렬조건;
```

- SELECT 절은 조회할 대상 컬럼을 지정합니다.
- FROM 절은 SELECT 절에 나열된 컬럼을 포함하는 테이블을 지정합니다.
- ORDER BY 절은 SELECT 문의 가장 마지막에 작성하며 정렬 순서를 지정합니다.
- SELECT 절에 없는 컬럼을 이용해서 정렬이 가능합니다.
- 오름차순 또는 내림차순으로 순서를 지정할 수 있으며 생략하면 오름차순입니다.
- ASC 오름차순(A→Z순, ㄱ→ㅎ순, 1→10순)
- DESC 내림차순(Z→A순, ㅎ→ㄱ순, 10→1순)
- 숫자 값은 작은 값부터 표시됩니다.
- 날짜 값은 과거 값부터 표시됩니다.
- 문자 값은 영문자순으로 표시됩니다.

SELECT 절에 DISTINCT 키워드를 사용했다면, ORDER BY 절의 컬럼은 SELECT 절에서 사용한 컬럼만 사용할 수 있습니다. DISTINCT 키워드를 사용하지 않았다면, SELECT 절에 없는 컬럼으로 정렬할 수도 있습니다.

```
SELECT corpname AS 회사명, ceo AS 대표이름, estdate AS 설립일자
FROM corp
ORDER BY estdate;
```

예제 회사 테이블에서 〈설립일자〉가 빠른 순서로 〈회사명, 대표이름, 설립일자〉를 조회합니다.

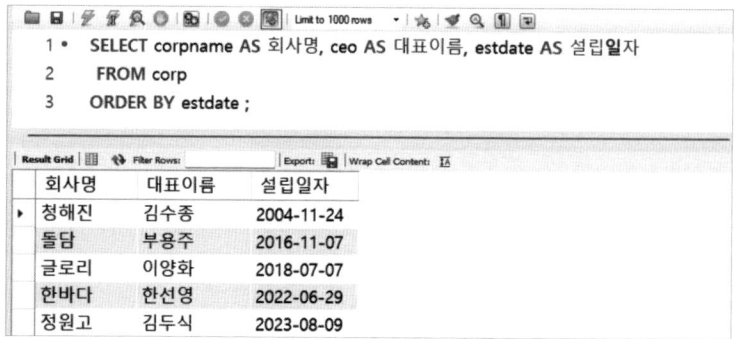

내림차순 정렬을 수행할 때 DESC 키워드를 지정하고, 정렬 기준으로 컬럼 별칭을 사용할 수 있습니다.

```
SELECT corpname AS 회사명, ceo AS 대표이름, estdate AS 설립일자
FROM corp
ORDER BY 설립일자 DESC;
```

예제 회사 테이블에서 최근 설립된 회사순으로 〈회사명, 대표이름, 설립일자〉를 조회합니다.

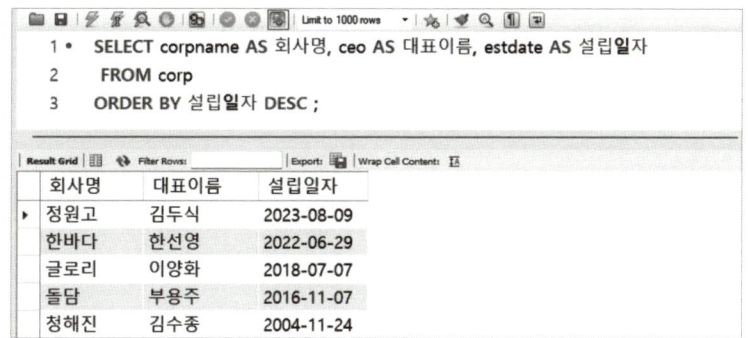

여러 컬럼을 정렬할 때는 각 컬럼마다 오름차순, 내림차순을 개별적으로 지정할 수 있습니다.

```
SELECT name AS 이름, job AS 업무, height AS 키
FROM person
ORDER BY job, height DESC;
```

예제 인물 테이블에서 인물의 〈이름, 업무, 키〉를 〈업무〉순으로 조회하되, 〈업무〉가 같으면 키가 큰 인물순으로 조회합니다.

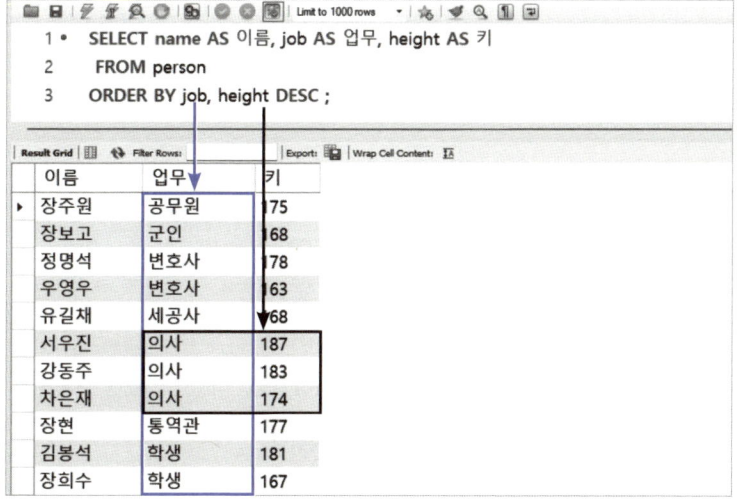

정렬 기준으로 SELECT 절에 기술한 컬럼의 순서를 사용할 수 있습니다.

```
SELECT name AS 이름, job AS 업무, height AS 키
FROM person
ORDER BY 2, 3 DESC;
```

예제 인물 테이블에서 인물의 〈이름, 업무, 키〉를 〈업무〉순으로 조회하되, 〈업무〉가 같으면 〈키〉가 큰 인물순으로 조회합니다.

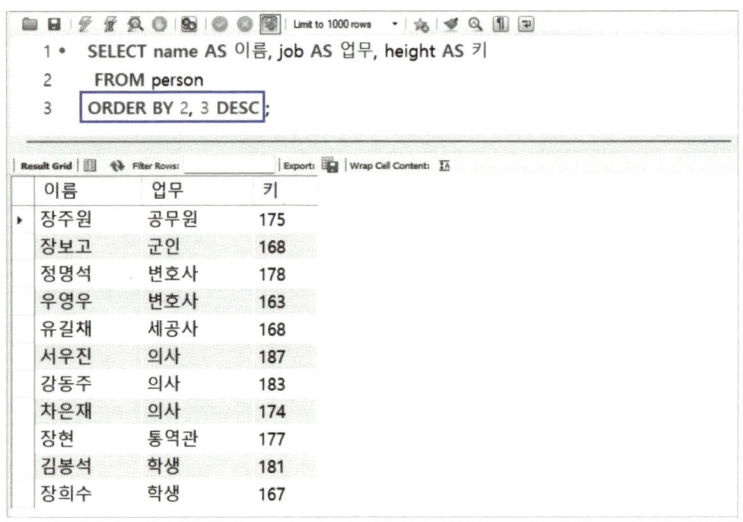

NULL 값 데이터의 정렬을 위한 ORDER BY 절

ORDER BY 구문으로 데이터를 정렬할 때, NULL 값을 가진 행은 IS NULL을 이용하여 정렬 방법을 지정합니다.

사용 방법

```
SELECT    컬럼명1, 컬럼명2…
FROM      테이블명
ORDER BY 컬럼 IS NULL 정렬기준, 컬럼 정렬기준;
```

- SELECT 절은 조회할 컬럼을 나열합니다.
- FROM 절은 SELECT 절에 나열된 컬럼을 포함하는 테이블을 지정합니다.
- ORDER BY 절은 결과를 정렬하는 구문입니다.

- 컬럼 IS NULL 정렬 기준은 NULL 값을 가진 행의 정렬 조건을 지정합니다.
- 컬럼 정렬 기준은 NULL 값을 가지지 않은 행의 정렬 조건을 지정합니다.

NULL 값이 입력된 〈관련회사번호〉 컬럼을 정렬 기준으로 사용해 보겠습니다.

```
SELECT name AS 이름, agencyid 관련회사번호
FROM person
ORDER BY agencyid;
```

예제   인물 테이블에서 인물의 〈이름, 관련회사번호〉를 〈회사번호〉순으로 조회합니다. NULL 값이 맨 앞에 출력됨을 확인합니다.

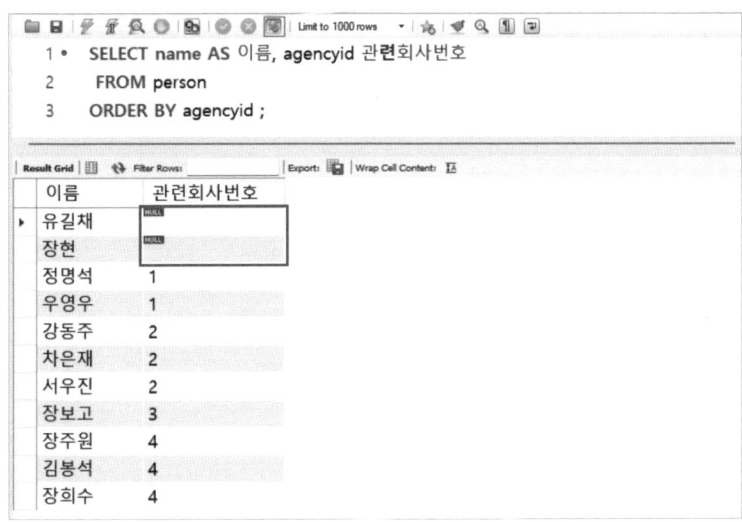

NULL 값은 오름차순으로 제일 마지막에 출력되고, NULL이 아닌 컬럼은 내림차순으로 정렬됩니다.

```
SELECT name AS 이름, agencyid 관련회사번호
FROM person
ORDER BY agencyid IS NULL ASC, agencyid DESC;
```

예제 인물 테이블에서 인물의 〈이름, 관련회사번호〉를 내림차순으로 조회합니다. NULL 데이터는 제일 마지막에 조회되도록 출력합니다.

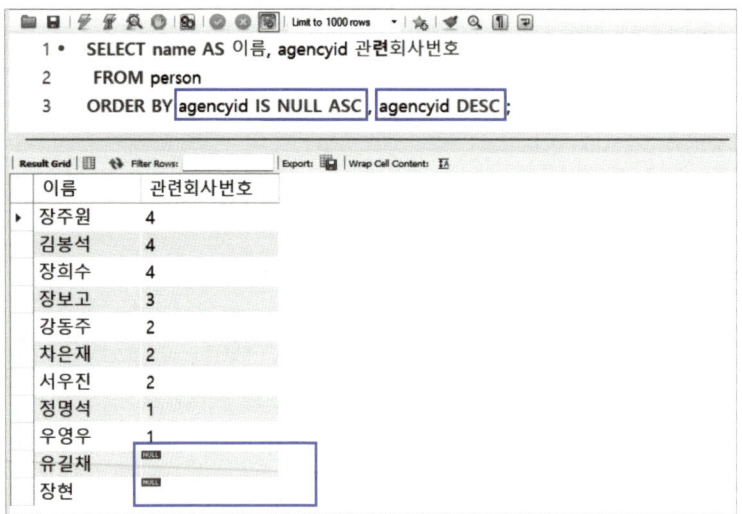

반환하는 개수를 제한하는 LIMIT

LIMIT는 조회된 결과에서 반환되는 행의 수를 제한할 때 사용합니다.

사용 방법

```
SELECT    컬럼명1, 컬럼명2…
FROM      테이블명
LIMIT     시작, 개수
```

- SELECT 절은 조회할 대상 컬럼을 지정합니다.
- FROM 절은 SELECT 절에 나열된 컬럼을 포함하는 테이블을 지정합니다.
- LIMIT 키워드는 반환되는 행의 수를 제한합니다.
- OFFSET 시작은 0부터 시작하고 생략하면 0을 의미합니다.
- OFFSET에 지나치게 큰 숫자를 사용하면 성능이 떨어질 수 있으므로 주의해야 합니다.

인물 테이블의 전체 데이터 중 3행만 조회하기 위해 LIMIT 3으로 제한할 수 있습니다.

```
SELECT name, height, weight
FROM person
LIMIT 3;
```

예시   인물 테이블에서 3명의 〈이름, 키, 몸무게〉를 조회합니다.

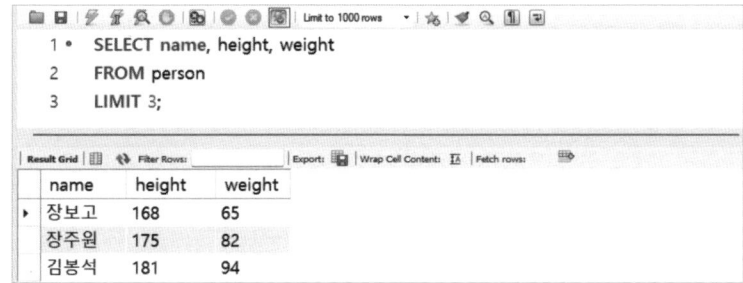

인물 데이터의 4번째 행부터 4행을 조회하기 위해 LIMIT 3, 4로 제한할 수 있습니다.

```
SELECT name, height, weight
FROM person
LIMIT 3, 4;
```

OFFSET의 시작은 0이므로 4번째 행의 OFFSET은 3입니다.

예시 인물 데이터의 4번째 위치한 4명의 〈이름, 키, 몸무게〉를 조회합니다.

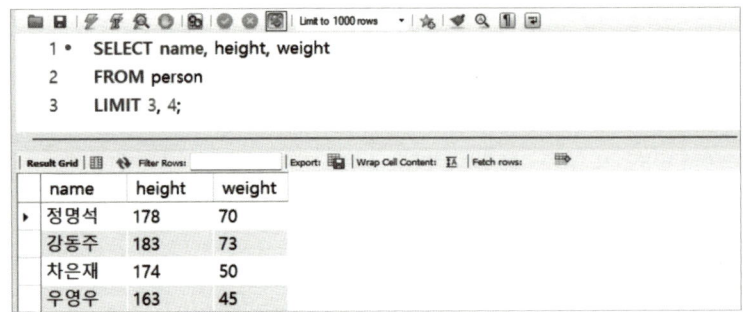

LIMIT를 사용할 때 정렬된 결과를 얻으려면 ORDER BY 절과 함께 사용해야 합니다. 그렇지 않으면 예측할 수 없는 순서로 결과가 반환될 수 있습니다.

```
SELECT name, height, weight
FROM person
ORDER BY height DESC
LIMIT 3;
```

예시 인물 테이블에서 키가 제일 큰 3명의 〈이름, 키, 몸무게〉를 조회합니다.

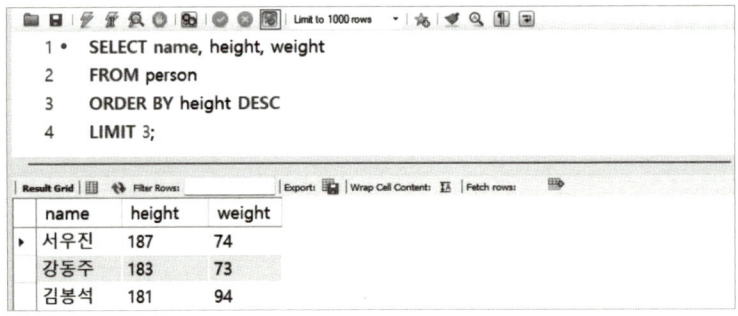

5.4. 필요한 기능을 호출로 쉽게 사용하는 함수

함수는 수학에서 F(X) = Y로 표현하는 것과 유사합니다. 값을 입력하면 함수에 정의된 일련의 연산을 수행한 결과를 반환하는 기능을 제공합니다. 이때 함수에 전달되는 값인 X는 인자(Parameter)이고, 함수가 반환하는 값인 Y는 반환 값(리턴 값)입니다. 함수를 이용하면 다양한 형태의 복잡한 조회를 간편하게 수행할 수 있습니다.

함수는 처리하는 방식에 따라 ① 단일 행 함수와 ② 다중 행 함수(그룹 함수)로 구분합니다.

① 단일 행 함수는 행당 하나의 결과를 반환합니다. 예를 들어, 3행을 함수 처리하면 3행이 반환됩니다.

- 행당 하나의 결과를 반환합니다.
- SELECT, WHERE, ORDER BY 절에 사용할 수 있습니다.
- 함수의 중첩 사용이 가능합니다.

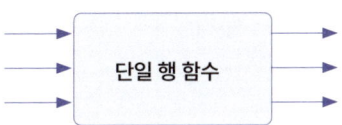

② 다중 행(그룹) 함수는 행의 그룹을 묶음으로 처리하여 행 그룹당 하나의 결과를 반환합니다.

- 여러 행을 묶음 처리하여 하나의 결과를 반환합니다.
- SELECT, HAVING, ORDER BY 절에 사용할 수 있습니다.
- 함수의 중첩 사용이 가능합니다.

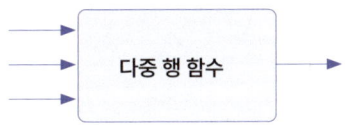

단일 행 함수

단일 행 함수는 매 행마다 함수 연산이 수행되어 행의 수만큼 결과가 반환됩니다. 함수가 처리하는 데이터 유형에 따라 문자 함수, 숫자 함수, 날짜 함수와 그 외 함수들로 나눌 수 있습니다.

문자 함수

문자열을 조작하는 함수입니다. 같은 기능을 처리하는 함수가 여러 개 있으므로 익숙한 함수명을 선택해서 사용합니다.

문자 함수	함수 설명	사용 예	실행 결과
LENGTH	문자열의 길이를 반환합니다.	LENGTH('DataBase')	8
UPPER	문자열을 대문자로 변환합니다.	UPPER('aBcd')	ABCD
UCASE		UCASE('aBcd')	ABCD
LOWER	문자열을 소문자로 변환합니다.	LOWER('ABab')	abab
LCASE		LCASE('ABab')	abab
CONCAT	Concatenation의 약자로 두 문자를 연결합니다.	CONCAT('DB', '입문')	DB 입문

문자 함수	함수 설명	사용 예	실행 결과
LPAD	왼쪽에 채울 문자열을 길이만큼 채웁니다.	LPAD('강감찬',7,'*')	****강감찬
RPAD	오른쪽에 채울 문자열을 길이만큼 채웁니다.	RPAD('양규',7,'*')	양규*****
SUBSTRING	문자열의 일부를 추출합니다.	SUBSTRING('데이터베이스 입문',4,3)	베이스
SUBSTR		SUBSTR('데이터베이스 입문',4,3)	베이스
LEFT	왼쪽에서 문자열의 길이만큼 반환합니다.	LEFT('데이터베이스 입문',6)	데이터베이스
RIGHT	오른쪽에서 문자열의 길이만큼 반환합니다.	RIGHT('데이터베이스 입문',2)	입문
SPACE	길이만큼 공백을 채웁니다.	SPACE(5)	' '

■ UPPER와 UCASE, LOWER와 LCASE, SUBSTRING과 SUBSTR은 같은 기능을 제공합니다.

- **LENGTH**: 문자열의 길이를 반환합니다.

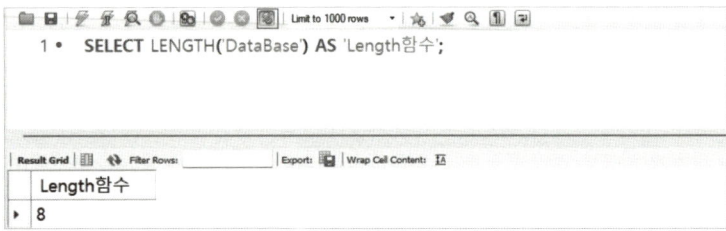

- **UPPER, UCASE**: 문자열을 대문자로 변환합니다.

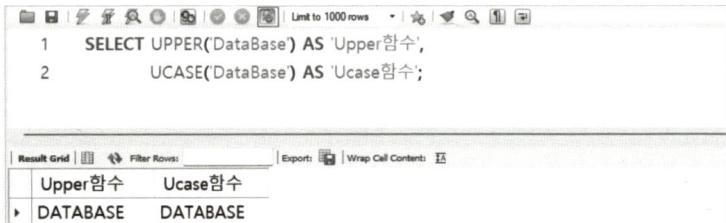

- **LOWER, LCASE**: 문자열을 소문자로 변환합니다.

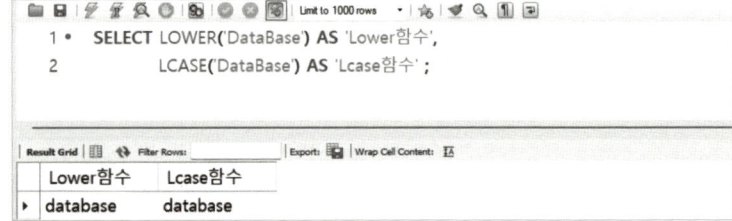

- CONCAT 함수: 문자열을 연결합니다.

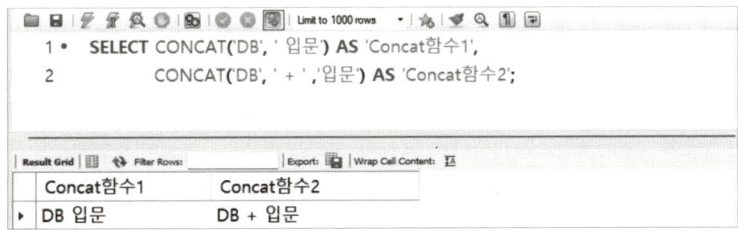

- LPAD: 문자열을 지정된 길이에 출력하되 빈 자리는 지정한 문자열을 왼쪽에 채웁니다.
- RPAD: 문자열을 지정된 길이에 출력하되 빈 자리는 지정한 문자열을 오른쪽에 채웁니다.

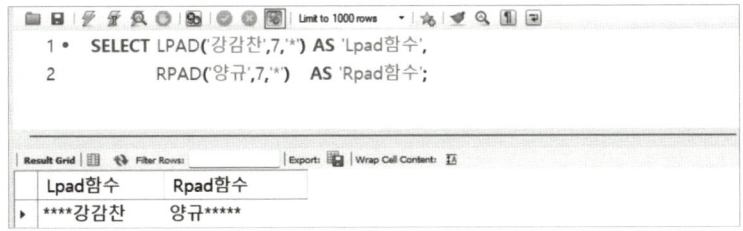

SUBSTR(문자열, 시작위치, 길이)

- 문자열의 일부분을 떼어내는 기능을 하는 함수입니다.
- 문자열에서 시작위치로 지정된 위치부터 길이만큼 떼어내어 반환합니다.
- 시작위치 값이 음수인 경우, 오른쪽에서부터 위치가 시작됩니다.
- 길이가 생략된 경우, 시작위치부터 문자열의 끝까지 반환합니다.
- SUBSTRING 함수는 같은 기능을 제공합니다.

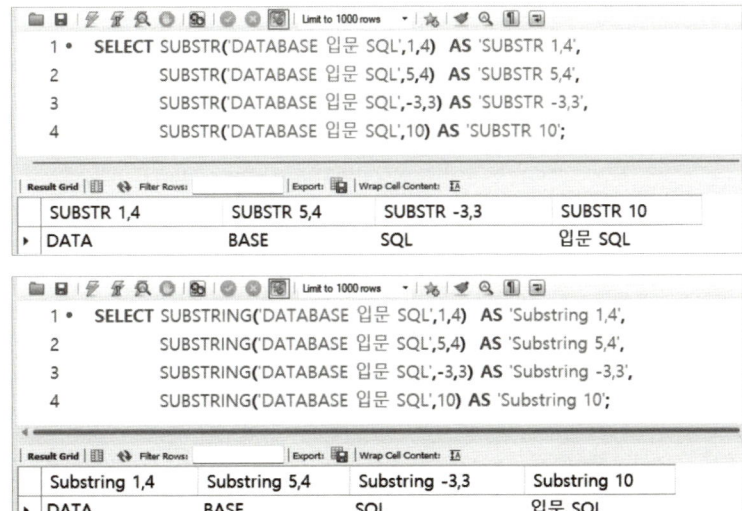

- LEFT: 문자열의 왼쪽에서 지정한 개수만큼 반환합니다.
- RIGHT: 문자열의 오른쪽에서 지정한 개수만큼 반환합니다.

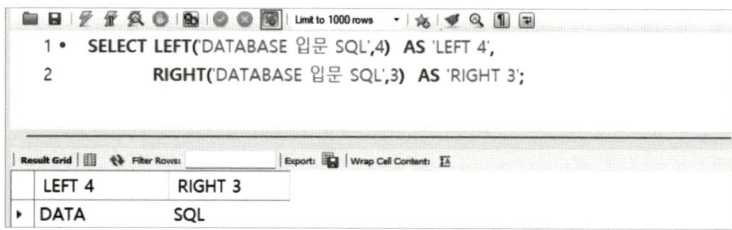

- SPACE: 인수로 지정된 숫자만큼 공백을 반환합니다.

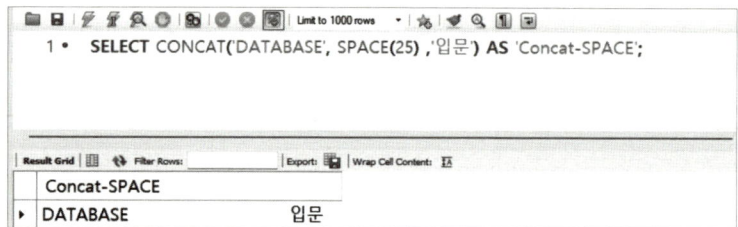

숫자 함수

숫자 데이터를 조작하는 함수입니다.

숫자 함수	함수 설명	사용 예	실행 결과
ABS	절대값을 반환합니다.	ABS(-800)	800
ROUND	지정한 자리에서 반올림하여 반환합니다.	ROUND(2077.27, 1)	2077.3
	자릿수를 음수로 지정하면 왼쪽으로 이동하여 반올림합니다.	ROUND(2077.27, -2)	2100
TRUNCATE	지정한 자리에서 버리고 반환합니다.	TRUNCATE(2077.27, 1)	2077.2
		TRUNCATE(2077.27, -2)	2000
FLOOR	작은 정수를 반환합니다.	FLOOR(35.6)	35
		FLOOR(-35.6)	-36
CEIL	큰 정수를 반환합니다.	CEIL(35.6)	36
CEILING		CEIL(-35.6)	-35
MOD	나머지를 반환합니다.	MOD(2077, 5)	2
SIGN	0은 0, 음수는 -1, 양수는 1을 반환합니다.	SIGN(-300)	-1
		SIGN(0)	0
		SIGN(200)	1

- CEIL과 CEILING은 같은 기능을 제공합니다.

- **ABS**: 인수로 지정된 숫자의 절대값을 반환합니다.

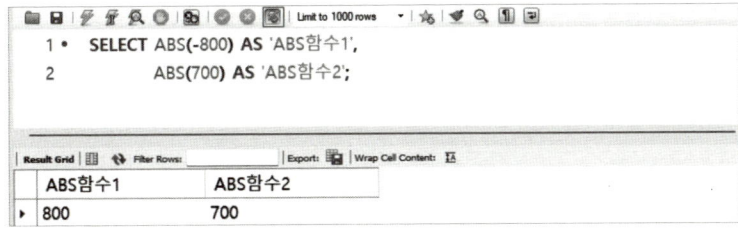

- **ROUND**: 지정한 자리에서 반올림하여 반환합니다.

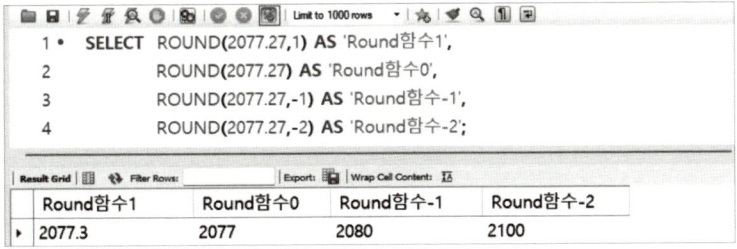

- **TRUNCATE**: 지정한 자리에서 버리고 반환합니다.

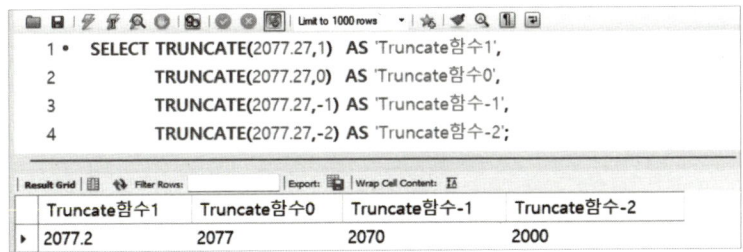

- **FLOOR**: 인수로 입력 받은 실수를 작은 정수로 반환합니다.

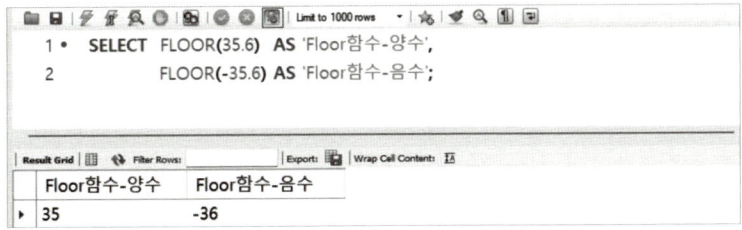

- CEIL: 인수로 입력 받은 실수를 큰 정수로 반환합니다.

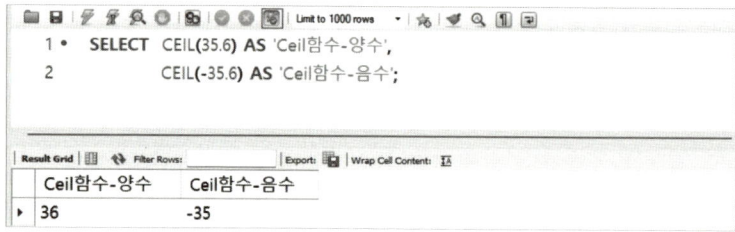

- MOD: 첫 번째 인수를 두 번째 인수로 나눈 값의 나머지를 반환합니다.

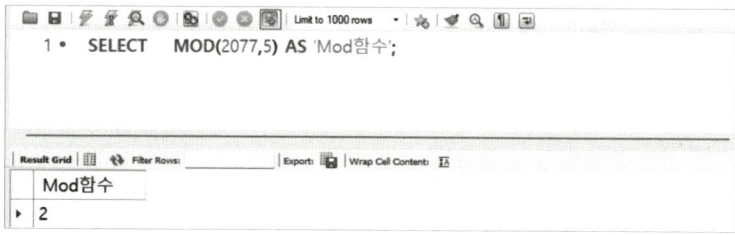

MOD 함수는 나머지를 반환하는 함수입니다. 몫을 구하기 위해서는 두 숫자를 나눈 결과 값을 소수점 이하 버리기로 계산할 수 있습니다.

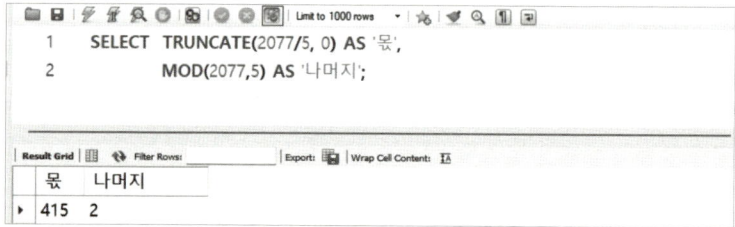

- SIGN: 인수로 입력 받은 숫자를 부호에 따라 -1, 0, 1을 반환합니다.

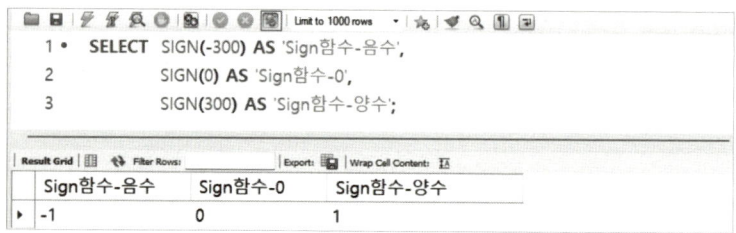

날짜 함수

날짜 데이터를 조작하는 함수입니다.

숫자 함수	함수 설명	사용 예
DATE	연, 월, 일을 반환합니다.	DATE(NOW())
TIME	시, 분, 초를 반환합니다.	TIME(NOW())
CURDATE	현재 연, 월, 일을 반환합니다.	CURDATE()
NOW	현재 연, 월, 일, 시, 분, 초를 반환합니다.	NOW()
SYSDATE		SYSDATE()
YEAR	날짜에서 연도를 반환합니다.	YEAR(NOW())
MONTH	날짜에서 월을 반환합니다.	MONTH(NOW())
DAY	날짜에서 일을 반환합니다.	DAY(NOW())
ADDDATE	날짜를 기준으로 숫자를 더한 날짜를 반환합니다.	ADDDATE(CURDATE(), 5)
SUBDATE	날짜를 기준으로 숫자를 뺀 날짜를 반환합니다.	SUBDATE(CURDATE(), 5)
LAST_DAY	주어진 월의 마지막 날짜를 반환합니다.	LAST_DAY(CURDATE())
TIME_TO_SEC	시간을 초로 변환합니다.	TIME_TO_SEC
DATEDIFF	두 날짜 사이의 차이를 계산하여 일수로 반환합니다.	DATEDIFF(end_date, start_date)

- NOW()와 SYSDATE()는 같은 기능을 제공합니다.

- **DATE, TIME**: 인수로 입력 받은 날짜의 연, 월, 일, 시간을 반환합니다.

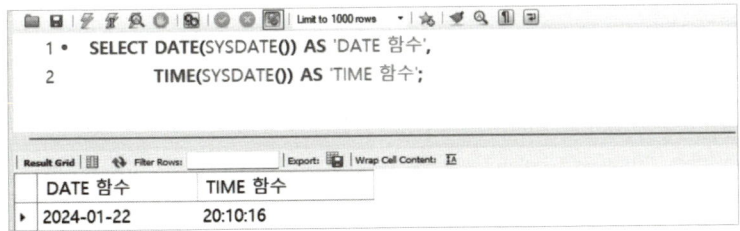

다음은 현재 날짜를 반환하는 유사한 함수들입니다.

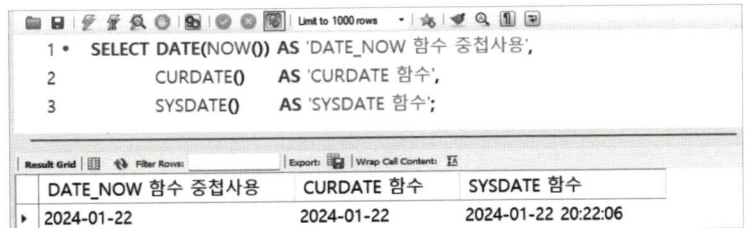

- YEAR, MONTH, DAY: 인수로 입력 받은 날짜의 연, 월, 일을 반환합니다.

```
1 • SELECT YEAR(NOW())  AS 'YEAR 함수',
2          MONTH(NOW()) AS 'MONTH 함수',
3          DAY(NOW())   AS 'DAY 함수';
```

YEAR 함수	MONTH 함수	DAY 함수
2024	1	22

> ADDDATE(기준날짜, INTERVAL 숫자 단위)

- 기준날짜는 기준이 되는 날짜입니다.
- 숫자는 더하거나 빼고자 하는 값입니다.
- 단위는 숫자에 사용된 값의 단위입니다. DAY, WEEK, MONTH, YEAR 등이 가능합니다.

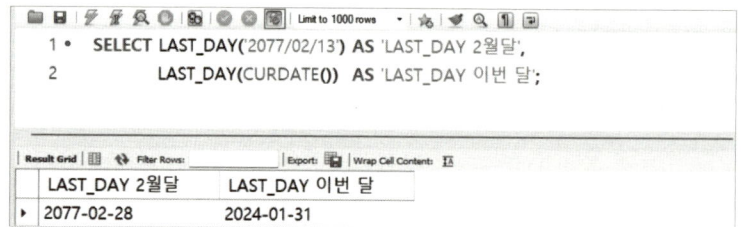

- LAST_DAY: 인수로 받은 날짜의 해당 월의 마지막 일자를 반환합니다.

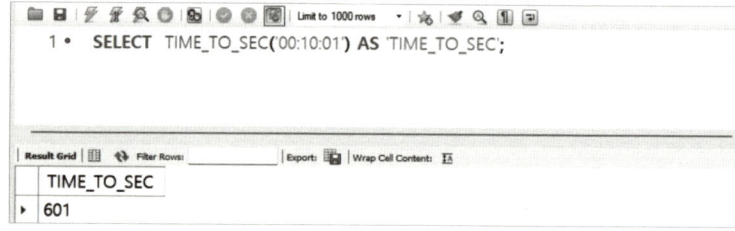

- TIME_TO_SEC: 인수로 받은 시간을 초로 변환하여 반환합니다.

```
1 • SELECT TIME_TO_SEC('00:10:01') AS 'TIME_TO_SEC';
```

TIME_TO_SEC
601

- WHERE 절에 함수를 사용하여 함수의 반환 값으로 비교 연산할 수 있습니다.

```
SELECT name, birthdate, job
FROM person
WHERE MONTH(birthdate) = '05';
```

예제   인물 테이블에서 5월에 태어난 인물의 〈이름, 생년월일, 업무〉를 조회합니다.

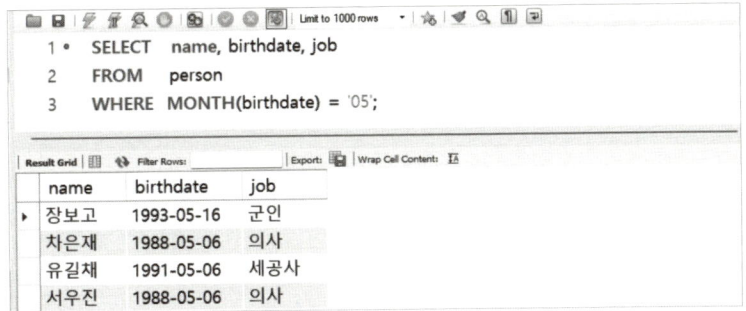

```
DATEDIFF(end_date, start_date)
```

- 두 날짜 간의 차이를 계산하여 일 수로 반환합니다.
- 결과가 양수이면 end_date가 start_date보다 미래의 날짜이고
- 결과가 음수이면 end_date가 start_date보다 과거의 날짜입니다.

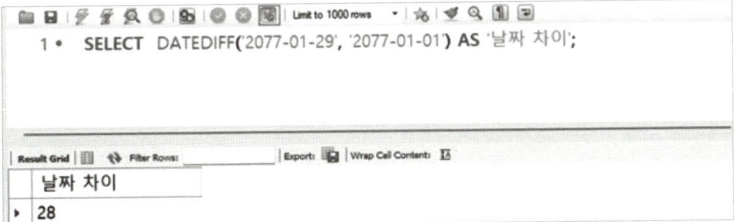

기타 함수

기타 함수	함수 설명	사용 예
IF	표현식이 참인지 거짓인지에 따라 분기됩니다.	IF(표현식, 참, 거짓)
IFNULL	표현식1이 NULL이 아니면 표현식1이 반환되고, NULL이면 표현식2가 반환됩니다.	IFNULL(표현식1, 표현식2)
NULLIF	표현식1과 표현식2가 같으면 NULL이 반환되고, 다르면 표현식1이 반환됩니다.	NULLIF(표현식1, 표현식2)
COALESCE	첫 번째로 NULL이 아닌 표현이 반환됩니다.	COALESCE(표현식1, 표현식2, 표현식3)

기타 함수	함수 설명	사용 예
CASE 문	다중 분기에 사용하는 연산자	CASE 표현식 WHEN ~ ELSE ~ END

IF 함수

IF 함수는 첫 번째 표현식의 결과가 참일 때는 두 번째 표현 값을 반환하고, 거짓일 때는 세 번째 표현 값을 반환합니다. IF(gender = 1, '남자', '여자')는 gender 컬럼의 값이 1이면 '남자'를, 1이 아니면 '여자'를 반환합니다.

```
SELECT  name, gender, IF(gender = 1, '남자','여자') AS '남과여'
FROM    person
WHERE   agencyid= 2;
```

예제 인물 테이블에서 〈관련회사번호〉가 2인 인물의 〈이름, 성별〉 그리고 〈성별〉이 1이면 남자를 조회하고 아니면 여자로 조회합니다.

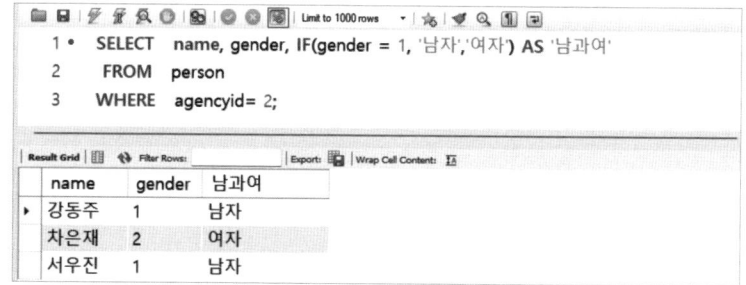

IFNULL 함수

IFNULL 함수는 첫 번째 표현식의 값이 NULL이 아니면 첫 번째 표현식을 반환하고, NULL이면 두 번째 표현식을 반환합니다. IFNULL(nickname, '별명없음')은 〈nickname〉 컬럼에 값이 있으면 nickname을 반환하고, NULL이면 대체문자로 '별명없음'을 반환합니다.

```
SELECT  name, nickname, IFNULL(nickname, '별명없음') AS 'IFNULL별명'
FROM    person
WHERE   agencyid= 1;
```

예제 인물 테이블에서 〈관련회사번호〉가 1인 인물의 이름, 별명과 IFNULL 함수를 이용하여 별명이 없으면 '별명없음'으로 조회합니다.

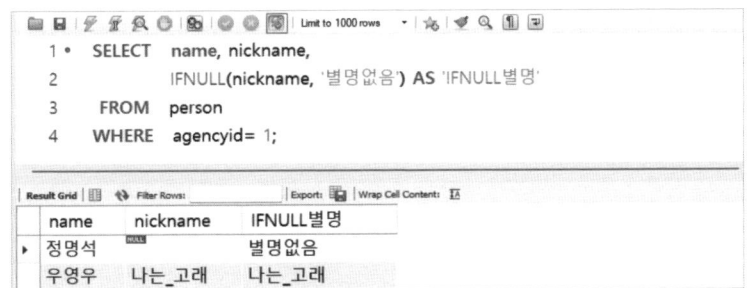

NULLIF 함수

NULLIF 함수는 첫 번째와 두 번째 표현식의 값이 일치하면 NULL을 반환하고, 그렇지 않으면 첫 번째 표현식을 반환합니다. NULLIF(job, '변호사')는 〈job〉이 변호사이면 NULL을 반환하고 그 외에는 〈job〉을 반환합니다.

```
SELECT   name, job,
         NULLIF(job, '변호사') AS '변호사는 NULL'
FROM     person
WHERE    gender = 2;
```

예제 인물 테이블에서 성별이 2인 인물의 〈이름, 업무〉를 조회하되 업무가 '변호사'이면 NULL 값으로 조회합니다.

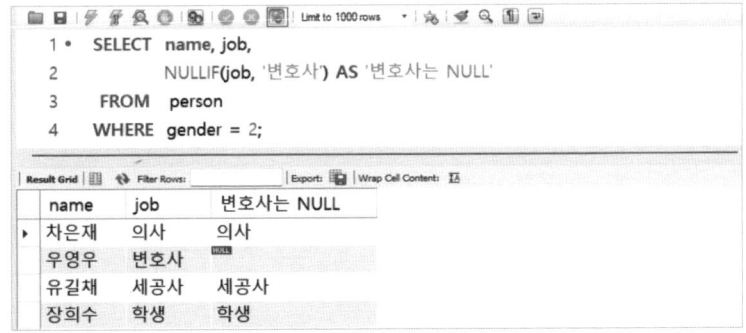

COALESCE 함수

COALESCE 함수는 함수의 인자로 나열된 표현식 중에서 첫 번째로 NULL 아닌 표현식을 반환합니다. COALESCE(nickname, '별명없음')은 nickname이 입력된 경우에는 nickname을, NULL이면 '별명없음'을 반환합니다.

```
SELECT   name, nickname, COALESCE(nickname, '별명없음') AS 'COALESCE별명'
FROM     person
WHERE    agencyid= 1;
```

예제   인물 테이블에서 〈관련회사번호〉가 1인 인물의 〈이름, 별명〉을 조회하되, COALESCE 함수를 이용하여 별명이 없으면 '별명없음'으로 표시합니다.

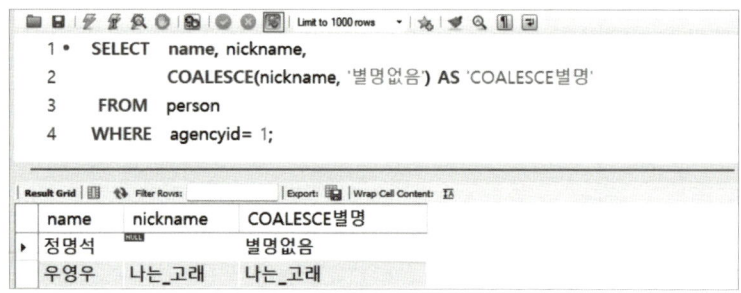

COALESCE(표현식1, 표현식2, 표현식3)은 3개의 컬럼을 나열하면 순차적으로 NULL이 아닌 표현식을 반환합니다.

```
SELECT name, nickname, followers, height,
       COALESCE(nickname, followers, height) AS 'COALESCE 함수'
FROM   person;
```

예제   인물 테이블에서 〈이름, 별명, 팔로워수, 키〉 중에서 NULL이 아닌 컬럼을 조회합니다.
   ① 첫 번째 NULL이 아닌 nickname을 반환합니다.
   ② 세 번째 NULL이 아닌 height를 반환합니다.
   ③ 두 번째 NULL이 아닌 followers를 반환합니다.

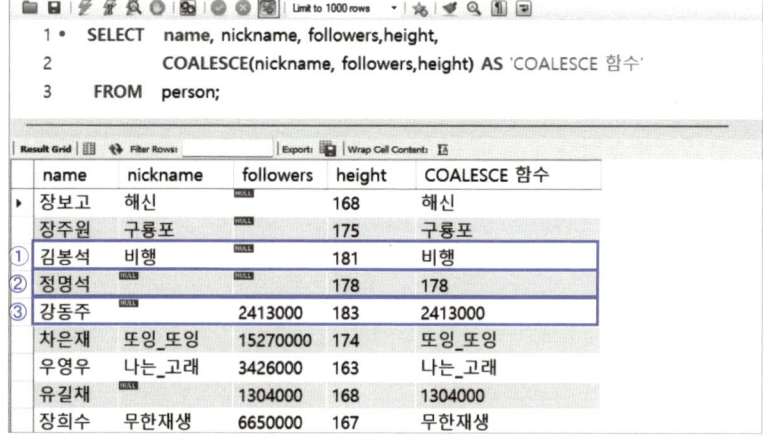

CASE 문

CASE 문은 조건문으로 함수는 아니지만 함수와 유사한 역할을 수행하며 비교 조건에 따라 값을 할당할 수 있습니다. 〈CASE 컬럼명 WHEN 비교값 THEN〉은 〈IF 컬럼명 = 비교값 THEN〉과 유사한 표현입니다.

```
SELECT gender,
       CASE gender WHEN 1 THEN '남자'
                   WHEN 2 THEN '여자'
                   ELSE '미등록'
            END AS 남과여
FROM   person
WHERE  agencyid = 2;
```

예제 인물 테이블에서 〈관련회사번호〉가 2인 인물의 〈성별〉과 남자 또는 여자를 조회합니다.

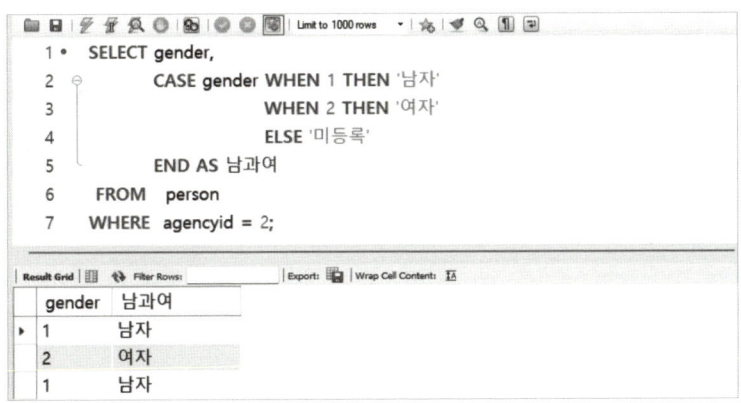

조건문을 위에서부터 순차적으로 조건을 체크해서 해당하는 값을 반환합니다.

```
CASE WHEN 비교조건1 THEN 처리1
     WHEN 비교조건2 THEN 처리2
     ….
     ELSE 기본값처리
END
```

```
SELECT name, height,
       CASE WHEN height < 160 THEN '160 미만'
            WHEN height >= 160 AND height < 170 THEN '170 미만'
```

```
            WHEN height >= 170 AND height < 180 THEN '180 미만'
            WHEN height >= 180 AND height < 190 THEN '190 미만'
            ELSE '매우 큼'
        END AS 키함수
FROM   person;
```

예제   인물 테이블에서 이름, 키와 키가 160보다 작으면 '160 미만',

　　　　　　　　　　160 이상 170 미만이면 '170 미만',

　　　　　　　　　　170 이상 180 미만이면 '180 미만',

　　　　　　　　　　180 이상 190 미만이면 '190 미만',

　　　　　　　　　　190 이상이면 '매우 큼'으로 조회합니다.

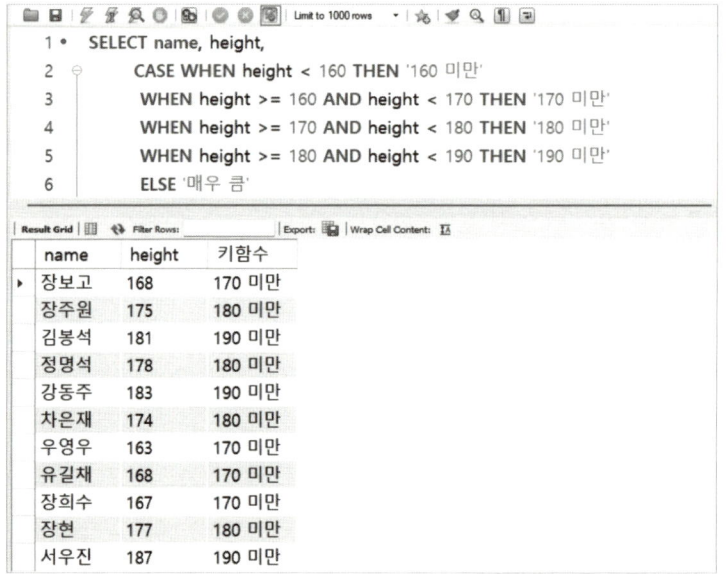

다중 행 함수(그룹 함수)

다중 행의 함수(그룹 함수)는 행의 그룹을 묶어서 조작한 후에 행의 그룹당 하나의 결과 값을 반환합니다. 단일 행 함수와 달리 그룹 함수는 전체 집합 또는 그룹으로 분류된 집합에 작용하여 그룹당 하나의 결과를 생성합니다.

그룹 함수는 집계 함수(Aggregate Function)라고도 합니다. 이는 하나 이상의 데이터를 대상으로 전체 개수, 평균값, 최소값, 최대값 등과 같은 통계 처리를 수행하는 함수입니다.

그룹 함수를 사용할 때는 다음 사항을 고려해야 합니다.

① 어떤 단위로 묶을 것인가?
② 묶은 정보를 바탕으로 어떤 정보를 추출할 것인가?

①은 GROUP BY 절에 기술하는 컬럼이고, ②는 그룹 함수입니다.

그룹 함수	내용
COUNT	결과의 행 개수를 구합니다.
SUM	합계를 구합니다.
AVG	평균값을 구합니다.
MAX	최대값을 구합니다.
MIN	최소값을 구합니다.

- SUM(), AVG() 함수는 숫자 타입에만 사용할 수 있습니다.
- COUNT(), MIN(), MAX() 함수는 모든 데이터 유형에 사용할 수 있습니다.

데이터 개수를 구해 주는 COUNT 함수

COUNT(*)는 NULL 값을 포함하는 행의 개수를 반환합니다.

COUNT(컬럼명)은 NULL 값을 제외한 행의 개수를 반환합니다.

```
SELECT COUNT(*) AS '*인원수',
       COUNT(personid) AS 'Id인원수',
       COUNT(nickname) AS 'Nick인원수'
FROM person;
```

예제 인물 테이블에서 인물의 〈인원수〉를 〈*, personid, nickname〉 컬럼으로 조회합니다.

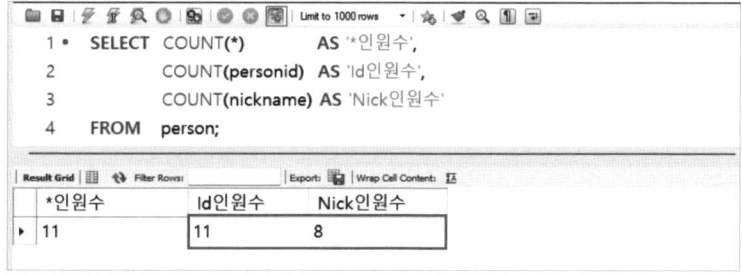

COUNT(컬럼명)은 NULL인 행은 계산에 참여하지 않습니다. 〈nickname〉 컬럼에는 3행이 NULL 값이므로 8행이 반환됩니다.

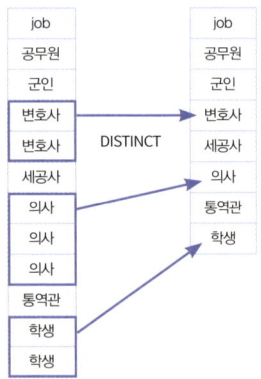

COUNT(DISTINCT 컬럼명)은 중복된 컬럼의 값을 제외한 행의 개수를 반환합니다. DISTINCT를 기술하지 않으면 전체 데이터를 함수 처리합니다.

```
SELECT COUNT(job) AS '전체 인원수',
       COUNT(DISTINCT job) AS 'Distinct 인원수'
FROM person;
```

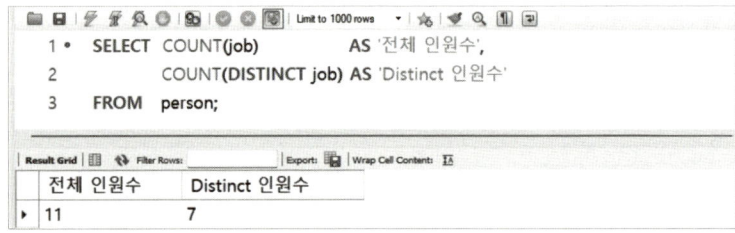

예제 인물 테이블에서 업무의 종류를 조회합니다.

최댓값과 최솟값을 구하는 MAX, MIN 함수

MAX(컬럼명)은 컬럼의 최댓값을 반환합니다. MIN(컬럼명)은 컬럼의 최솟값을 반환합니다.

MAX, MIN 함수는 문자, 숫자, 날짜 데이터 유형에 사용할 수 있습니다.

MAX(날짜 데이터 유형)은 최근 날짜, MIN(날짜 데이터 유형)은 최초 날짜를 반환합니다.

```
SELECT MAX(birthdate) AS '최연소생일', MIN(birthdate) AS '최고령생일',
       MIN(height)    AS '제일작은키', MAX(height)    AS '제일큰키'
FROM person;
```

예제 인물 테이블에서 인물의 <최연소 생일, 최고령 생일, 제일 작은키, 제일 큰키>를 조회합니다.

```
1 • SELECT MAX(birthdate) AS '최연소생일', MIN(birthdate) AS '최고령생일',
2          MIN(height)    AS '제일작은키', MAX(height)    AS '제일큰키'
3   FROM   person;
```

최연소생일	최고령생일	제일작은키	제일큰키
1996-04-22	1970-11-29	163	187

합계를 구하는 SUM 함수

SUM(컬럼명)은 NULL 값을 제외한 컬럼 값의 합계를 반환합니다. 숫자 데이터 유형에 적용합니다.

```
SELECT  SUM(height) AS '키 합계',
        SUM(weight) AS '몸무게 합계'
FROM    person;
```

예제 인물 테이블에서 인물 전체의 몸무게와 키의 합계를 조회합니다.

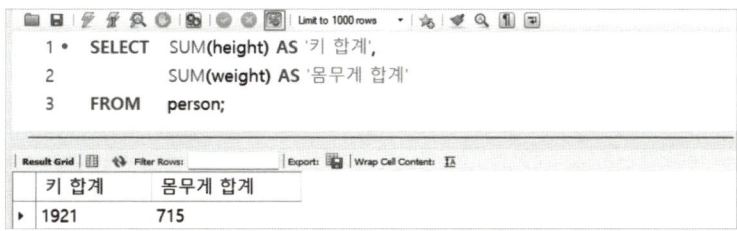

예제 인물 테이블에서 인물 전체의 평균 몸무게와 평균 키를 조회합니다.

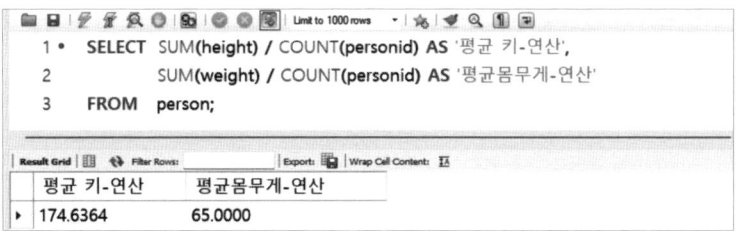

예제 인물 테이블에서 인물 전체의 평균 몸무게와 평균 키를 소수점 아래는 버림하여 조회합니다.

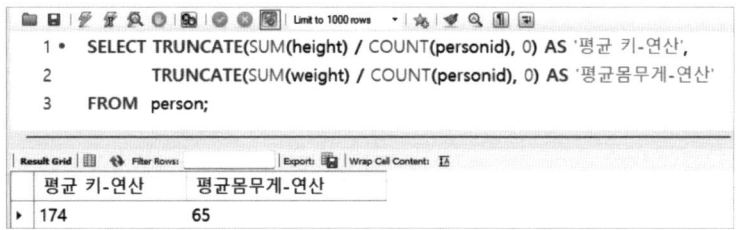

평균값을 구하는 AVG 함수

AVG(컬럼명)은 NULL 값을 제외한 컬럼 값의 평균을 반환합니다. 숫자 데이터 유형에 적용합니다.

```
SELECT AVG(height) AS '평균 키',
       AVG(weight) AS '몸무게 평균'
FROM person;
```

예제 인물 테이블에서 인물 전체의 평균 몸무게와 평균 키를 조회합니다.

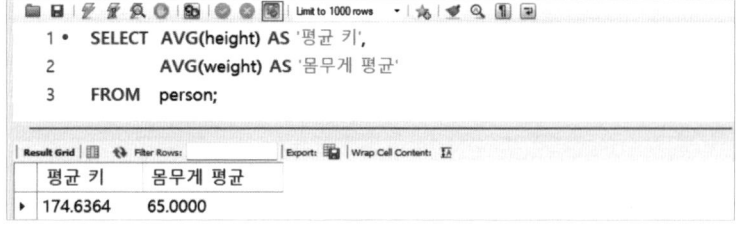

함수는 중첩해서 사용할 수 있습니다. AVG(height) 함수 수행 결과 값인 174.6364를 소수점 이하 첫 번째 자리에서 반올림하는 ROUND(174.6364, 1) 함수를 수행합니다.

```
SELECT ROUND(AVG(height),1) AS '평균 키',
       ROUND(AVG(weight),1) AS '몸무게 평균'
FROM person;
```

예제 인물 테이블에서 인물 전체의 평균 몸무게와 평균 키를 소수점 이하 첫 번째 자리에서 반올림하여 조회합니다.

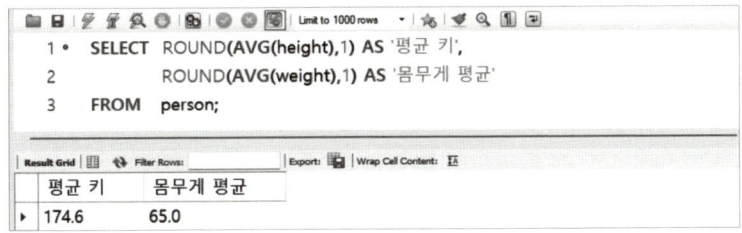

특정 기준에 따라 행의 순위를 부여하는 순위 함수

순위 함수를 사용하여 결과 집합에서 특정 기준에 따라 행의 순위를 부여할 수 있습니다. 순위 함수를 활용하면 데이터를 순위별로 정렬하는 데이터 분석을 간단하게 할 수 있습니다.

사용 방법

```
SELECT 순위함수( ) OVER (PARTITION BY 컬럼명1  ORDER BY 정렬기준)
FROM 테이블명;
```

- OVER( )는 분석 함수임을 나타내는 키워드로, 순위 함수 외에 그룹 함수에도 사용할 수 있습니다.
- PARTITION BY 절은 함수를 수행할 데이터를 그룹으로 묶습니다.
- PARTITION BY 구문을 생략하면 전체 데이터를 대상으로 순위를 부여합니다.
- ORDER BY 구문으로 대상 데이터의 정렬 방식을 지정합니다.

순위 함수	의미
RANK	이 함수는 동일한 값이 있을 경우에도 같은 순위를 부여하지만, 그다음 순위는 그다음 값의 개수만큼 건너뛰어 부여합니다.
DENSE_RANK	이 함수는 RANK()와 비슷하지만, 동일한 값이 있을 경우에도 같은 순위를 부여하고, 그다음 순위는 건너뛰지 않고 연속적으로 부여합니다.
ROW_NUMBER	이 함수는 동일한 값이 있는 경우에도 각 행에 고유한 순위를 부여합니다.

RANK 함수

RANK 함수는 동일한 값이 있을 경우에도 같은 순위를 부여하지만, 그다음 순위는 그다음 값의 개수만큼 건너뛰어 부여합니다 예를 들어, 3명이 키가 같으면 그들은 모두 1등이 되고, 그다음으로 오는 사람은 2등이 아닌 4등이 됩니다. PARTITION BY 절을 생략하면 전체 인물의 키 순위를 부여합니다.

```
SELECT name, height,
       RANK() OVER (ORDER BY height) AS 키작은순위
  FROM person;
```

인물의 키를 키가 작은 순서대로 순위를 부여하면 〈장보고〉, 〈유길채〉는 168로 키가 같아 두 명 모두 3등으로 순위가 동일합니다. 다음 순위인 〈차은재〉의 순위는 4등이 아닌 5등입니다.

> 예제 인물 테이블에서 인물의 〈이름, 키〉를 키가 작은 순서대로 순위를 부여하여 조회합니다. 키가 같으면 동일한 순위를 부여하고 그다음 순위는 개수만큼 건너뛰어 부여합니다.

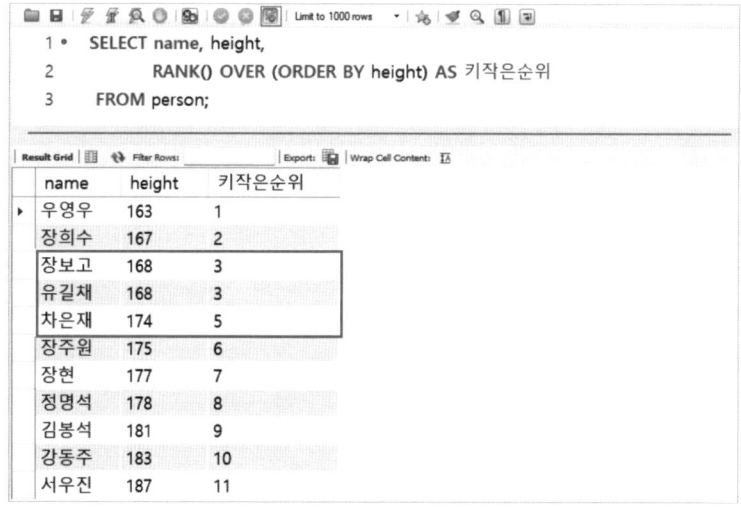

OVER( ) 절 안의 ORDER BY 컬럼 DESC는 컬럼의 값이 큰 순서로 순위를 부여합니다. 키가 제일 큰 인물인 〈서우진〉의 순위가 1등입니다.

```
SELECT name, height,
       RANK() OVER (ORDER BY height DESC) AS 키큰순위
  FROM person;
```

예제 | 인물 테이블에서 인물의 〈이름, 키〉를 키가 큰 순서대로 순위를 부여하여 조회합니다. 키가 같으면 동일한 순위를 부여하고 그다음 순위는 개수만큼 건너뛰어 부여합니다.

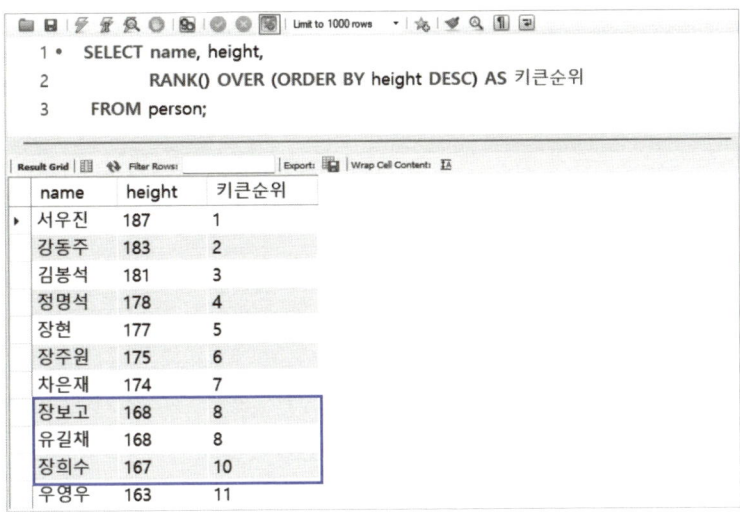

OVER( ) 절 안의 PARTITION BY 구문에 있는 컬럼을 기준으로 그룹을 만들어 순위를 부여합니다.

```
SELECT name, height, gender AS 성별,
       RANK() OVER (PARTITION BY gender ORDER BY height DESC) AS 키큰순위
FROM person;
```

예제 | 인물 테이블에서 인물의 〈이름, 키, 성별〉을 성별로 키가 큰 순서대로 순위를 부여하여 조회합니다. 키가 같으면 동일한 순위를 부여하고 그다음 순위는 개수만큼 건너뛰어 부여합니다.

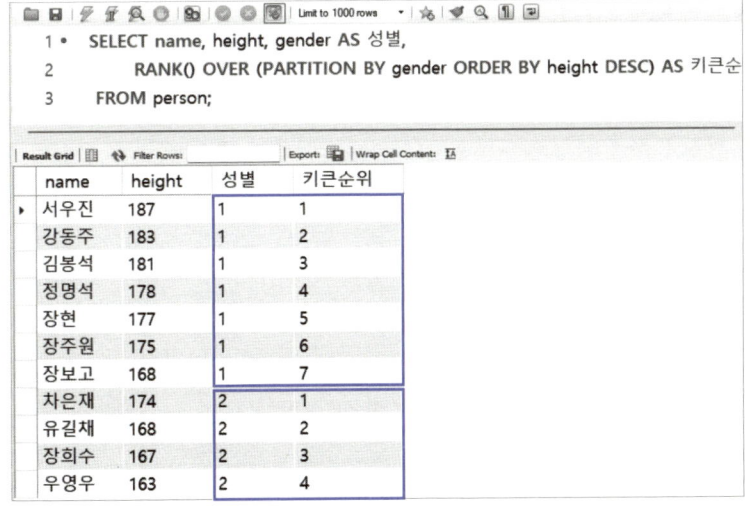

DENSE_RANK 함수

DENSE_RANK 함수는 동일한 값이 있을 경우에도 같은 순위를 부여하지만, 그다음 순위는 건너뛰지 않고 연속적으로 부여합니다. 예를 들어, 3명이 키가 같으면 그들은 모두 1등이 되고, 그다음으로 오는 사람은 4등이 아닌 2등이 됩니다. PARTITION BY 절을 생략하면 전체 인물의 키 순위를 부여합니다.

```
SELECT name, height,
       DENSE_RANK() OVER (ORDER BY height DESC) AS 키큰순위
FROM person;
```

인물의 키를 키가 큰 순서대로 순위를 부여하면 〈장보고〉, 〈유길채〉는 168로 키가 같아 두 명 모두 8등으로 순위가 동일합니다. 다음 순위인 〈차은재〉의 순위는 연속적인 순위인 9등입니다.

> 예제 인물 테이블에서 인물의 〈이름, 키〉를 키가 큰 순서대로 순위를 부여하여 조회합니다. 키가 같으면 동일한 순위를 부여하고 그 다음 순위는 건너뛰지 않고 연속적으로 부여합니다.

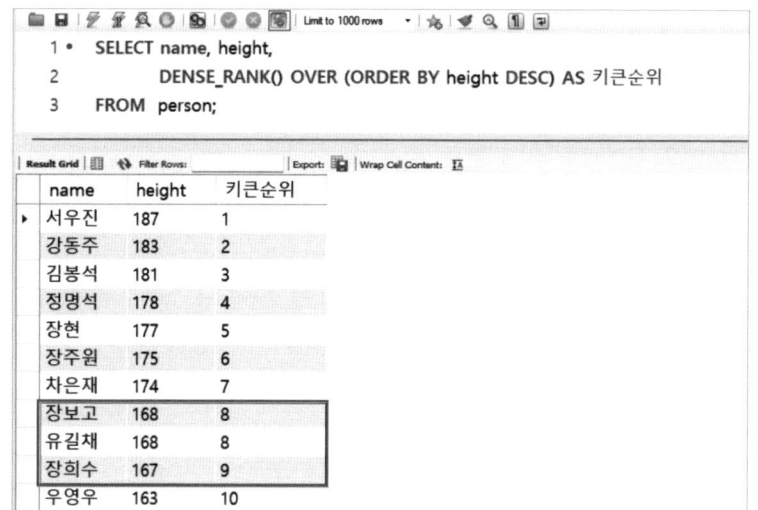

ROW_NUMBER 함수

ROW_NUMBER 함수는 동일한 값이 있을 경우에도 각 행에 고유한 순위를 부여합니다. 예를 들어, 3명이 키가 같더라도 각 행에 순위를 부여합니다. ORDER BY 절에 복수의 컬럼을 기술하면 첫 번째 컬럼으로 정렬하고 동일한 값인 경우에는 두 번째 컬럼으로 정렬하여 순위를 부여합니다. PARTITION BY 절을 생략하면 전체 인물의 키 순위를 부여합니다.

```
SELECT name, height,
       ROW_NUMBER() OVER (ORDER BY height) AS 키순위
FROM person;
```

인물의 키를 키가 큰 순서대로 순위를 부여하면 〈장보고〉, 〈유길채〉는 168로 키가 같지만 〈장보고〉는 3등, 〈유길채〉는 4등의 순위를 부여합니다.

예제 인물 테이블에서 인물의 〈이름, 키〉를 키가 작은 순서대로 순위를 부여하여 조회합니다. 키가 같더라도 각 행에 고유한 순위를 부여합니다.

name	height	키순위
우영우	163	1
장희수	167	2
장보고	168	3
유길채	168	4
차은재	174	5
장주원	175	6
장현	177	7
정명석	178	8
김봉석	181	9
강동주	183	10
서우진	187	11

ORDER BY height, birthdate 구문은 키를 기준으로 순위를 부여하고 키가 같으면 생년월일을 기준으로 순위를 부여합니다.

```
SELECT name, height, birthdate,
       ROW_NUMBER() OVER (ORDER BY height, birthdate) AS 키순위
FROM person;
```

인물의 키를 키가 큰 순서대로 순위를 부여하면 〈장보고〉, 〈유길채〉는 168로 키가 같은 경우 생년월일을 기준으로 〈유길채〉는 3등, 〈장보고〉는 4등의 순위를 부여합니다.

예제 인물 테이블에서 인물의 〈이름, 키, 생년월일〉을 키가 작은 순서대로 순위를 부여하여 조회합니다. 키가 같으면 생년월일을 기준으로 각 행에 고유한 순위를 부여합니다.

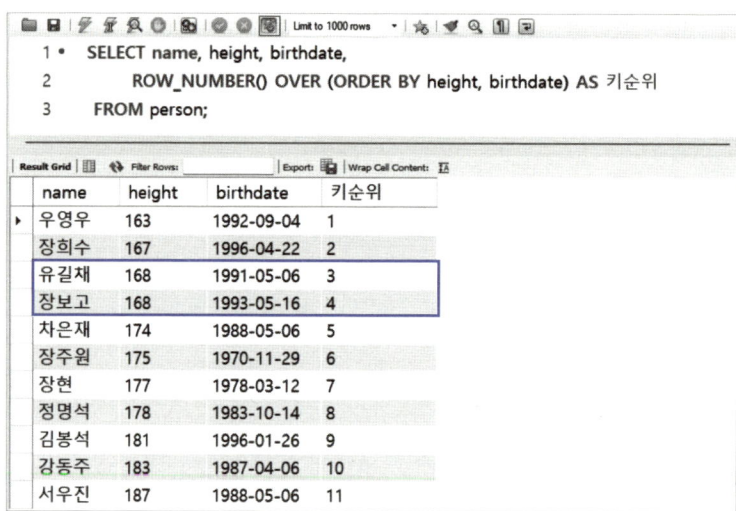

예제 인물 테이블에서 인물의 〈이름, 업무, 관련회사번호〉와 회사별 인원수, 전체 인원수를 조회합니다.

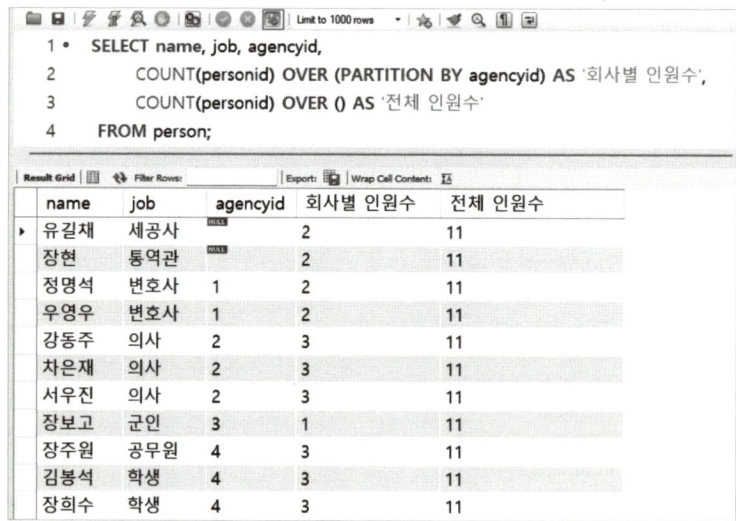

5.5. 데이터를 작은 그룹으로 묶는 GROUP BY 절

GROUP BY 절을 사용하여 테이블의 행을 더 작은 그룹으로 나눕니다. GROUP BY 절에 하나 이상의 컬럼을 나열하여 그룹에 대한 요약 결과를 조회할 수 있습니다.

사용 방법

```
SELECT 그룹함수( 컬럼명 )
FROM 테이블명
GROUP BY 컬럼명;
```

- WHERE 절을 사용하면 그룹으로 나누기 전에 먼저 행을 제외합니다.
- GROUP BY 절은 데이터를 작은 그룹으로 나누기 위한 기준을 명시합니다. 기준에는 컬럼, 계산식, 함수 등을 명시합니다.
- GROUP BY 절에는 컬럼의 별칭을 사용할 수 없습니다.
- 그룹에 대한 조건을 WHERE 절에 사용할 수 없습니다.
- 그룹에 대한 조건은 HAVING 절을 사용합니다.
- ORDER BY 절을 이용해서 정렬 기준을 변경할 수 있습니다.
- GROUP BY 컬럼을 SELECT 절에 포함시키지 않아도 됩니다.
- SELECT 목록의 컬럼 중 그룹 함수가 아닌 컬럼은 모두 GROUP BY 절에 기술되야 합니다.

인물 테이블에서 〈인물번호, 관련회사번호〉를 조회하면 테이블에 있는 전체 데이터가 조회됩니다.

```
SELECT personid, agencyid
 FROM  person;
```

예제 인물 테이블에서 〈인물번호, 관련회사번호〉를 조회합니다.

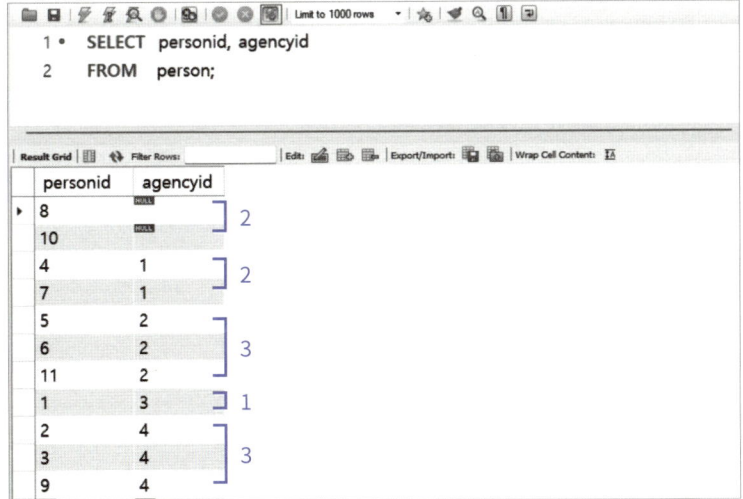

같은 〈관련회사번호〉로 그룹을 묶어 행의 수를 셀 때 GROUP BY 절에는 그룹 형성에 사용할 컬럼명을 기술합니다. GROUP BY 절에 기술한 컬럼은 SELECT 절에서 생략해도 됩니다.

```
SELECT count(personid) AS 인원수
 FROM  person
GROUP BY agencyid;
```

예제   인물 테이블에서 〈관련회사번호〉별로 〈인원수〉를 조회합니다.

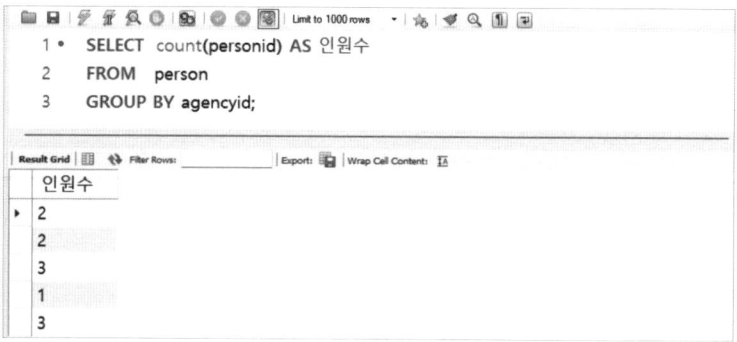

GROUP BY 절에 기술한 컬럼은 SELECT 절에서 생략할 수 있으나, 수행하는 함수와 함께 기술하는 것이 의미를 명확하게 전달합니다.

```
SELECT agencyid, count(personid) AS 인원수
 FROM  person
GROUP BY agencyid;
```

예제   인물 테이블에서 〈관련회사번호〉와 〈관련회사번호〉별 〈인원수〉를 조회합니다.

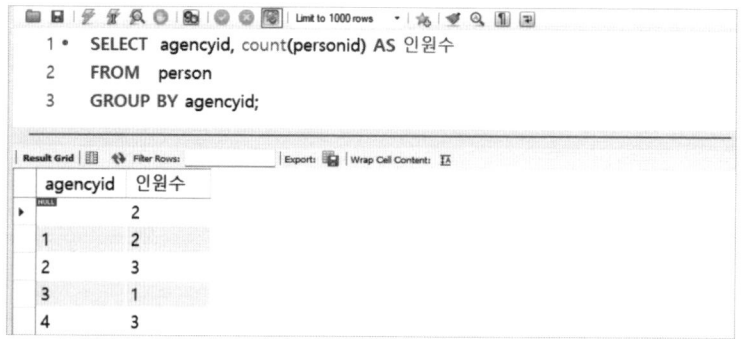

그룹 함수는 ORDER BY 절에 사용할 수 있습니다. 그룹 함수를 수행한 결과 값으로 정렬할 수 있습니다.

```
SELECT agencyid, count(personid) AS 인원수
 FROM person
GROUP BY agencyid
ORDER BY count(personid);
```

예제 인물 테이블에서 〈관련회사번호〉와 〈관련회사번호〉별 〈인원수〉를 〈인원수〉가 적은 회사순으로 조회합니다.

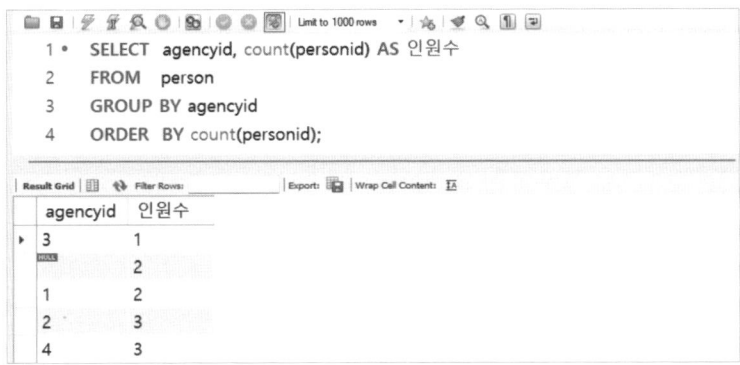

ORDER BY 절에는 컬럼의 별칭을 사용할 수 있습니다. 그룹 함수를 수행 결과에 지정한 컬럼의 별칭을 ORDER BY 절에 사용합니다.

```
SELECT agencyid, count(personid) AS 인원수
 FROM  person
GROUP BY agencyid
ORDER BY 인원수 DESC;
```

예제 인물 테이블에서 〈관련회사번호〉와 〈관련회사번호〉별 〈인원수〉를 〈인원수〉가 많은 회사순으로 조회합니다.

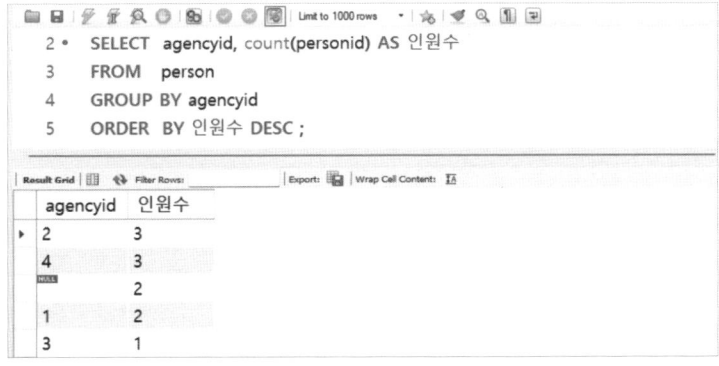

ORDER BY 절에는 여러 컬럼을 지정할 수 있습니다.

```
SELECT agencyid, count(personid) AS 인원수
 FROM  person
GROUP BY agencyid
ORDER BY 인원수, agencyid DESC;
```

예제 인물 테이블에서 〈관련회사번호〉와 〈관련회사번호〉별 〈인원수〉를 작은 회사번호부터, 〈인원수〉가 같은 경우에는 〈관련회사번호〉가 큰 순서로 조회합니다.

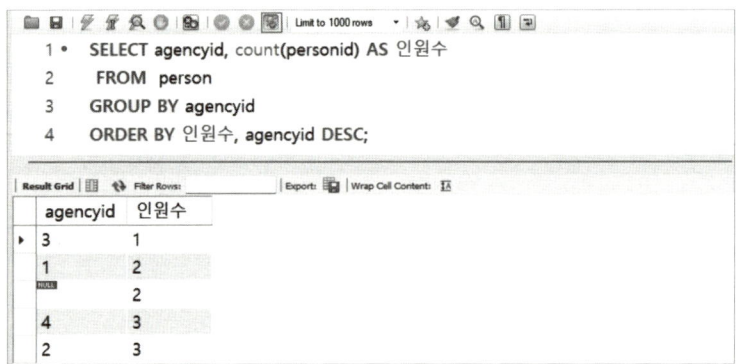

WHERE 절과 GROUP BY 절을 함께 사용하면 WHERE 절로 먼저 조건에 맞는 행을 거른 다음에 그룹을 형성하여 그룹 함수가 수행됩니다.

```
SELECT agencyid, count(personid) AS 인원수
 FROM  person
WHERE agencyid > 2
GROUP BY agencyid;
```

예제 인물 테이블에서 〈관련회사번호〉가 2보다 큰 인물들의 〈관련회사번호〉와 〈인원수〉를 조회합니다.

5.6. 그룹에 관한 조건을 부여하는 HAVING 절

HAVING 절에는 그룹 함수로 집계된 결과에 조건을 부여할 수 있습니다. 그룹을 형성하고 그룹 함수를 수행한 후 HAVING 절이 적용됩니다. WHERE 절은 그룹핑 이전에, HAVING 절은 그룹핑 이후에 필터링 작업을 수행합니다.

사용 방법

```
SELECT 그룹함수(컬럼명)
FROM 테이블명
GROUP BY 컬럼명
HAVING 그룹의 조건;
```

- HAVING 절에 그룹 함수를 이용한 조건문을 작성합니다.
- HAVING 절에는 컬럼의 별칭을 사용할 수 없습니다.

〈관련회사번호〉별로 〈인원수〉를 연산한 결과에서 〈인원수〉가 2명보다 많은 〈회사번호〉를 조회할 때 count(personid)와 같은 그룹 함수를 조건문에 작성하려면 HAVING 절에 기술합니다.

```
SELECT agencyid, count(personid) AS 인원수
  FROM  person
GROUP BY agencyid
HAVING count(personid) > 2;
```

예제 인물 테이블에서 〈관련회사번호〉별 〈인원수〉가 2명보다 많은 〈회사번호〉와 〈인원수〉를 조회합니다.

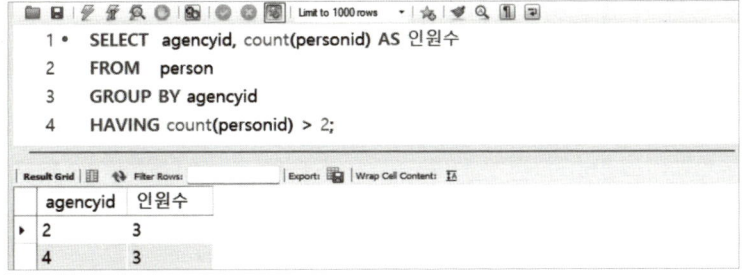

ORDER BY 절은 SELECT 문의 제일 마지막에 위치합니다. HAVING 절에는 컬럼의 별칭을 사용할 수 없으나 ORDER BY 절에서는 컬럼의 별칭과 SELECT 절에 나온 컬럼의 순서에 해당하는 숫자를 사용할 수 있습니다.

```
SELECT job AS 업무, COUNT(personid) AS 인원수,
       ROUND(AVG(height),1) AS 평균키,
       ROUND(AVG(weight),1) AS 평균몸무게
 FROM person
GROUP BY job
ORDER BY 3 DESC;
```

예제 인물 테이블에서 업무별 인원수와 평균 키와 평균 몸무게를 평균키가 큰 데이터부터 조회합니다.

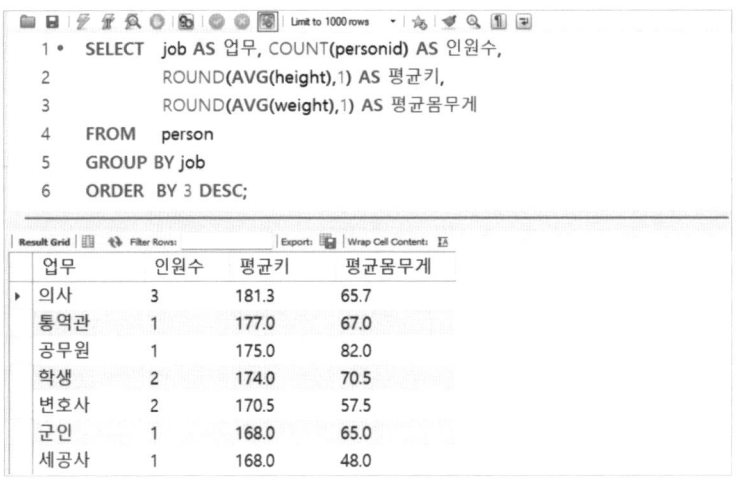

예제 인물 테이블에서 〈업무〉별 〈인원수〉와 평균 키와 평균 몸무게를 평균 키는 175 이상인 데이터를 소수점 이하 첫 번째 자리에서 반올림하여 평균 키가 큰 데이터부터 조회합니다.

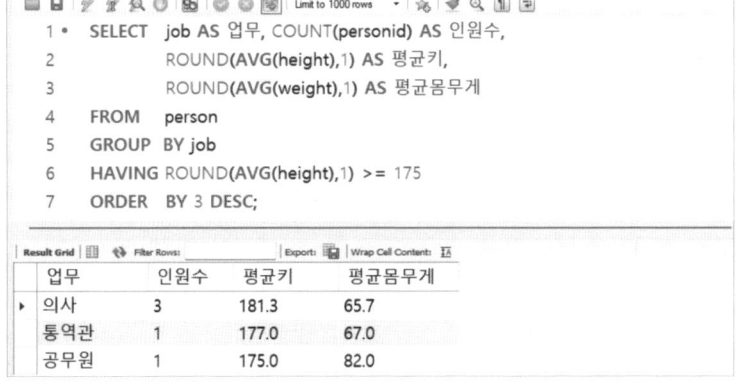

5.7. ChatGPT를 이용한 SQL 기본 조회 실습

한 테이블에서 데이터를 조회하는 기본 SQL 문을 학습했습니다.

이제는 MySQL 설치 과정에서 함께 설치했던 Sample DB로 ChatGPT가 생성한 연습문제와 풀이로 SQL 문 작성 실습을 해 보겠습니다. 실습 전에 다음의 주의 사항을 참고합니다.

- ChatGPT가 생성한 문제는 사용자별로 동일하지 않을 수 있습니다.
- 테이블에서 사용하는 컬럼명이 종종 틀리는 경우도 있습니다.
- 가장 중요한 점으로, 보안을 요구하는 테이블과 컬럼을 ChatGPT에서 질문하면 안 됩니다.
- 이 책에서는 MySQL Sample DB를 이용합니다.

01. ChatGPT 사이트에서 회원 가입을 하고 사용자 ID로 로그인합니다.

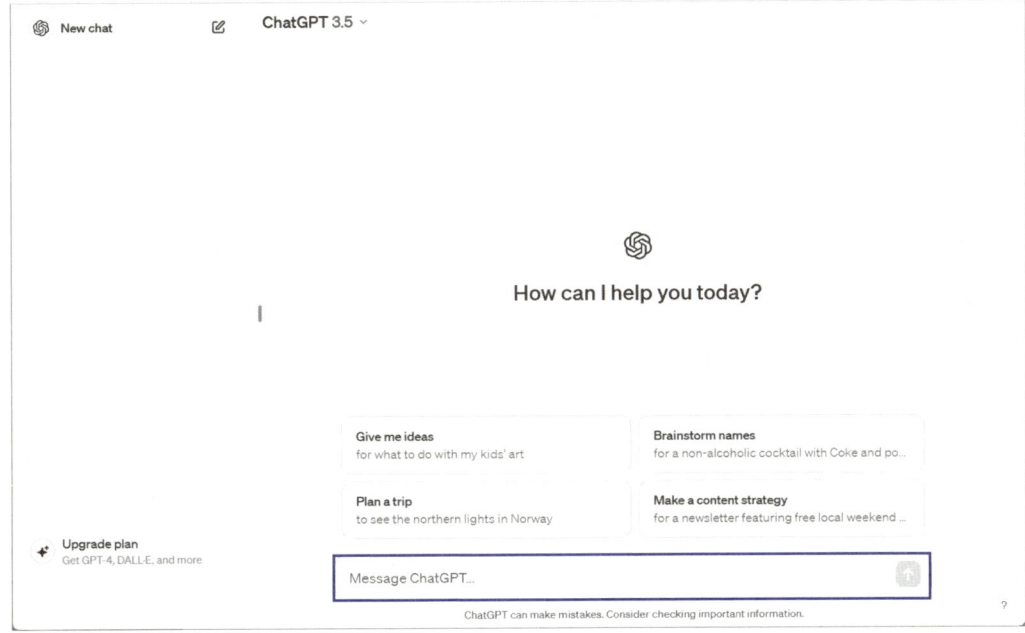

02. ChatGPT 메시지 프롬프트에 다음과 같이 입력합니다.

질문:

> 아래 내용으로 SQL 연습문제를 5개 만들어줘.
> - MySQL로 SQL 명령어를 공부하기 시작한 학생입니다.
> - Sakila DB의 테이블을 이용합니다.
> - 하나의 테이블에서 간단한 조회문을 작성합니다.
> - JOIN은 포함하지 않습니다.
> - 서브쿼리는 포함하지 않습니다.
> - 한국어를 사용합니다.

03. ChatGPT가 제시한 연습문제를 MySQL Workbench의 [Query] 창에 USE sakila; 명령으로 기본 스키마를 지정한 후에 실습합니다.

> **You**
> 아래 내용으로 SQL 연습문제를 5개 만들어줘.
> - MySQL로 SQL명령어를 공부하기 시작한 학생입니다.
> - Sakila DB 의 테이블을 이용합니다.
> - 하나의 테이블에서 간단한 조회문을 작성합니다.
> - JOIN은 포함하지 않습니다.
> - SubQuery는 포함하지 않습니다.
> - 한국어를 사용합니다.
>
> **ChatGPT**
> 1. Sakila DB의 film 테이블에서 영화 제목(title)과 등급(rating)을 출력하세요.
> 2. Sakila DB의 customer 테이블에서 고객 이름(first_name)과 성(last_name)을 출력하세요.
> 3. Sakila DB의 inventory 테이블에서 대여 가능한 영화의 인벤토리 ID(inventory_id)와 상영중인 영화의 ID(film_id)를 출력하세요.
> 4. Sakila DB의 rental 테이블에서 대여한 날짜(rental_date)와 반납 예정일(return_date)을 출력하세요.
> 5. Sakila DB의 payment 테이블에서 결제 금액(amount)과 결제 일자(payment_date)를 출력하세요.

04. 연습문제에 대한 SQL 코드를 확인하기 위해 프롬프트에 다음과 같이 입력합니다.

질문:

> 위의 연습문제에 대한 SQL 코드와 설명을 같이 제시해 주세요.

05. 위의 각 문제별로 제시된 코드를 합쳐서 복사한 후 MySQL에서 실습할 수 있습니다.

질문:

위의 5개 답변을 합쳐 주세요.

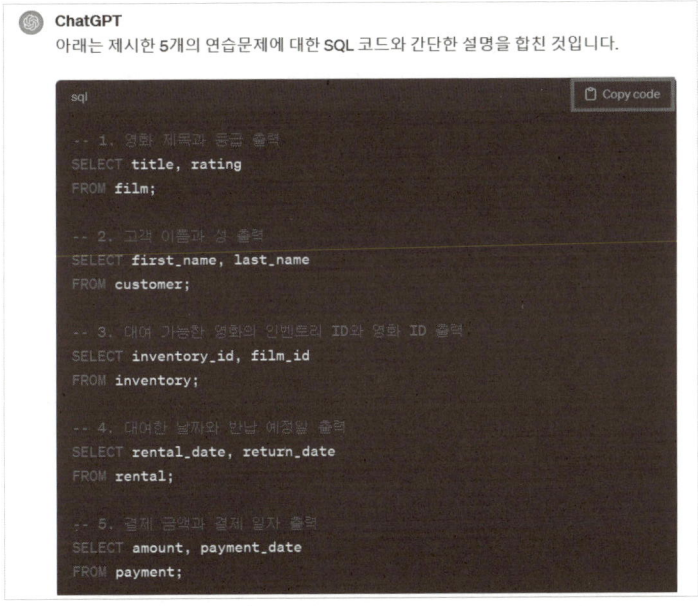

06. MySQL Workbench를 실행해서 sakila schema를 기본 스키마로 설정한 후에 실습합니다.

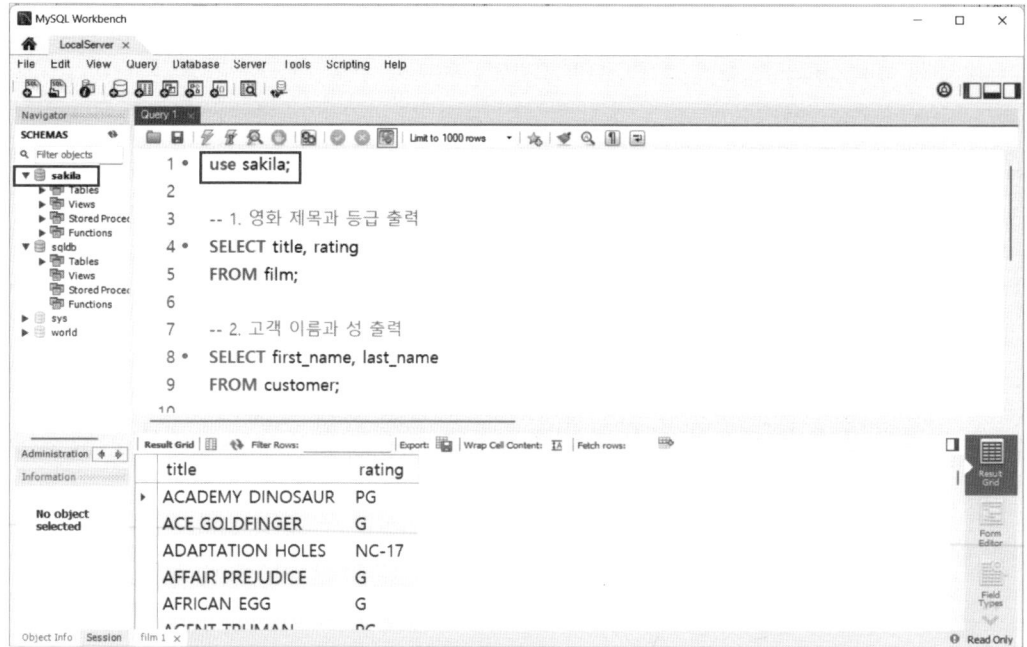

07. WHERE 절을 포함하는 SQL 문을 연습하기 위해 프롬프트에 다음과 같이 입력합니다.

질문:

> 아래 내용으로 SQL 연습문제를 5개 만들어 줘.
>
> - MySQL로 SQL 명령어를 공부하기 시작한 학생입니다.
> - Sakila DB의 테이블을 이용합니다.
> - WHERE 절에 비교 연산자, LIKE 연산자, BETWEEN 연산자, IN 연산자를 포함합니다.
> - 한 테이블에서 조회하는 문장입니다.
> - 서브쿼리는 어떤 절에서도 포함하지 않습니다.
> - 한국어를 사용합니다.

08. 다음 연습문제로 MySQL Workbench에서 SQL 문을 작성합니다.

> **ChatGPT**
> 1. film 테이블에서 rental_rate가 2.99보다 큰 영화들의 제목과 가격을 조회하세요.
> 2. customer 테이블에서 first_name이 'M'으로 시작하는 고객들의 성(last_name)과 이메일(email)을 조회하세요.
> 3. payment 테이블에서 payment_date가 '2005-05-25'부터 '2005-05-27' 사이에 발생한 결제들의 결제 아이디(payment_id)와 금액(amount)을 조회하세요.
> 4. film 테이블에서 language_id가 1 또는 2에 해당하는 영화들의 제목(title)과 언어(language_id)를 조회하세요.
> 5. actor 테이블에서 first_name이 'J'로 시작하고, last_name이 'S'로 끝나는 배우들의 성(last_name)과 이름(first_name)을 조회하세요.

09. SQL 코드를 확인하고 MySQL Workbench에서 실습합니다.

ChatGPT

```sql
-- 1. film 테이블에서 rental_rate가 2.99보다 큰 영화들의 제목과 가격을 조회
SELECT title, rental_rate
FROM film
WHERE rental_rate > 2.99;

-- 2. customer 테이블에서 first_name이 'M'으로 시작하는 고객들의 성(last_name)
SELECT last_name, email
FROM customer
WHERE first_name LIKE 'M%';

-- 3. payment 테이블에서 payment_date가 '2005-05-25'부터 '2005-05-27' 사이
SELECT payment_id, amount
FROM payment
WHERE payment_date BETWEEN '2005-05-25' AND '2005-05-27';

-- 4. film 테이블에서 language_id가 1 또는 2에 해당하는 영화들의 제목(title)
SELECT title, language_id
FROM film
WHERE language_id IN (1, 2);

-- 5. actor 테이블에서 first_name이 'J'로 시작하고, last_name이 'S'로 끝나는
SELECT last_name, first_name
FROM actor
WHERE first_name LIKE 'J%' AND last_name LIKE '%S';
```

10. 함수를 포함하는 SQL 문 연습을 위해 프롬프트에 다음과 같이 입력합니다.

    질문:

    > 아래 내용으로 SQL 함수 연습문제를 5개 만들어 줘.
    > - MySQL로 SQL 명령어를 공부하기 시작한 학생입니다.
    > - Sakila DB의 테이블을 이용합니다.
    > - 하나의 테이블에서 조회하는 문장입니다.
    > - 서브쿼리는 어느 절에서도 사용하지 않은 문장입니다.
    > - 한국어를 사용합니다.

11. 다음 연습문제로 MySQL Workbench에서 SQL 문을 작성합니다.

     **ChatGPT**
    알겠습니다. 여기 5개의 연습문제가 있습니다.
    1. `film` 테이블에서 가장 긴 영화의 길이를 조회하세요.
    2. `customer` 테이블에서 최근에 가입한 고객의 가입일을 조회하세요.
    3. `film_actor` 테이블에서 배우의 수를 조회하세요.
    4. `payment` 테이블에서 가장 많이 지불한 금액을 조회하세요.
    5. `rental` 테이블에서 가장 오래된 대여일을 조회하세요.

12. SQL 코드를 확인하고 MySQL Workbench에서 실습합니다.

    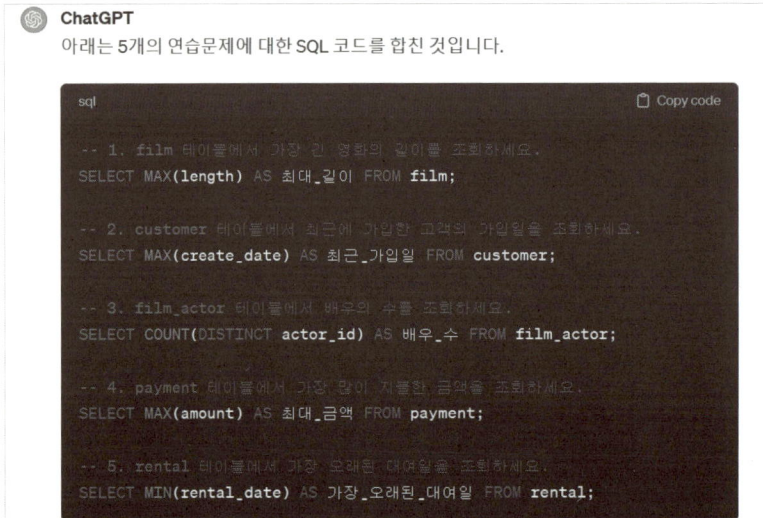

13. 단일 행 함수를 포함하는 SQL 문 연습을 위해 프롬프트에 다음과 같이 입력합니다.

질문:

> 아래 내용으로 SQL 연습문제를 5개 만들어 줘.
>
> - MySQL로 SQL명령어를 공부하기 시작한 학생입니다.
> - Sakila DB의 테이블을 이용합니다.
> - 문자 함수, 날짜 함수, IF, NULLIF, CASE 문을 포함하는 문장입니다.
> - 하나의 테이블에서 조회하는 문장입니다.
> - JOIN 문장은 포함하지 않습니다.
> - GROUP BY 문장은 포함하지 않습니다.
> - 서브쿼리는 어느 절에서도 포함하지 않은 문장입니다.
> - 한국어를 사용합니다.

14. 다음 연습문제로 MySQL Workbench에서 SQL 문을 작성합니다.

> **ChatGPT**
> 아래는 SQL 연습문제만 제시한 내용입니다.
>
> 1. **문자 함수 사용하기**: `actor` 테이블에서 배우의 `first_name`과 `last_name`을 합쳐서 전체 이름을 조회하세요. 이름과 성 사이에 공백을 넣어야 합니다.
> 2. **날짜 함수 사용하기**: `customer` 테이블에서 고객이 가입한 날짜(`create_date`)의 년도와 월을 'YYYY-MM' 형식으로 조회하세요.
> 3. **IF문 사용하기**: `film` 테이블에서 영화의 대여 비용(`rental_rate`)이 2.99보다 크면 'High', 같거나 작으면 'Low'로 분류하여 조회하세요.
> 4. **NULLIF 문 사용하기**: `payment` 테이블에서 각 결제의 `amount`를 조회하세요. 단, `amount`가 0인 경우 결과값을 NULL로 표시하세요.
> 5. **CASE문 사용하기**: `rental` 테이블에서 대여한 날짜(`rental_date`)가 주말인지 평일인지를 구분하여 조회하세요. 주말은 'Weekend', 평일은 'Weekday'로 표시합니다. MySQL에서는 DAYOFWEEK() 함수를 사용하여 요일을 숫자로 반환받을 수 있으며, 1(일요일) 또는 7(토요일)이면 주말로 간주합니다.

15. SQL 코드를 확인하고 MySQL Workbench에서 실습합니다.

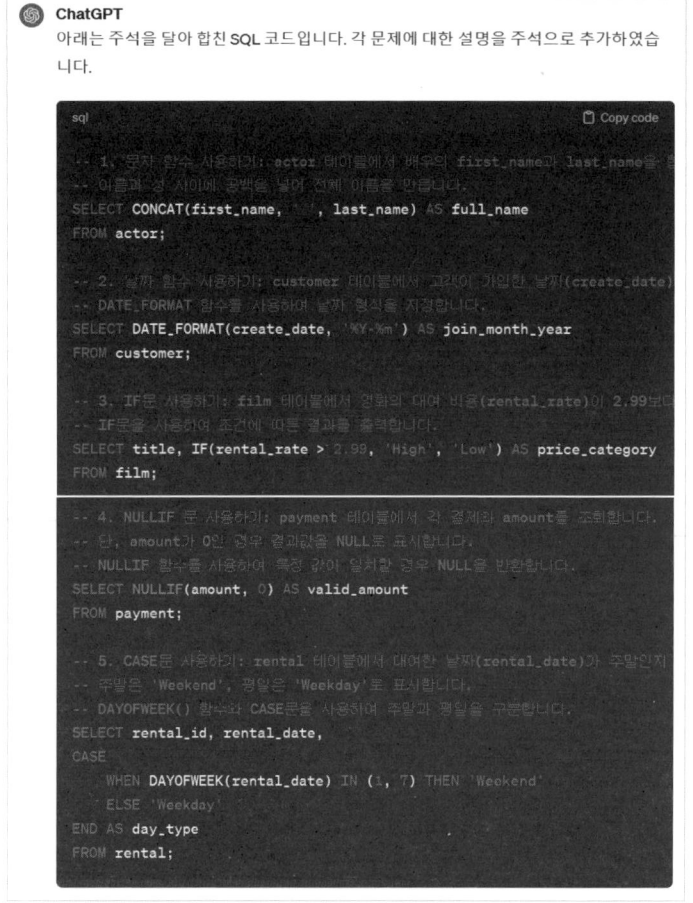

16. GROUP BY 절을 포함하는 SQL 문 연습을 위해 프롬프트에 다음과 같이 입력합니다.

질문:

> 아래 내용으로 GROUP BY 절을 포함한 SQL 연습문제를 5개 만들어 줘.
>
> - MySQL로 SQL 명령어를 공부하기 시작한 학생입니다.
> - Sakila DB의 테이블을 이용합니다.
> - GROUP BY 절과 HAVING 절을 포함한 문장입니다.
> - 한 테이블에서 조회하는 문장입니다.
> - 서브쿼리는 어느 절에서도 사용하지 않은 문장입니다.
> - 한국어를 사용합니다.

17. 다음 연습문제를 MySQL Workbench에서 SQL 문을 작성합니다.

> **ChatGPT**
> 물론입니다. 아래는 수정된 연습문제만 제시한 것입니다:
>
> 1. 대여(Rental) 테이블에서 각 영화별로 대여 횟수가 4회 이상인 영화를 조회합니다.
> 2. 대여(Rental) 테이블에서 가장 많이 대여된 영화의 대여 횟수를 조회합니다.
> 3. 배우(Actor) 테이블에서 영화 출연 횟수가 30회 이상인 배우의 배우ID와 출연 횟수를 조회합니다.
> 4. 대여(Rental) 테이블에서 각 고객(Customer) 별로 대여한 DVD의 총 금액이 50달러 이상인 고객의 고객ID와 총 금액을 조회합니다.
> 5. 영화(Film) 테이블에서 각 카테고리별로 영화의 수가 60편 미만인 카테고리를 조회합니다.

18. SQL 코드를 확인하고 MySQL Workbench에서 실습합니다.

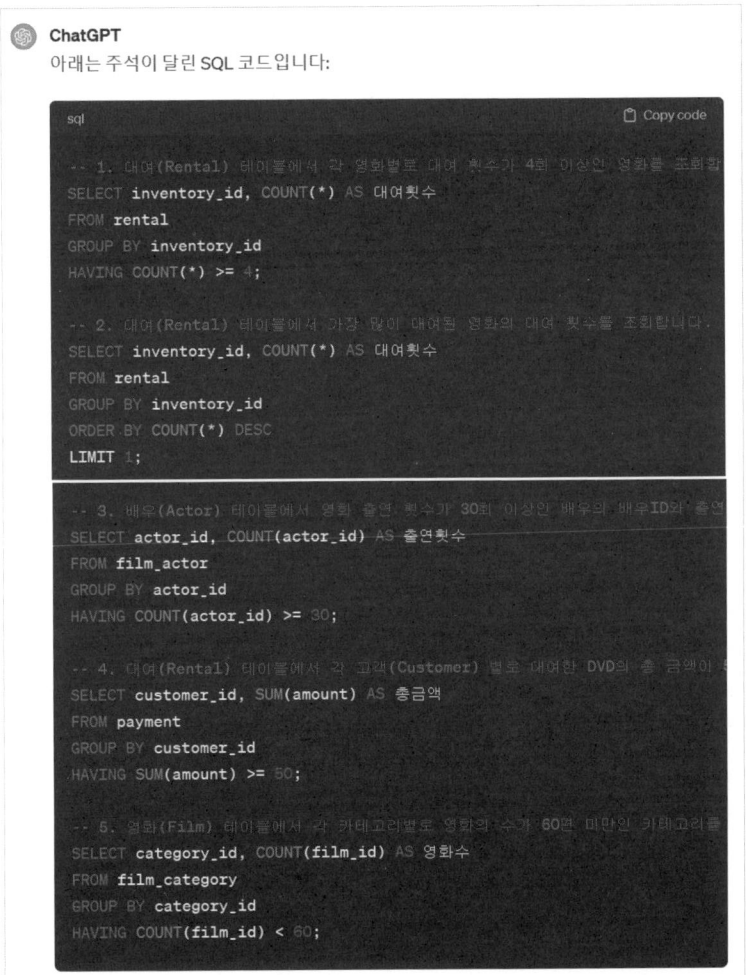

06

여러 테이블에서 데이터 조회

6.1. JOIN이 필요한 경우

효율적으로 데이터를 관리하기 위해 속성들 간의 관계를 기반으로 데이터를 분리해서 테이블을 만듭니다. JOIN은 테이블을 연결하는 컬럼인 JOIN 컬럼을 이용하여 나누어진 여러 테이블을 연결하여 관련된 데이터를 조회하는 방법입니다. 일반적으로 JOIN 컬럼은 기본키와 외래키 값의 연관으로 JOIN이 성립되지만, 기본키와 외래키의 관계가 없더라도 논리적인 값의 연관만으로도 JOIN이 가능합니다. 다음 예시에서는 아티스트T 테이블의 〈소속회사번호〉로 회사T 테이블의 〈회사번호〉와 JOIN하여 회사명과 주소를 조회할 수 있습니다.

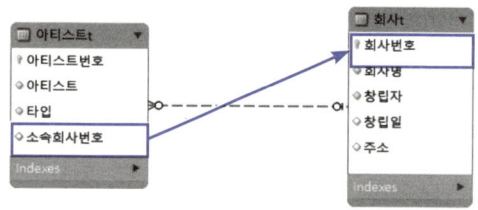

JOIN은 관계형 데이터베이스에서 기본적이고 가장 중요한 기능입니다. 데이터베이스에서 여러 테이블의 데이터를 필요에 따라 값의 논리적인 관계로 연결합니다. 한 테이블을 기준으로 다른 테이블에 있는 행을 찾아오는 것입니다.

다음 그림과 같이 인물 테이블의 〈관련회사번호〉 3번으로 회사 테이블의 〈회사번호〉가 3인 행의 〈회사명, 대표이름, 설립일자, 위치〉를 접근할 수 있습니다.

인물

인물번호	이름	업무	생년월일	성별	별명	키	몸무게	팔로워수	관련회사번호
1	장보고	군인	1993-05-16	1	해신	168	65	NULL	3
2	장주원	공무원	1970-11-29	1	구룡포	175	82	NULL	4
3	김봉석	학생	1996-01-26	1	비행	181	94	NULL	4
4	정명석	변호사	1983-10-14	1	NULL	178	70	NULL	1
5	강동주	의사	1987-04-06	1	NULL	183	73	2413000	2
6	차은재	의사	1988-05-06	2	또잉_또잉	174	50	15270000	2
7	우영우	변호사	1992-09-04	2	나는_고래	163	45	3426000	1
8	유길채	세공사	1991-05-06	2	NULL	168	48	1304000	NULL
9	장희수	학생	1996-04-22	2	무한재생	167	47	6650000	4
10	장현	통역관	1978-03-12	1	이장현	177	67	1650000	NULL
11	서우진	의사	1988-05-06	1	모난돌	187	74	13530000	2

회사

회사번호	회사명	대표이름	설립일자	위치
1	한바다	한선영	2022-06-29	서울시 강남구 테헤란로 103길 17
2	돌담	부용주	2016-11-07	강원도 강릉시 경강로 2007
3	청해진	김수종	2004-11-24	전라남도 완도군 장도
4	정원고	김두식	2023-08-09	서울시 중구 회현동 1가
5	글로리	이양화	2018-07-07	서울시 종로구 효자로 12

JOIN으로 데이터를 조회하는 SELECT 문에서 접근하는 테이블에 이름이 같은 컬럼이 있으면 컬럼명 앞에 테이블명을 접두어로 사용해서 〈테이블명.컬럼명〉으로 해당 컬럼을 명확하게 식별해야 합니다.

INNER JOIN

가장 흔히 사용하는 JOIN으로, 조건에 만족하는 행을 조회하는 것입니다. INNER는 생략할 수 있습니다.

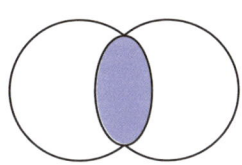

LEFT OUTER JOIN

JOIN 조건에 만족되지 않는 왼쪽에 있는 행까지 포함하여 조회합니다.

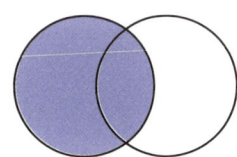

RIGHT OUTER JOIN

JOIN 조건에 만족되지 않는 오른쪽에 있는 행까지 포함하여 조회합니다.

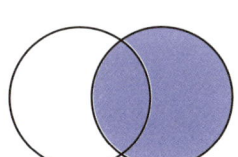

FULL OUTER JOIN

JOIN 조건에 만족되지 않는 모든 행을 포함하여 조회합니다. 오라클 제품에서 지원합니다.

6.2. JOIN으로 데이터 결합하기

실습용 테이블과 데이터

다음은 이번 장에서 테이블 JOIN 실습을 위한 배우(ACTORS) 테이블과 사원(EMP) 테이블입니다. 다음과 같이 테이블을 생성하고 데이터를 삽입합니다.

```
CREATE TABLE actors (
    actorid INT NOT NULL,
    name VARCHAR(40) NOT NULL,
    titlerole VARCHAR(60),
    corpid INT,
    PRIMARY KEY (actorid),
    CONSTRAINT FK_corp FOREIGN KEY (corpid) REFERENCES corp(corpid)
);
```

```
INSERT INTO actors (actorid, name, titlerole, corpid)
VALUES
(4, '정명석', '변호사', 1),
(7, '우영우', '변호사', 1),
(5, '강동주', '의사', 2),
(6, '차은재', '의사', 2),
(11, '서우진', '의사', 2),
(1, '장보고', '군인', 3);

SELECT *
FROM actors
ORDER BY corpid ASC;
```

배우 테이블을 출력하면 다음과 같습니다.

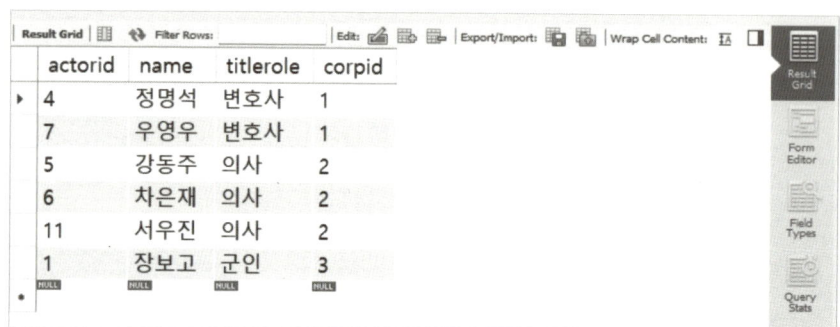

```
CREATE TABLE emp (
  empid int PRIMARY KEY,
  ename varchar(45) NOT NULL,
  title varchar(45) ,
  mgrid varchar(45)
) COMMENT='사원테이블';

INSERT INTO emp (empid, ename, title, mgrid) VALUES ('101', '양규', '부장', '102');
INSERT INTO emp (empid, ename, title) VALUES ('102', '강감찬', '사장');
INSERT INTO emp (empid, ename, title, mgrid) VALUES ('103', '하공진', '부장', '102');
INSERT INTO emp (empid, ename, title, mgrid) VALUES ('104', '김숙흥', '과장', '101');
INSERT INTO emp (empid, ename, title, mgrid) VALUES ('105', '지채문', '부장', '102');

SELECT *
FROM emp;
```

사원 테이블을 출력하면 다음과 같습니다.

empid	ename	title	mgrid
101	양규	부장	102
102	강감찬	사장	NULL
103	하공진	부장	102
104	김숙흥	과장	101
105	지채문	부장	102

INNER JOIN 문

사용 방법

```
SELECT 테이블명1.컬럼명1, 테이블명2.컬럼명2…
FROM 테이블명1 INNER JOIN 테이블명2
  ON JOIN 조건;
```

- SELECT 절은 조회할 컬럼명을 명시합니다.
- FROM 절은 접근하는 두 개 이상의 테이블명을 명시합니다.
- AS 키워드로 테이블명의 별칭을 지정할 수 있습니다. AS 키워드는 생략할 수 있습니다.
- INNER는 생략하고 그냥 JOIN으로 사용할 수 있습니다.

- ON 절에는 JOIN하는 테이블의 JOIN 조건을 명시합니다.
- 양쪽 테이블에 공통된 컬럼이 있으면 모호함을 피하기 위해 〈테이블명.컬럼명〉으로 명시합니다.

```
SELECT  *
FROM 인물 INNER JOIN 회사
   ON 인물.관련회사번호 = 회사.회사번호;
```

인물 테이블과 회사 테이블을 〈관련회사번호 = 회사번호〉 조건으로 JOIN하면 〈관련회사번호〉와 연관된 회사 데이터를 옆에 같이 조회할 수 있습니다. 두 테이블에는 공통된 컬럼명이 없으므로 〈테이블명.컬럼명〉 대신 〈컬럼명〉만 명시해도 됩니다. 하지만 명확한 의미 전달을 위해 〈테이블명.컬럼명〉으로 명시하는 것이 좋습니다.

인물

인물번호	이름	업무	관련회사번호
4	정명석	변호사	1
7	우영우	변호사	1
5	강동주	의사	2
6	차은재	의사	2
11	서우진	의사	2
1	장보고	군인	3
2	장주원	공무원	4
3	김봉석	학생	4
9	장희수	학생	4
8	유길채	세공사	
10	장현	통역관	

회사

회사번호	회사명	대표이름
1	한바다	한선영
2	돌담	부용주
3	청해진	김수종
4	정원고	김두식
5	글로리	이양화

인물의 〈인물번호, 이름, 업무, 관련회사번호〉 데이터 옆에 회사의 〈회사번호, 회사명, 대표이름〉을 같이 조회합니다.

JOIN 결과

인물번호	이름	업무	관련회사번호	회사번호	회사명	대표이름
4	정명석	변호사	1	1	한바다	한선영
7	우영우	변호사	1	1	한바다	한선영
5	강동주	의사	2	2	돌담	부용주
6	차은재	의사	2	2	돌담	부용주
11	서우진	의사	2	2	돌담	부용주
1	장보고	군인	3	3	청해진	김수종
2	장주원	공무원	4	4	정원고	김두식
3	김봉석	학생	4	4	정원고	김두식
9	장희수	학생	4	4	정원고	김두식

PERSON과 CORP 테이블에 있는 〈agencyid〉, 〈corpid〉 컬럼으로 JOIN 조건을 ON 절에 기술하여 관련된 데이터를 조회할 수 있습니다.

```sql
SELECT person.name, person.job, person.agencyid, corp.corpname
 FROM person JOIN corp
   ON person.agencyid = corp.corpid;
```

예제   인물과 회사 두 테이블을 JOIN하여 인물의 〈이름, 업무, 관련회사번호, 회사명〉을 조회합니다.

name	job	agencyid	corpname
정명석	변호사	1	한바다
우영우	변호사	1	한바다
강동주	의사	2	돌담
차은재	의사	2	돌담
서우진	의사	2	돌담
장보고	군인	3	청해진
장주원	공무원	4	정원고
김봉석	학생	4	정원고
장희수	학생	4	정원고

FROM 절에 테이블의 별칭 지정하기

SELECT 절에서 컬럼명 다음에 AS 키워드로 컬럼의 별칭을 지정하면 머리글이 바뀝니다. FROM 절에 테이블명 다음에 AS 키워드로 테이블명의 별칭을 지정하면 SELECT 절에서 컬럼을 명시할 때 〈테이블별칭.컬럼명〉으로 긴 테이블명 대신 짧은 테이블 별칭을 사용하여 SQL 문장을 짧게 작성할 수 있습니다. 테이블의 별칭을 지정하면 SELECT 문을 작성할 때 반드시 테이블의 별칭을 사용해야 합니다. AS 키워드는 생략할 수 있습니다.

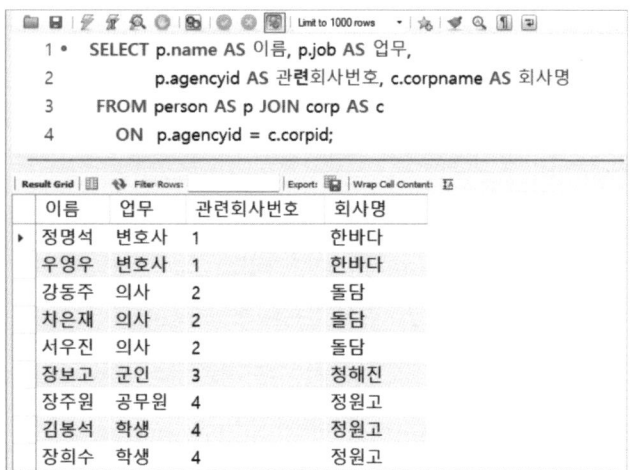

① ON 절에는 JOIN 조건을 작성하고 ② WHERE 절에는 조회 조건을 작성합니다.

```
SELECT p.name AS 이름, p.job AS 업무,
       p.agencyid AS 관련회사번호, c.corpname AS 회사명
  FROM person AS p JOIN corp AS c
    ON p.agencyid = c.corpid      ← ① JOIN 조건
 WHERE p.agencyid = 4;            ← ② 조회 조건
```

예시   인물과 회사 두 테이블에서 JOIN하여 〈관련회사번호〉가 4번인 인물의 〈이름, 업무, 관련회사번호, 회사명〉을 조회합니다

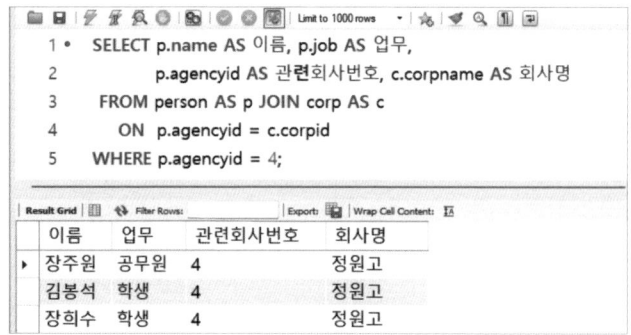

JOIN 문장에서 그룹 함수 수행은 테이블을 JOIN한 후, 그룹 컬럼으로 데이터를 묶고 그룹 함수를 적용합니다. ORDER BY 절은 SELECT 문의 제일 마지막에 작성합니다.

```
SELECT c.corpid AS 회사번호, c.corpname AS 회사명,
       c.ceo AS 대표이름, count(p.personid) AS 관련인물수
FROM   corp AS c JOIN person AS p
   ON  c.corpid = p.agencyid
GROUP BY c.corpid
ORDER BY 4 DESC;
```

예시   회사와 인물 테이블을 JOIN하여 〈회사번호, 회사명, 대표이름, 관련인물수〉를 〈관련인물수〉가 많은 회사순으로 조회합니다.

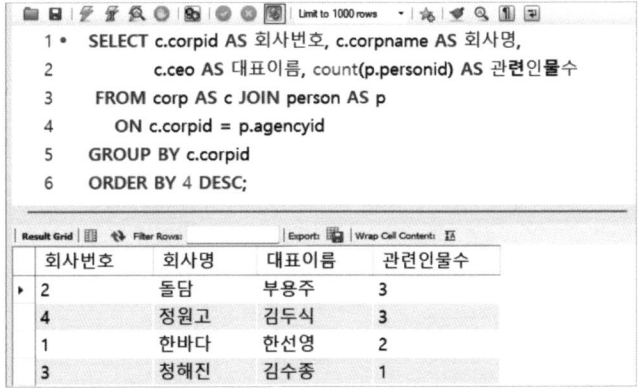

USING 절

사용 방법

```
SELECT 테이블명1.컬럼명1, 테이블명2.컬럼명2...
 FROM 테이블명1 INNER JOIN 테이블명2
 USING (조인컬럼명);
```

- USING 절을 사용하여 = JOIN에서 사용할 컬럼을 지정할 수 있습니다.
- USING 절을 사용되는 컬럼은 양쪽 테이블에 공통된 컬럼이므로 테이블명이나 별칭을 사용할 수 없습니다.

ACTORS 테이블은 〈ACTORID, NAME, TITLEROLE, CORPID〉 컬럼으로 구성되고 다음과 같은 데이터가 있습니다. CORP 테이블은 〈CORPID, CORPNAME, CEO〉 컬럼으로 구성되고 다음과 같은 데이터가 있습니다.

ACTORS					CORP		
ACTORID	NAME	TITLEROLE	CORPID		CORPID	CORPNAME	CEO
4	정명석	변호사	1		1	한바다	한선영
7	우영우	변호사	1		2	돌담	부용주
5	강동주	의사	2		3	청해진	김수종
6	차은재	의사	2		4	정원고	김두식
11	서우진	의사	2		5	글로리	이양화
1	장보고	군인	3				

ACTORS와 CORP 테이블을 〈actors.corpid = corp.corpid〉 JOIN 조건으로 조회합니다.

```
SELECT actors.name AS 이름, actors.titlerole AS 역할,
       actors.corpid AS 관련회사번호,
       corp.corpid AS 회사번호, corp.corpname AS 회사명
  FROM actors JOIN corp
    ON actors.corpid = corp.corpid;
```

예시   회사와 배우 테이블을 JOIN하여 배우의 〈이름, 역할, 관련회사번호〉와 〈관련회사번호〉에 해당하는 〈회사번호, 회사명〉을 조회합니다.

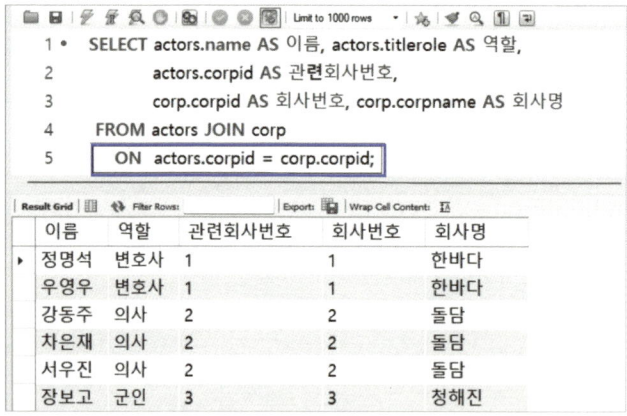

두 테이블을 JOIN하는 컬럼명이 CORPID로 컬럼명이 같으면 ON 절 대신에 USING 절로 JOIN 컬럼을 기술할 수 있습니다. CORPID는 양쪽 테이블에 공통 컬럼이므로 테이블의 이름이나 별칭을 표현하지 않습니다.

```
SELECT actors.name AS 이름, actors.titlerole AS 역할,
       corpid AS 회사번호, corp.corpname AS 회사명
  FROM actors JOIN corp USING (corpid);
```

예시 회사와 배우 테이블을 JOIN하여 배우의 〈이름, 역할, 관련회사번호〉와 〈관련회사번호〉에 해당하는 〈회사번호, 회사명〉을 조회합니다.

```
1  SELECT actors.name AS 이름, actors.titlerole AS 역할,
2         corpid AS 회사번호, corp.corpname AS 회사명
3  FROM actors JOIN corp USING(corpid)
```

이름	역할	회사번호	회사명
정명석	변호사	1	한바다
우영우	변호사	1	한바다
강동주	의사	2	돌담
차은재	의사	2	돌담
서우진	의사	2	돌담
장보고	군인	3	청해진

OUTER JOIN 구문

사용 방법

```
SELECT 테이블명1.컬럼명1, 테이블명2.컬럼명2...
 FROM 테이블명1 [ LEFT | RIGHT | FULL ] OUTER JOIN 테이블명2
  ON 조인조건;
```

- OUTER JOIN은 어느 한쪽 테이블이 기준이 되어 다른 쪽 테이블과 연결됩니다.
- 기준이 되는 테이블은 조건에 상관없이 모두 추출되는 JOIN입니다.
- 기준이 되는 테이블의 위치에 따라 LEFT 또는 RIGHT를 선택합니다.
- OUTER 키워드를 생략하고 LEFT JOIN, RIGHT JOIN으로 표현할 수 있습니다.
- AS 키워드로 테이블명의 별칭을 지정할 수 있습니다.
- FULL을 선택하면 양쪽 테이블의 데이터가 모두 추출됩니다.
- MySQL은 FULL OUTER JOIN은 지원하지 않습니다.

LEFT OUTER JOIN 처리 과정

```
SELECT *
 FROM 인물 LEFT OUTER JOIN 회사
   ON 인물.관련회사번호 = 회사.회사번호;
```

인물 테이블과 회사 테이블을 〈관련회사번호 = 회사번호〉 조건으로 JOIN하면 〈관련회사번호〉와 연관된 회사 데이터를 옆에 같이 조회할 수 있습니다. 그러나 〈인물번호〉 8번과 10번인 〈유길채〉와 〈장현〉과 같은 인물은 〈관련회사번호〉 컬럼이 NULL 값이므로 INNER JOIN으로는 조회되지 않습니다. 이처럼 JOIN 조건에 해당하지 않는 데이터를 같이 조회할 때 OUTER JOIN을 사용합니다. 인물 테이블이 왼쪽에 위치하므로 LEFT OUTER JOIN을 사용합니다.

인물

인물번호	이름	업무	관련회사번호
4	정명석	변호사	1
7	우영우	변호사	1
5	강동주	의사	2
6	차은재	의사	2
11	서우진	의사	2
1	장보고	군인	3
2	장주원	공무원	4
3	김봉석	학생	4
9	장희수	학생	4
8	유길채	세공사	
10	장현	통역관	

LEFT 기준

회사

회사번호	회사명	대표이름
1	한바다	한선영
2	돌담	부용주
3	청해진	김수종
4	정원고	김두식
5	글로리	이양화

〈관련회사번호〉 컬럼에 NULL 값이 입력되어 있는 〈인물번호〉 8번과 10번 인물 데이터가 옆에 같이 조회된 것을 확인합니다. 회사에 해당하는 컬럼의 데이터들은 NULL 값으로 표현됩니다.

JOIN 결과

인물번호	이름	업무	관련회사번호	회사번호	회사명	대표이름
4	정명석	변호사	1	1	한바다	한선영
7	우영우	변호사	1	1	한바다	한선영
5	강동주	의사	2	2	돌담	부용주
6	차은재	의사	2	2	돌담	부용주
11	서우진	의사	2	2	돌담	부용주
1	장보고	군인	3	3	청해진	김수종
2	장주원	공무원	4	4	정원고	김두식
3	김봉석	학생	4	4	정원고	김두식
9	장희수	학생	4	4	정원고	김두식
8	유길채	세공사				
10	장현	통역관				

예시 인물과 회사 두 테이블을 JOIN하여 인물의 〈이름, 업무, 관련회사번호, 회사명〉을 조회하되 〈관련회사번호〉가 등록되지 않은 인물 데이터도 같이 조회합니다.

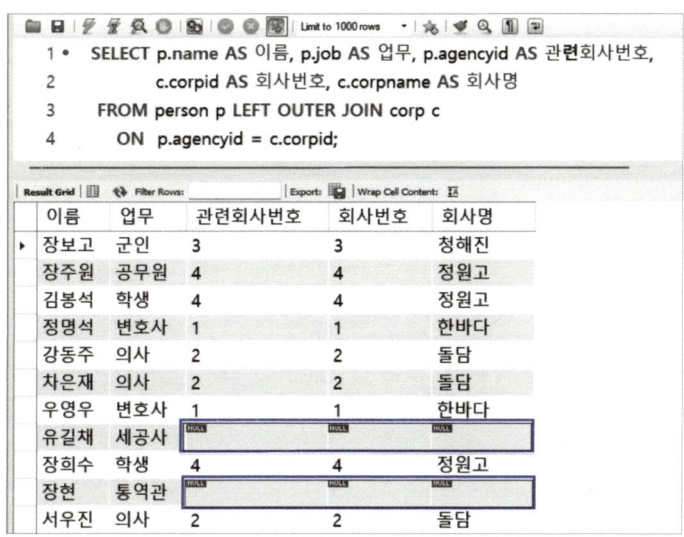

RIGHT OUTER JOIN 처리 과정

```
SELECT  *
 FROM 인물 RIGHT OUTER JOIN 회사
   ON 인물.관련회사번호 = 회사.회사번호;
```

인물 테이블과 회사 테이블을 〈관련회사번호 = 회사번호〉 조건으로 JOIN하면 〈관련회사번호〉와 연관된 회사 데이터를 옆에 같이 조회할 수 있습니다. 5번 〈회사번호〉는 관련된 인물 데이터가 없어서 INNER JOIN으로는 조회되지 않습니다. 관련된 인물 데이터가 없는 회사 데이터를 같이 조회하려면 OUTER JOIN을 사용합니다. 회사 테이블이 오른쪽에 위치하므로 RIGHT OUTER JOIN을 사용합니다.

관련 인물 데이터가 없는 5번 회사 데이터로 결과 집합에 포함됩니다. 인물 데이터 컬럼은 NULL 값으로 표현됩니다.

JOIN 결과

인물번호	이름	업무	관련회사번호	회사번호	회사명	대표이름
4	정명석	변호사	1	1	한바다	한선영
7	우영우	변호사	1	1	한바다	한선영
5	강동주	의사	2	2	돌담	부용주
6	차은재	의사	2	2	돌담	부용주
11	서우진	의사	2	2	돌담	부용주
1	장보고	군인	3	3	청해진	김수종
2	장주원	공무원	4	4	정원고	김두식
3	김봉석	학생	4	4	정원고	김두식
9	장희수	학생	4	4	정원고	김두식
				5	글로리	이양화

예시 인물과 회사 두 테이블을 JOIN하여 인물 테이블의 〈이름, 업무, 관련회사번호, 회사명〉을 조회하되, 소속 인물이 없는 회사 데이터도 같이 조회합니다.

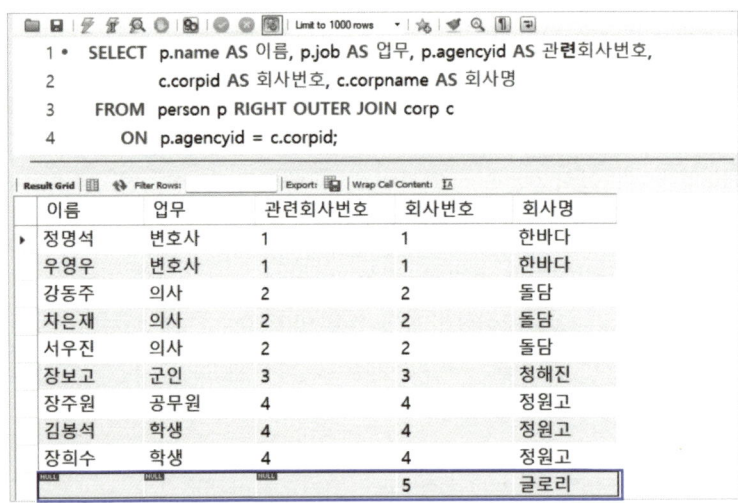

FULL OUTER JOIN 처리 과정(MySQL은 지원하지 않습니다.)

```
SELECT  *
 FROM 인물 FULL OUTER JOIN 회사
   ON 인물.관련회사번호 = 회사.회사번호;
```

인물 테이블과 회사 테이블을 〈관련회사번호 = 회사번호〉 조건으로 JOIN하면 〈관련회사번호〉와 연관된 회사 데이터를 옆으로 같이 조회할 수 있습니다. FULL OUTER JOIN으로 〈관련회사번호〉가 없는 인물 데이터와 관련 인물이 없는 회사 데이터까지 모두 결과 집합에 포함합니다.

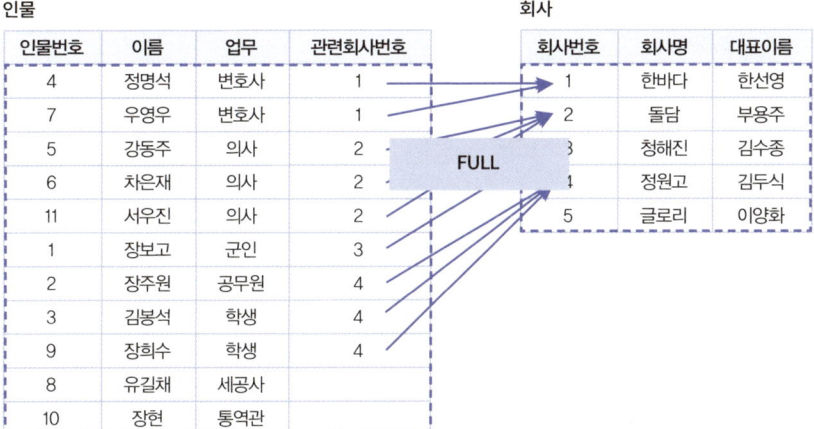

LEFT OUTER JOIN과 RIGHT OUTER JOIN의 결과 집합이 합쳐진 데이터가 출력됩니다.

JOIN 결과

인물번호	이름	업무	관련회사번호	회사번호	회사명	대표이름
4	정명석	변호사	1	1	한바다	한선영
7	우영우	변호사	1	1	한바다	한선영
5	강동주	의사	2	2	돌담	부용주
6	차은재	의사	2	2	돌담	부용주
11	서우진	의사	2	2	돌담	부용주
1	장보고	군인	3	3	청해진	김수종
2	장주원	공무원	4	4	정원고	김두식
3	김봉석	학생	4	4	정원고	김두식
9	장희수	학생	4	4	정원고	김두식
8	유길채	세공사				
10	장현	통역관				
				5	글로리	이양화

SELF JOIN 구문

사용 방법

```
SELECT 테이블별칭1.컬럼명1, 테이블별칭2.컬럼명2
 FROM 테이블명1 테이블별칭1 INNER JOIN 테이블명1 테이블별칭2
   ON 조인조건;
```

- 같은 테이블 내의 다른 행과 JOIN하고자 할 때 사용합니다.
- FROM 절에 동일한 테이블명을 서로 다른 테이블의 별칭을 부여하여 마치 다른 테이블인 것처럼 JOIN하여 관련 데이터를 조회합니다.
- ON 절에는 JOIN하는 테이블의 JOIN 조건을 명시합니다.

사원

사원번호	이름	직책	직속상급자
101	양규	부장	102
102	강감찬	사장	
103	하공진	부장	102
104	김숙흥	과장	101
105	지채문	부장	102

SELF JOIN 처리 과정

```
SELECT e.사원번호, e.이름, e.직책, m.이름
 FROM 사원 e JOIN 사원 m
  ON e.직속상급자 = m.사원번호;
```

사원 테이블을 별칭으로 e와 m으로 지정합니다. 〈e.직속상급자=m.사원번호〉 JOIN 조건으로 INNER JOIN합니다.

사원-E

사원번호	이름	직책	직속상급자
101	양규	부장	102
102	강감찬	사장	
103	하공진	부장	102
104	김숙흥	과장	101
105	지채문	부장	102

사원-M

사원번호	이름	직책	직속상급자
101	양규	부장	102
102	강감찬	사장	
103	하공진	부장	102
104	김숙흥	과장	101
105	지채문	부장	102

사원-E				사원-M		
사원번호	이름	직책	직속상급자	사원번호	이름	직책
101	양규	부장	102	102	강감찬	사장
103	하공진	부장	102	102	강감찬	사장
104	김숙흥	과장	101	101	양규	부장
105	지채문	부장	102	102	강감찬	사장

INNER JOIN으로 JOIN하면 직속상급자가 없는 강감찬 사장은 결과 집합에 포함되지 않습니다.

사원

사원번호	이름	직책	상급자이름
104	김숙흥	과장	양규
101	양규	부장	강감찬
105	지채문	부장	강감찬
103	하공진	부장	강감찬

FROM 절에 동일한 테이블명을 서로 다른 테이블의 별칭인 e와 m으로 지정하는 부분만 다를 뿐 앞에서 학습한 INNER JOIN과 유사합니다.

```
SELECT e.empid AS 사원번호, e.ename AS 이름, e.title AS 직책,
       e.mgrid AS 직속상급자, m.ename AS 상급자이름
 FROM emp e JOIN emp m
    ON e.mgrid = m.empid;
```

예시 사원 테이블을 JOIN하여 〈사원번호, 이름, 직책, 직속상급자, 상급자이름〉을 조회합니다.

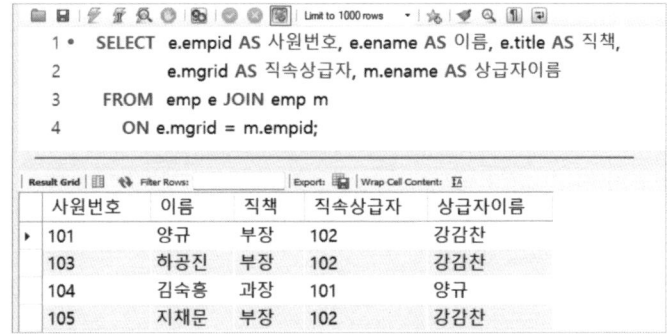

왼쪽에 위치한 사원 데이터를 포함하기 위하여 LEFT OUTER JOIN합니다.

```
SELECT e.사원번호, e.이름, e.직책, m.이름
 FROM 사원 e LEFT JOIN 사원 m
    ON e.직속상급자 = m.사원번호;
```

사원-E

사원번호	이름	직책	직속상급자
102	강감찬	사장	
104	김숙흥	과장	101
101	양규	부장	102
105	지채문	부장	102
103	하공진	부장	102

사원-M

사원번호	이름	직책
101	양규	부장
102	강감찬	사장
102	강감찬	사장
102	강감찬	사장

LEFT OUTER JOIN으로 JOIN하여 직속상급자가 없는 강감찬 사장도 결과 집합에 포함됩니다.

사원-E

사원번호	이름	직책	상급자이름
102	강감찬	사장	
104	김숙흥	과장	양규
101	양규	부장	강감찬
105	지채문	부장	강감찬
103	하공진	부장	강감찬

상급자가 없는 사원은 m.ename 컬럼의 값이 NULL입니다. IFNULL 함수를 이용하여 상급자가 없으면 임의의 문자 값을 지정할 수 있습니다.

```
SELECT e.empid AS 사원번호, e.ename AS 이름, e.title AS 직책,
       IFNULL(m.ename,'상급자 없음') AS 상급자이름
 FROM emp e LEFT JOIN emp m
    ON e.mgrid = m.empid;
```

예시 사원 테이블을 JOIN하여 〈사원번호, 이름, 직책, 직속상급자, 상급자이름〉을 조회하되 상급자가 없는 사원도 같이 조회합니다. 상급자가 없는 사원은 '상급자 없음'으로 표현합니다

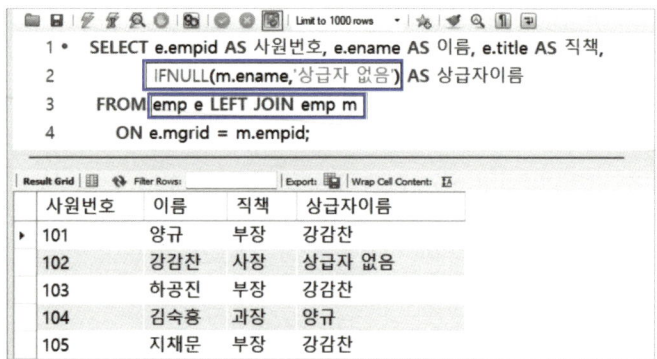

CONCAT 함수를 이용하여 4개의 문자열을 연결합니다.

CONCAT(① e.ename , ② ' 의 관리자는 ' , ③ IFNULL(m.ename, ' 상급자없음') , ④ ' 입니다.')

③ IFNULL 함수로 상급자가 없는 사원은 '상급자없음' 문자를 표현합니다.

예시 사원 테이블을 JOIN하여 〈이름, 상급자이름〉을 출력 형식으로 조회하되 상급자가 없는 사원도 같이 조회합니다.
      (출력 형식: '하공진의 관리자는 강감찬 입니다.')

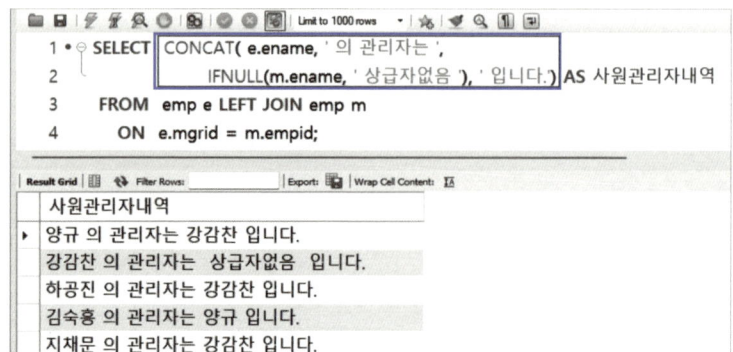

NATURAL JOIN 구문

사용 방법

```
SELECT 테이블명1.컬럼명1, 테이블명2.컬럼명2…
 FROM 테이블명1 NATURAL JOIN 테이블명2;
```

- 두 테이블의 동일한 이름을 가지는 모든 컬럼을 기준으로 JOIN합니다.
- 동일한 컬럼이 두 개 이상일 경우 USING 절을 사용합니다.
- 가독성이 좋지 않아 잘 사용하지 않습니다.

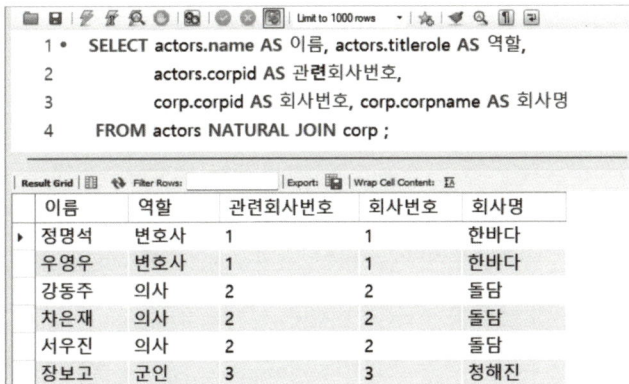

CROSS JOIN 구문

사용 방법

```
SELECT 테이블명1.컬럼명1, 테이블명2.컬럼명2…
 FROM 테이블명1 CROSS JOIN 테이블명2;
```

- CROSS JOIN 절은 두 테이블 상호간의 조합을 생성합니다.

CROSS JOIN 처리 과정

```
SELECT *
 FROM actors CROSS JOIN corp;
```

ACTORS 테이블과 CORP 테이블을 CROSS JOIN하면 ACTORS 테이블의 각 행을 CORP 테이블의 각 행과 곱으로 연결한 결과 집합이 만들어집니다.

실제 업무 데이터를 CROSS JOIN 하면 굉장히 많은 결과 집합이 생성되어 성능 저하가 발생할 수 있습니다. 하지만 피벗 테이블을 만들거나 한 행을 여러 행으로 복사하여 처리하고자 할 때 선택적으로 적용할 수 있습니다. 6행×5행으로 30행이 결과 집합이 생성됩니다.

ACTORS

ACTORID	NAME	TITLEROLE	CORPID
4	정명석	변호사	1
7	우영우	변호사	1
5	강동주	의사	2
6	차은재	의사	2
11	서우진	의사	2
1	장보고	군인	3

CORP

CORPID	CORPNAME	CEO
1	한바다	한선영
2	돌담	부용주
3	청해진	김수종
4	정원고	김두식
5	글로리	이양화

ACTORID	NAME	TITLEROLE	CORPID	CORPID	CORPNAME	CEO
4	정명석	변호사	1	5	글로리	이양화
4	정명석	변호사	1	4	정원고	김두식
4	정명석	변호사	1	3	청해진	김수종
4	정명석	변호사	1	2	돌담	부용주
4	정명석	변호사	1	1	한바다	한선영
7	우영우	변호사	1	5	글로리	이양화
7	우영우	변호사	1	4	정원고	김두식
7	우영우	변호사	1	3	청해진	김수종
7	우영우	변호사	1	2	돌담	부용주
7	우영우	변호사	1	1	한바다	한선영
5	강동주	의사	2	5	글로리	이양화
5	강동주	의사	2	4	정원고	김두식
5	강동주	의사	2	3	청해진	김수종
5	강동주	의사	2	2	돌담	부용주
5	강동주	의사	2	1	한바다	한선영
6	차은재	의사	2	5	글로리	이양화
6	차은재	의사	2	4	정원고	김두식
6	차은재	의사	2	3	청해진	김수종
6	차은재	의사	2	2	돌담	부용주
6	차은재	의사	2	1	한바다	한선영
11	서우진	의사	2	5	글로리	이양화
11	서우진	의사	2	4	정원고	김두식
11	서우진	의사	2	3	청해진	김수종
11	서우진	의사	2	2	돌담	부용주
11	서우진	의사	2	1	한바다	한선영
1	장보고	군인	3	5	글로리	이양화
1	장보고	군인	3	4	정원고	김두식
1	장보고	군인	3	3	청해진	김수종
1	장보고	군인	3	2	돌담	부용주
1	장보고	군인	3	1	한바다	한선영

ACTORS 테이블과 CORP 테이블을 CROSS JOIN하여 ACTORS 테이블의 데이터를 CORP 테이블 행의 수만큼 복사할 수 있습니다.

```sql
SELECT actors.name AS 이름, actors.titlerole AS 역할,
    actors.corpid AS 관련회사번호,
    corp.corpid AS 회사번호, corp.corpname AS 회사명
FROM actors CROSS JOIN corp;
```

예시 ACTORS와 CORP 테이블을 CROSS JOIN하여 배우의 〈이름, 역할, 관련회사번호, 회사명〉을 조회합니다.

이름	역할	관련회사번호	회사번호	회사명
정명석	변호사	1	5	글로리
정명석	변호사	1	4	정원고
정명석	변호사	1	3	청해진
정명석	변호사	1	2	돌담
정명석	변호사	1	1	한바다
우영우	변호사	1	5	글로리
우영우	변호사	1	4	정원고
우영우	변호사	1	3	청해진
우영우	변호사	1	2	돌담
우영우	변호사	1	1	한바다
강동주	의사	2	5	글로리
강동주	의사	2	4	정원고
강동주	의사	2	3	청해진

6.3. 데이터를 조합하는 집합 연산자

여러 테이블로부터 데이터를 조회하는 다른 방법으로 집합(SET) 연산자를 이용할 수 있습니다.

집합 연산자는 여러 개의 SELECT 문을 연결하여 하나의 결과 집합으로 만듭니다.

사용 방법

```
SELECT 컬럼명1, 컬럼명2
  FROM  테이블명1
 WHERE  조건식
 GROUP  BY
HAVING
```

SET 연산자

```
SELECT 컬럼명1, 컬럼명2
  FROM  테이블명2
 WHERE  조건식
 GROUP  BY
HAVING
```

...

ORDER BY

- 첫 번째 SELECT 문의 컬럼명이 머리글에 표시됩니다.
- SELECT 목록에 있는 표현식의 개수와 데이터 유형이 일치해야 합니다.
- FROM 절 뒤에 기술되는 테이블은 같을 수도 있고 다를 수도 있습니다.
- ORDER BY 절은 SELECT 구문의 마지막에 단 한 번만 기술합니다.
- ORDER BY 절에 사용된 컬럼명 또는 별칭은 첫 번째 SELECT 목록과 일치해야 합니다.
- SET 연산자는 서브쿼리에서도 사용할 수 있습니다.
- UNION ALL을 제외한 다른 연산자의 출력은 기본적으로 오름차순으로 정렬됩니다.

UNION과 UNION ALL

각 조회문으로 검색된 결과를 모두 출력합니다.

UNION	UNION ALL
조회된 결과 집합의 모든 행을 중복을 제거하여 포함합니다.	중복을 포함하여 SELECT된 결과 집합의 모든 행을 포함합니다.

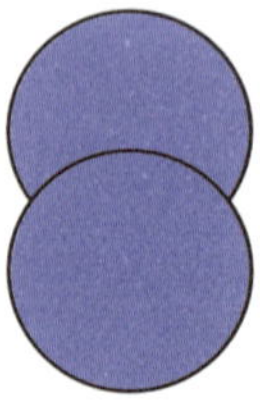

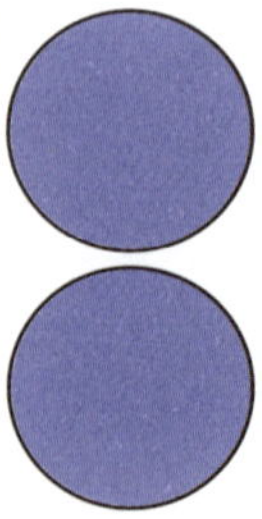

예제 인물 테이블에서 〈인물번호〉가 5번 이하인 〈회사번호, 이름, 업무〉와 회사 테이블에서 〈회사번호, 대표이름〉을 UNION 연산자를 이용하여 조회합니다.

```
SELECT agencyid, name, job
FROM person
WHERE personid <= 5
UNION
SELECT corpid, ceo, '대표이사'
FROM corp
ORDER BY 1;
```

①을 통해 첫 번째 SELECT 문의 컬럼명이 머리글에 표기됨을 확인합니다.

②는 SELECT 목록에 있는 표현식의 개수와 데이터 유형이 일치해야 하므로 문자 컬럼인 job에 대응하여 '대표이사'라는 임의의 문자열 컬럼을 적습니다.

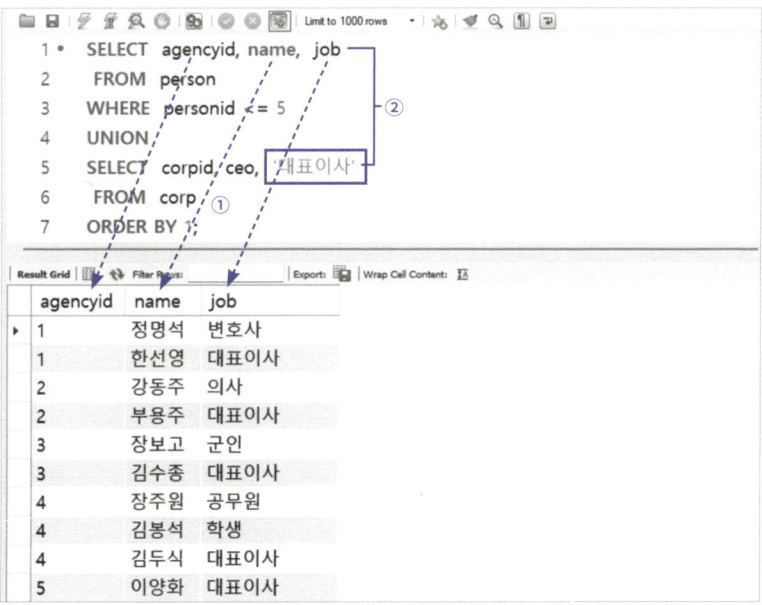

예시 인물 테이블에서 〈인물번호〉가 5번 이하인 〈회사번호, 이름, 업무〉와 회사 테이블에서 〈회사번호, 대표이름〉을 UNION ALL 연산자를 이용하여 조회합니다.

```
SELECT agencyid, name, job
FROM person
WHERE personid <= 5
UNION ALL
```

```
SELECT corpid, ceo, '대표이사'
FROM corp
ORDER BY 1;
```

중복된 데이터가 없으므로 같은 결과가 조회됩니다.

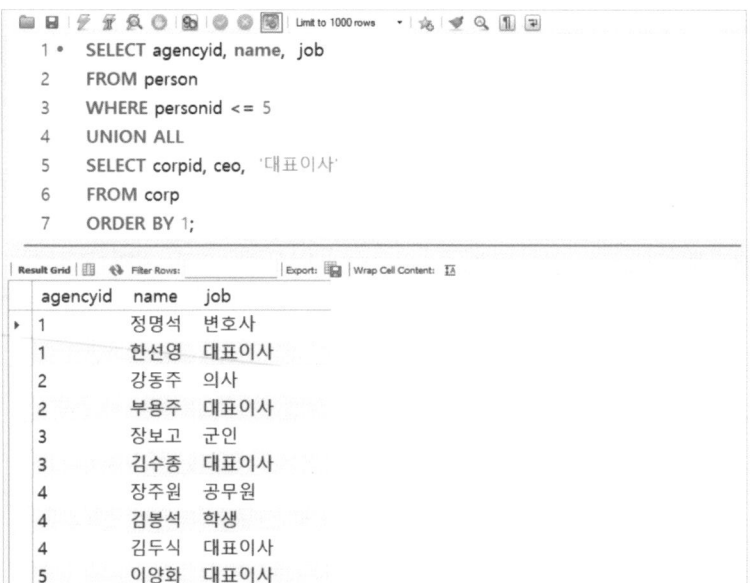

예제 인물 테이블의 〈관련회사번호, 이름, 업무〉 데이터와, ACTORS 테이블에서 〈회사번호, 이름, 역할〉 데이터를 하나의 결과 집합으로 조회합니다. 이때 UNION ALL을 사용합니다.

```
SELECT agencyid, name, job
FROM person
WHERE personid <= 5
UNION ALL
SELECT corpid, name, titlerole
FROM actors
ORDER BY 1;
```

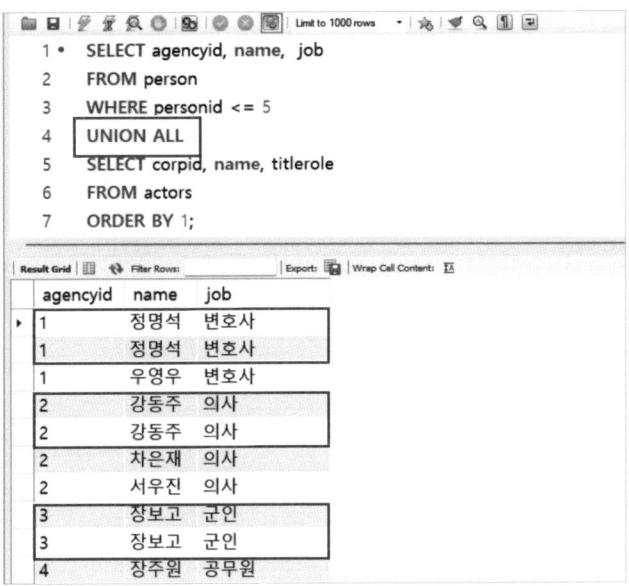

예제 인물 테이블의 〈관련회사번호, 이름, 업무〉 데이터와, ACTORS 테이블에서 〈회사번호, 이름, 역할〉 데이터를 하나의 결과 집합을 조회합니다. 이때 UNION을 사용합니다.

```
SELECT agencyid, name, job
FROM person
WHERE personid <= 5
UNION
SELECT corpid, name, titlerole
FROM actors
ORDER BY 1;
```

UNION 연산자는 중복을 제거한 결과 집합을 만드므로 〈정명석〉, 〈강동주〉, 〈장보고〉 행이 하나씩만 조회되는 것을 확인합니다.

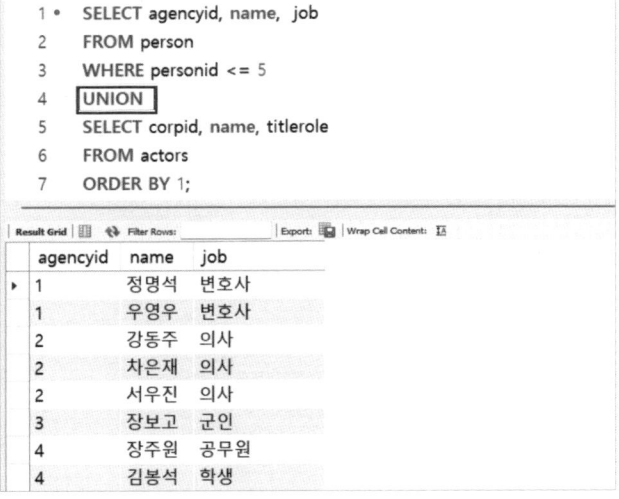

06 _ 여러 테이블에서 데이터 조회　205

예제 사원 테이블에서 〈사원번호, 이름, 직책, 상급자이름〉을 조회하되 상급자가 없는 사원도 같이 조회합니다.

```
SELECT e.empid AS 사원번호, e.ename AS 이름,
       e.title AS 직책, m.ename AS 상급자이름
 FROM  emp e JOIN emp m
       ON e.mgrid = m.empid
UNION
SELECT empid, ename, title,'상급자 없음'
 FROM  emp
WHERE  mgrid IS NULL;
```

데이터를 가져오는 방법은 다양합니다. 사원의 상급자의 이름을 조회할 때 상급자가 없는 사원까지 조회하기 위하여 OUTER JOIN 문을 이용했습니다. 이번에는 SET 연산자를 이용해서 조회해 보겠습니다.

①은 사원 테이블을 SELF JOIN하여 사원의 〈상급자이름〉을 조회합니다. ②는 상급자가 없는 사원을 mgrid IS NULL로 조회하여 UNION을 합니다.

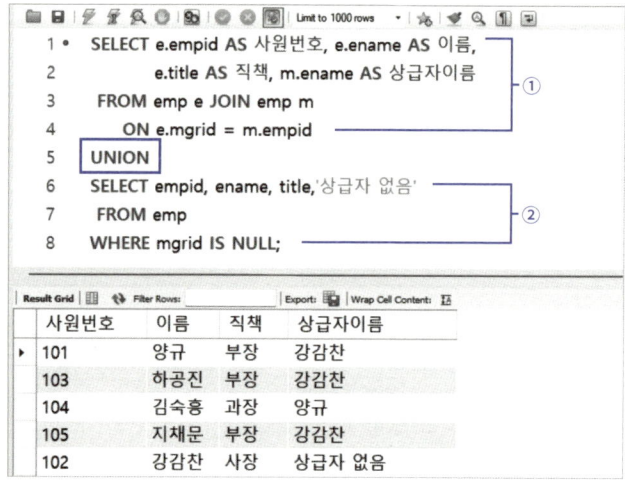

INTERSECT

첫 번째 SELECT 문의 결과와 두 번째 SELECT 문의 결과에 공통으로 있는 데이터를 표시합니다.

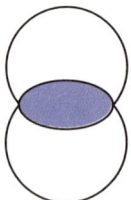

예제 인물 테이블과 ACTORS 테이블에 공통으로 등록된 인물의 〈관련회사번호, 이름, 업무〉를 조회합니다.

```
SELECT agencyid, name, job
FROM person
WHERE personid <= 5
INTERSECT
SELECT corpid, name, titlerole
FROM actors
ORDER BY 1;
```

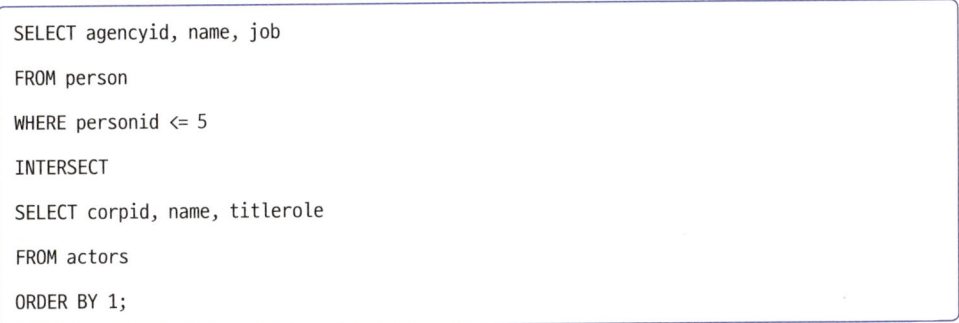

MINUS

첫 번째 SELECT 결과에서 두 번째 SELECT 결과를 뺀 데이터 집합을 표시합니다.
MINUS 연산자는 오라클은 지원하나 MySQL은 지원하지 않습니다.

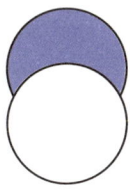

예제 ACTORS 테이블에는 입력되지 않은 인물의 〈관련회사번호, 이름, 업무〉를 조회합니다.

```
SELECT agencyid, name, job
FROM person
WHERE personid <= 5
MINUS
SELECT corpid, name, titlerole
FROM actors
ORDER BY 1;
```

6.4. SQL 문 안에 삽입되는 SELECT 문: 서브쿼리

서브쿼리(Subquery)는 하나의 SQL 문 안에 포함되어 있는 또 다른 SELECT 문을 말합니다. 서브쿼리는 알려지지 않은 기준을 이용한 검색을 위해 사용합니다.

사용 방법

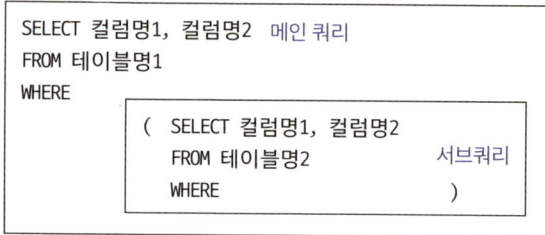

- 서브쿼리를 괄호로 묶어 사용합니다.
- 읽기 쉽도록 비교 조건의 오른쪽에 서브쿼리를 넣습니다.
- 서브쿼리의 실행 결과 값이 비교 값으로 대체되어 메인 쿼리가 수행됩니다.

〈김봉석〉의 관련 회사에 관한 〈회사번호, 회사명, 대표이름〉을 조회하는 과정을 살펴보겠습니다.

① 인물 테이블에서 김봉석 인물의 〈관련회사번호(agencyid)〉를 조회합니다.

② 조회된 4번을 이용하여 corpid = 4인 회사의 〈회사번호, 회사명, 대표이름〉을 조회합니다.

③ 서브쿼리를 이용해 ①, ② 문장을 합쳐 하나의 문장으로 만들어 데이터를 조회합니다.

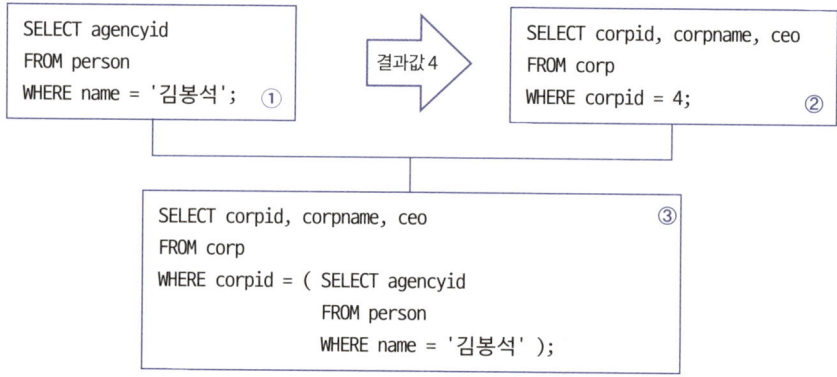

예시 인물 테이블에서 김봉석의 〈관련회사번호〉를 조회합니다.

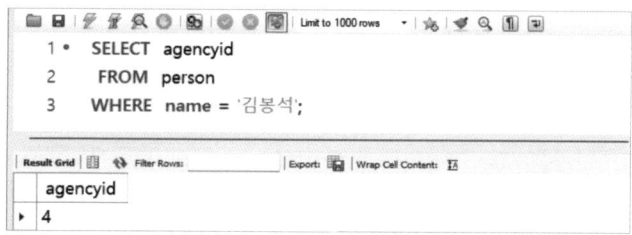

예시 회사번호가 4인 〈회사번호, 회사명, 대표이름〉을 조회합니다.

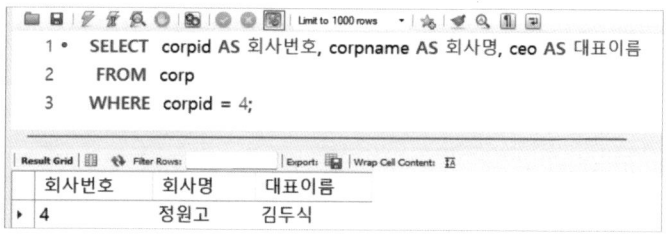

예시 김봉석 인물의 관련회사에 관한 〈회사번호, 회사명, 대표이름〉을 조회합니다.

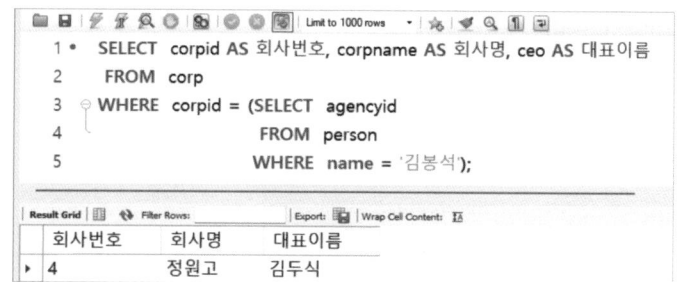

서브쿼리 문에서 그룹 함수를 사용할 수 있습니다. 최대 키, 최소 몸무게 등과 같은 그룹 연산 결과에 해당하는 행을 찾을 수 있습니다. 인물 테이블에서 가장 많은 팔로워를 가진 인물을 조회하기 위해서 서브쿼리를 활용합니다.

```
SELECT name AS 이름, job AS 업무, followers
  FROM person
 WHERE followers = (SELECT MAX(followers) FROM person);
```

예시 팔로워수가 가장 많은 인물의 〈이름, 업무, 팔로워수〉를 조회합니다.

날짜 데이터의 최대값은 가장 최근 날짜이고, 최소값은 과거 날짜입니다. 최연소 인물을 조회하기 위해서는 서브쿼리를 사용합니다.

```
SELECT name AS 이름, birthdate AS 생년월일, nickname AS 별명
  FROM  person
 WHERE  birthdate = (SELECT MAX(birthdate) FROM person);
```

예시 최연소 인물의 〈이름, 생년월일, 별명〉을 조회합니다.

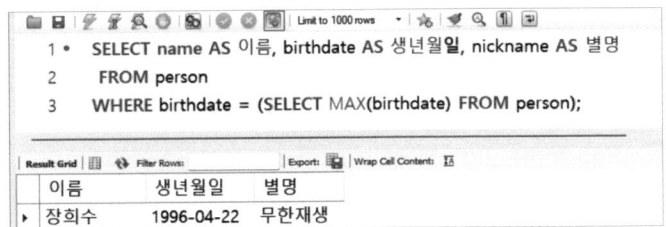

서브쿼리 문에서 ORDER BY 절을 활용하여 데이터를 정렬할 수 있습니다. ORDER BY 절은 SELECT 문의 마지막에 위치합니다. 숫자 3은 SELECT 절에 세 번째로 기술한 〈height〉 컬럼을 의미합니다.

```
SELECT name AS 이름, job AS 업무, height AS 키
  FROM  person
 WHERE  height > (SELECT AVG(height) FROM person)
 ORDER BY 3 DESC;
```

예시 인물 전체의 평균 키보다 키가 큰 인물의 〈이름, 업무, 키〉를 키가 큰 인물부터 조회합니다.

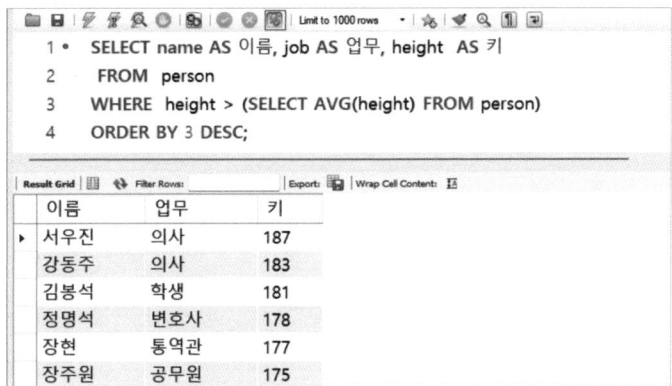

서브쿼리 문을 사용하는 절은 WHERE 절이 가장 흔하지만, 그 밖에도 FROM 절, SELECT 절, HAVING 절에서도 활용할 수 있습니다. 특히, 메인 쿼리의 그룹 함수 결과 값과 조건을 비교할 때는 HAVING 절에 서브쿼리를 적용합니다.

```
SELECT agencyid, ROUND(AVG(weight), 1) AS 평균몸무게
 FROM   person
GROUP BY agencyid
HAVING AVG(weight) > (SELECT AVG(weight)
                        FROM   person
                        WHERE  agencyid = 3);
```

예시 회사의 평균 몸무게가 회사번호 3번의 평균 몸무게보다 큰 회사번호와 평균 몸무게를 소수점 한 자리에서 반올림하여 조회합니다.

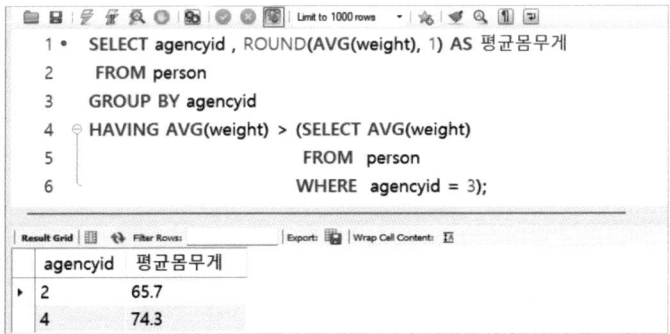

6.5. ChatGPT를 이용한 SQL JOIN 실습

여러 테이블에서 데이터를 조회하는 다양한 SQL 문을 학습했습니다. MySQL 설치 과정에서 함께 설치했던 Sample DB로 ChatGPT가 생성한 연습문제와 풀이로 SQL 문 작성 실습을 해 보겠습니다. ChatGPT 이용해서 DB를 사용할 때는 특히 보안에 유의해야 합니다.

- ChatGPT가 생성한 문제는 사용자별로 동일하지 않을 수 있습니다.
- 테이블에서 사용하는 컬럼명이 종종 틀리는 경우도 있습니다.
- 가장 중요한 점으로, 보안을 요구하는 테이블과 컬럼을 ChatGPT에서 질문하면 안 됩니다.
- 이 책에서는 MySQL Sample DB를 이용합니다

01. SQL JOIN 연습문제를 제공받기 위해 ChatGPT 메시지 프롬프트에 다음과 같이 입력합니다.

질문:

> 아래 내용으로 SQL JOIN 연습문제를 5개 만들어 줘.
> - MySQL로 SQL 명령어를 공부하기 시작한 학생입니다.
> - Sakila DB의 테이블을 이용합니다.
> - JOIN하는 테이블의 개수는 하나 또는 두 개로 합니다.
> - 서브쿼리는 어느 절에서도 사용하지 않은 문장입니다.
> - 한국어를 사용합니다.

02. MySQL Workbench의 [Query] 창에 USE sakila; 명령으로 기본 스키마를 지정한 후에 ChatGPT가 제시한 연습문제로 SQL 문을 작성합니다.

You
아래 내용으로 SQL JOIN 연습문제를 5개 만들어줘.
- MySQL로 SQL명령어를 공부하기 시작한 학생입니다.
- Sakila DB 의 테이블을 이용합니다.
- Join하는 테이블의 개수는 하나 또는 두개로 합니다.
- SubQuery는 어느 절에서도 사용하지 않은 문장입니다.
- 한국어를 사용합니다.

ChatGPT
1. 영화 제목, 장르, 대여 횟수를 조회하세요.
2. 고객 이름, 이메일 주소, 최근 대여한 영화 제목을 조회하세요.
3. 영화 제목, 대여자 이름, 대여일을 조회하세요.
4. 고객 이름, 대여한 영화 제목, 대여 일자, 반납 일자를 조회하세요.
5. 영화 제목, 대여 횟수, 평균 평점을 조회하세요.

03. 앞의 연습문제에 대한 SQL 코드와 설명에 주석을 달아서 합친 문장입니다. SQL 코드를 확인하고 MySQL Workbench에서 실습합니다.

```sql
/*
1. 영화 제목, 장르, 대여 횟수를 조회하세요.
*/
SELECT film.title, film_category.category_id, COUNT(rental.rental_id) A
FROM film
INNER JOIN film_category ON film.film_id = film_category.film_id
INNER JOIN inventory ON film.film_id = inventory.film_id
INNER JOIN rental ON inventory.inventory_id = rental.inventory_id
GROUP BY film.title, film_category.category_id;

/*
2. 고객 이름, 이메일 주소, 최근 대여한 영화 제목을 조회하세요.
*/
SELECT customer.first_name, customer.last_name, customer.email, film.ti
FROM customer
INNER JOIN rental ON customer.customer_id = rental.customer_id
INNER JOIN inventory ON rental.inventory_id = inventory.inventory_id
INNER JOIN film ON inventory.film_id = film.film_id
WHERE rental.return_date = (
    SELECT MAX(return_date)
    FROM rental
);

/*
3. 영화 제목, 대여자 이름, 대여일을 조회하세요.
*/
SELECT film.title, CONCAT(customer.first_name, ' ', customer.last_name)
FROM film
INNER JOIN inventory ON film.film_id = inventory.film_id
INNER JOIN rental ON inventory.inventory_id = rental.inventory_id
INNER JOIN customer ON rental.customer_id = customer.customer_id;

/*
4. 고객 이름, 대여한 영화 제목, 대여 일자, 반납 일자를 조회하세요.
*/
SELECT CONCAT(customer.first_name, ' ', customer.last_name) AS customer
FROM customer
INNER JOIN rental ON customer.customer_id = rental.customer_id
INNER JOIN inventory ON rental.inventory_id = inventory.inventory_id
INNER JOIN film ON inventory.film_id = film.film_id;

/*
5. 영화 제목, 대여 횟수, 평균 평점을 조회하세요.
*/
SELECT film.title, COUNT(rental.rental_id) AS rental_count, AVG(film.ra
FROM film
INNER JOIN inventory ON film.film_id = inventory.film_id
INNER JOIN rental ON inventory.inventory_id = rental.inventory_id
GROUP BY film.title;
```

04. SQL 서브쿼리 연습문제를 제공받기 위해 프롬프트에 다음과 같이 입력합니다.

질문:

> 아래 내용으로 SQL 연습문제를 5개 만들어 줘.
> - MySQL로 SQL 명령어를 공부하기 시작한 학생입니다.
> - Sakila DB의 테이블을 이용합니다.
> - 서브쿼리를 포함하는 문장입니다.
> - 한국어를 사용합니다.

05. 다음 연습문제로 MySQL Workbench에서 SQL 문을 작성합니다.

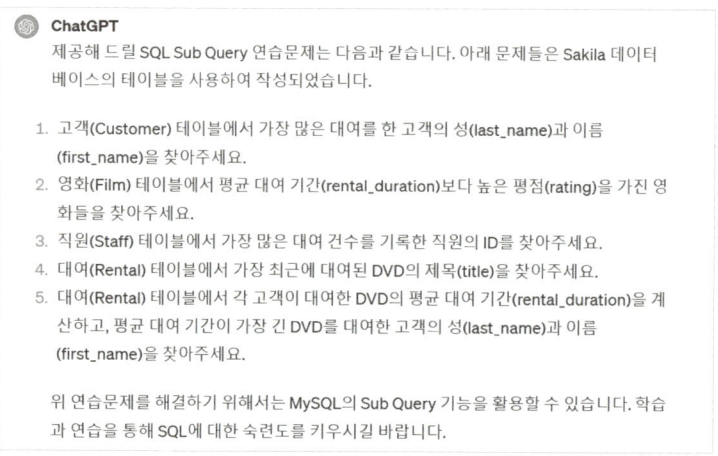

06. 위의 연습문제에 대한 SQL 코드와 설명에 주석을 달아서 합친 문장입니다. SQL 코드를 확인하고 MySQL Workbench에서 실습합니다.

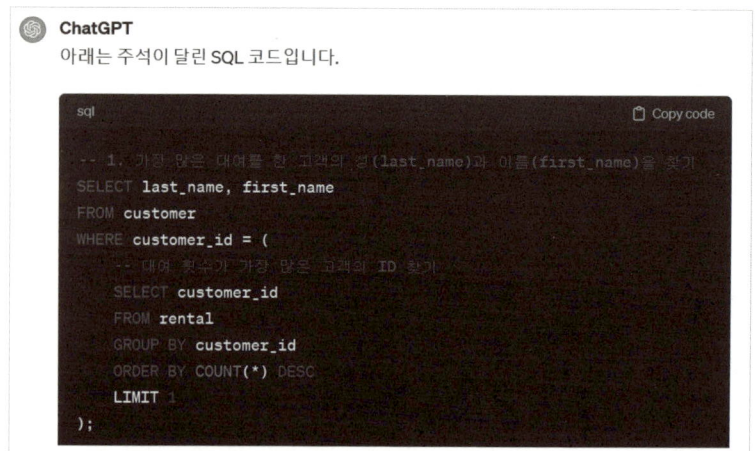

```sql
-- 2. 대여 기간 평균보다 높은 평점(rating)을 가진 영화 제목 찾기
SELECT title
FROM film
WHERE rating > (
    -- 영화 대여 기간 평균 계산
    SELECT AVG(rental_duration)
    FROM film
);

-- 3. 가장 많은 대여 건수를 기록한 직원의 ID 찾기
SELECT staff_id
FROM rental
GROUP BY staff_id
ORDER BY COUNT(*) DESC
LIMIT 1;

-- 4. 가장 최근에 대여된 DVD의 제목(title) 찾기
SELECT title
FROM film
WHERE film_id = (
    -- 최근 대여된 DVD의 film_id 찾기
    SELECT film_id
    FROM rental
    ORDER BY rental_date DESC
    LIMIT 1
);

-- 5. 평균 대여 기간이 가장 긴 DVD를 대여한 고객의 성(last_name)과 이름(first
SELECT c.last_name, c.first_name
FROM customer c
JOIN (
    -- 각 고객의 평균 대여 기간 계산 후 가장 긴 평균 대여 기간의 고객 ID 찾기
    SELECT customer_id
    FROM rental
    GROUP BY customer_id
    ORDER BY AVG(rental_duration) DESC
    LIMIT 1
) AS sub ON c.customer_id = sub.customer_id;
```

07. 5번 문제의 rental 테이블에는 rental_duration 컬럼이 없어서 오류가 발생합니다.
DIFFDATE(return_date, rental_date) 함수를 이용하는 문장으로 수정했습니다.

```sql
SELECT c.last_name, c.first_name
FROM customer c
JOIN (
    SELECT customer_id
    FROM rental
    GROUP BY customer_id
    ORDER BY AVG(DIFFDATE(return_date, rental_date)) DESC
    LIMIT 1
) AS sub ON c.customer_id = sub.customer_id;
```

부록

1. SELECT 문의 처리 순서

SELECT 문의 작성 순서(문법적 순서)와 실제 데이터베이스에서 쿼리가 처리되는 순서(실행 순서)는 다릅니다. 이 두 순서를 이해하는 것은 SQL 쿼리의 성능 최적화와 정확한 데이터 검색에 중요합니다.

작성 순서(문법적 순서)

SELECT 문을 작성할 때 일반적으로 따르는 순서는 다음과 같습니다:

1. SELECT: 검색할 컬럼 또는 값을 지정합니다.
2. FROM: 데이터를 검색할 테이블을 지정합니다.
3. JOIN(해당되는 경우): 다른 테이블과의 관계를 정의합니다.
4. WHERE: 검색 조건을 지정합니다.
5. GROUP BY(해당되는 경우): 특정 컬럼을 기준으로 결과를 그룹화합니다.
6. HAVING(해당되는 경우): 그룹화된 결과에 대한 조건을 지정합니다.
7. ORDER BY: 결과를 정렬하는 기준을 지정합니다.
8. LIMIT(해당되는 경우): 반환되는 행의 수를 제한합니다.

처리 순서(실행 순서)

데이터베이스가 SELECT 문을 처리할 때는 다음과 같은 순서로 진행합니다:

① FROM: 가장 먼저, 데이터를 검색할 테이블이나 뷰를 확인합니다.

② JOIN: 지정된 JOIN 조건에 따라 테이블이 결합됩니다.

③ WHERE: 테이블이 결합된 후, 지정된 조건에 맞는 행만 필터링합니다.

④ GROUP BY: 필터링된 결과를 지정된 컬럼을 기준으로 그룹화합니다.

⑤ HAVING: GROUP BY로 생성된 그룹에 대해 추가적인 조건 필터링을 적용합니다.

⑥ SELECT: 지정된 컬럼이나 표현식의 데이터를 선택합니다. 이 시점에서 컬럼 별칭이 적용됩니다.

⑦ ORDER BY: 최종 결과를 지정된 기준에 따라 정렬합니다.

⑧ LIMIT: 결과의 행 수를 제한합니다.

실습에서 사용했던 SQL 문의 처리 순서

작성 순서	문장	처리 순서
1	SELECT job, COUNT(personid) AS 인원수, AVG(height) AS 평균키	⑤
2	FROM person	①
3	WHERE agencyid >= 2	②
4	GROUP BY job	③
5	HAVING AVG(height) >= 175	④
6	ORDER BY 3 DESC	⑥

① FROM: person 테이블에 접근합니다.

② WHERE: agencyid가 2 이상인 행을 필터링합니다.

③ GROUP BY: agencyid가 2 이상인 행을 job 컬럼을 기준으로 그룹화합니다.

④ HAVING: job별로 AVG(height) >= 175인 행으로 필터링합니다.

⑤ SELECT: job, COUNT(personid) AS 인원수, AVG(height) AS 평균키 데이터를 선택하고 별칭을 적용합니다.

⑥ ORDER BY: 평균 키가 큰 순서로 정렬하여 출력합니다.

실제 처리 순서를 이해하는 것은 쿼리 성능 최적화와 정확한 결과를 얻기 위해 중요합니다. 예를 들어, WHERE 절을 통해 먼저 필터링을 수행하면 처리해야 할 데이터 양이 줄어들어 성능이 향상될 수 있습니다. 반면, 작성 순서는 SQL 문법의 구조를 반영하며, 이를 통해 데이터를 요청하는 방식을 명확하게 표현합니다.

2. 용어 정리

1. ALTER TABLE: 기존의 테이블 구조를 변경하기 위해 사용되는 SQL 명령어. 컬럼을 추가, 삭제, 수정할 때 사용한다.
2. AS: SQL 문에서 사용되는 키워드로, 컬럼이나 테이블에 별칭(Alias)을 지정할 때 사용한다. 이를 통해 쿼리의 가독성을 높이고, 복잡한 쿼리 또는 JOIN이 포함된 쿼리에서 컬럼이나 테이블을 더 쉽게 참조할 수 있다. 예를 들어, 긴 테이블 이름 대신 짧은 별칭을 사용하거나, SELECT 문에서 계산된 결과에 명확한 이름을 부여할 때 유용하다. AS 키워드는 선택적이며, 일부 SQL 구현에서는 별칭을 지정할 때 AS를 생략할 수도 있다.
3. ATTRIBUTE: 엔티티의 속성 또는 특성을 나타내며, 컬럼에 해당한다.
4. AUTO INCREMENT: 필드 값이 자동으로 순차적으로 증가하도록 설정하는 옵션.
5. CHECK 제약 조건: 테이블의 컬럼에 저장될 데이터 값에 대한 조건을 명시하여 데이터 무결성을 유지하는 데 사용되는 SQL 제약 조건. CHECK 제약 조건을 사용하면, 컬럼 값이 특정 조건을 만족하는지 검사하여 조건을 만족하지 않는 데이터의 입력을 차단할 수 있다. 예를 들어, 어떤 숫자형 컬럼에 0보다 큰 값을 요구하거나, 문자열 컬럼에 특정 문자를 포함하도록 요구하는 등의 조건을 설정할 수 있다. 이를 통해 데이터베이스 내의 데이터 정확성과 신뢰성을 향상시킬 수 있다.
6. CREATE TABLE: 새로운 테이블을 생성하기 위해 사용되는 SQL 명령어. 테이블의 구조를 정의하며, 컬럼 이름과 데이터 유형을 지정한다.
7. DATA: 처리, 저장, 전송 또는 해석될 수 있는 모든 형태의 정보 단위.
8. DATA TYPE: 데이터의 종류를 정의하는 분류로, 예를 들어 정수, 실수, 문자열 등이 있다.
9. DATABASE: 조직화된 데이터의 집합으로, 다양한 데이터 항목과 그 사이의 관계를 저장한다.
10. DBMS(Database Management System): 데이터베이스의 생성, 검색, 업데이트 및 관리를 위한 소프트웨어 도구의 집합.
11. DDL(Data Definition Language): 데이터베이스 스키마를 생성, 변경, 삭제하는 데 사용되는 SQL의 일부.
12. DELETE FROM: 테이블에서 특정 데이터를 삭제하기 위해 사용되는 SQL 명령어. 조건에 맞는 행을 테이블에서 제거한다.
13. DESC: 데이터베이스 내의 테이블 구조를 보여 주는 명령어.
14. DML(Data Manipulation Language): 데이터를 삽입, 조회, 수정, 삭제하는 데 사용되는 SQL의 일부.
15. DROP TABLE: 데이터베이스에서 테이블을 삭제하기 위해 사용되는 SQL 명령어. 지정된 테이블과 그 데이터를 모두 제거한다.
16. ENTITY: 데이터베이스 내에서 데이터 객체 또는 항목을 나타내는 것.
17. ERD(Entity-Relationship Diagram): 엔티티, 속성, 관계를 도식화하여 데이터 모델을 시각적으로 표현하는 다이어그램.

18. FROM 절: SQL 쿼리에서 데이터를 검색할 테이블이나 뷰를 지정하는 데 사용되는 절. 주로 SELECT 문에서 사용되며, 데이터를 조회하고자 하는 테이블의 이름을 명시한다. FROM 절은 쿼리가 실행될 데이터의 출처를 정의하며, JOIN 연산을 통해 여러 테이블로부터 데이터를 결합할 때도 사용된다. 이 절을 통해 지정된 테이블의 컬럼들을 SELECT 절이나 WHERE 절, ORDER BY 절 등 쿼리의 다른 부분에서 참조할 수 있다. FROM 절은 데이터베이스 질의에서 필수적인 요소 중 하나로, 데이터 처리와 분석을 위한 기초적인 출발점이 된다.

19. FULL JOIN(FULL OUTER JOIN): 두 테이블의 합집합을 반환하며, 양쪽 테이블에서 일치하는 데이터가 없는 경우에는 NULL 값을 포함한다.

20. GROUP BY: 선택된 데이터를 특정 컬럼을 기준으로 그룹화하기 위해 사용되는 SQL 명령어. 집계 함수와 함께 사용되어 그룹별 통계 정보를 얻는 데 사용된다.

21. HAVING: GROUP BY로 그룹화된 결과에 대해 조건을 적용하기 위해 사용되는 SQL 명령어. WHERE과 유사하지만, 집계 함수에 대한 조건을 지정하는 데 사용된다.

22. INDEX: 데이터 검색 속도를 향상시키기 위해 사용되는 데이터베이스 객체. 테이블의 하나 이상의 컬럼에 생성될 수 있다.

23. INSERT INTO: 새로운 데이터를 테이블에 추가하기 위해 사용되는 SQL 명령어. 지정된 테이블에 새로운 행을 삽입한다.

24. JOIN: 두 개 이상의 테이블에서 관련된 데이터를 결합하기 위한 연산.

25. LEFT JOIN(LEFT OUTER JOIN): 두 테이블을 JOIN할 때, 첫 번째(왼쪽) 테이블의 모든 데이터와 두 번째 테이블과 일치하는 데이터를 반환한다. 일치하지 않는 경우에는 NULL 값을 반환한다.

26. LIMIT: 쿼리 결과의 행 수를 제한하기 위한 SQL 명령어.

27. NOT NULL: 필드가 비어 있지 않아야 함을 지정하는 제약 조건.

28. ORDER BY: 검색 결과를 특정 기준에 따라 정렬하기 위한 SQL 명령어.

29. PRIMARY KEY(기본키): 테이블의 각 레코드를 고유하게 식별하는 데 사용되는 후보키 중 하나.

30. RELATIONSHIP: 데이터 항목 간의 연관성 또는 상호 작용.

31. RIGHT JOIN(RIGHT OUTER JOIN): LEFT JOIN의 반대로, 두 번째(오른쪽) 테이블의 모든 데이터와 첫 번째 테이블과 일치하는 데이터를 반환한다.

32. ROW: 테이블 내의 개별 레코드를 나타내며, 하나의 엔티티에 대한 정보를 포함한다.

33. SCHEMA(스키마): 데이터베이스 이론에서는 데이터베이스 구조, 데이터 유형, 관계 등 데이터베이스의 논리적 설계를 설명하는 메타데이터의 집합이다. MySQL에서는 테이블들의 묶음이다.

34. SELECT: 데이터베이스에서 특정 데이터를 조회하기 위해 사용되는 SQL 명령어. 특정 컬럼이나 조건에 맞는 데이터를 선택하여 반환한다.

35. SQL(Structured Query Language): 데이터베이스에서 데이터를 관리하고 조작하기 위한 표준 언어.

36. SUBQUERY(서브쿼리): 다른 SQL 쿼리 내부에 포함되는 쿼리.

37. TABLE: 데이터베이스 내에서 데이터를 구조화하여 저장하는 데 사용되는 행과 열의 집합.

38. TRANSACTION(트랜잭션): 데이터베이스의 상태를 변화시키는 한 개 이상의 SQL 명령어들의 집합으로, 전부 실행되거나 전부 실행되지 않는 것이 보장되는 작업 단위.

39. UNION: 두 개 이상의 SELECT 쿼리 결과를 합치기 위해 사용되는 SQL 명령어. 중복된 결과를 제거하고 반환한다.

40. UNION ALL: UNION과 유사하지만, 중복된 결과를 제거하지 않고 모든 결과를 반환한다.

41. UPDATE: 테이블 내의 기존 데이터를 수정하기 위해 사용되는 SQL 명령어. 특정 조건에 맞는 행의 데이터를 업데이트한다.

42. USE: 특정 데이터베이스를 선택하여 사용하기 위한 SQL 명령어.

43. WHERE 절: SQL 문에서 특정 조건을 기반으로 데이터를 필터링하기 위해 사용되는 절. SELECT, UPDATE, DELETE 문에서 사용되며, 지정된 조건과 일치하는 행만을 선택하거나 조작한다. WHERE 절을 사용함으로써 데이터베이스에서 필요한 데이터만을 정확하게 검색, 수정 또는 삭제할 수 있으며, 이는 데이터 처리의 효율성을 크게 향상시킨다. 조건은 비교 연산자(=, <, >, <=, >=, !=), 논리 연산자(AND, OR, NOT), 범위 지정 연산자(BETWEEN), 목록 연산자(IN), 패턴 매칭 연산자(LIKE) 등을 사용하여 표현될 수 있다.

44. 데이터(Data): 처리, 저장, 전송 또는 해석될 수 있는 모든 형태의 정보 단위.

45. 데이터 마이그레이션(Data Migration): 시스템이나 스토리지 환경 간에 데이터를 이동시키는 과정. 종종 시스템 업그레이드, 클라우드 이전 등에서 필요하다.

46. 데이터 무결성(Data Integrity): 데이터의 정확성, 일관성, 유효성이 유지되는 특성. 엔티티 무결성, 참조 무결성, 도메인 무결성 등으로 구분된다.

47. 데이터베이스(Database): 조직화된 데이터의 집합으로, 다양한 데이터 항목과 그 사이의 관계를 저장한다.

48. 데이터베이스 잠금(Database Locking): 동시에 여러 트랜잭션이 수행될 때, 데이터의 일관성과 무결성을 보장하기 위해 데이터베이스 시스템이 특정 데이터 항목에 대한 접근을 제한하는 메커니즘.

49. 데이터 유형(Data Type): 데이터의 종류를 정의하는 분류로, 예를 들어 정수, 실수, 문자열 등이 있다.

50. 독립성(Independence): 데이터 구조 변경이 애플리케이션에 미치는 영향을 최소화하는 데이터베이스의 특성.

51. 반정규화(Denormalization): 쿼리 성능을 향상시키기 위해 의도적으로 데이터 중복을 허용하는 정규화의 반대 과정.

52. 뷰(View): 하나 이상의 테이블에서 유도된 가상의 테이블로, 특정 데이터만을 보여 주기 위한 SQL 쿼리의 결과 집합.

53. 슈퍼키(Super Key): 유일성은 만족하지만 최소성을 만족하지 않는 키. 슈퍼키는 잘못 만들어진 키이므로 테이블을 만드는 과정에서 슈퍼키를 지정하면 안 된다.

54. 스토어드 프로시저(Stored Procedure): 하나 이상의 SQL 문을 포함하는 저장된 코드 블록으로, 데이터베이스에 저장되어 필요할 때마다 호출되어 실행될 수 있다.

55. 외래키(Foreign Key): 다른 테이블의 기본키를 참조하는 필드나 속성.

56. 유일성(Uniqueness): 모든 레코드가 고유한 값을 가져야 하는 속성의 특성.

57. 인덱스(Index): 데이터 검색 속도를 향상시키기 위해 사용되는 데이터베이스 객체. 테이블의 하나 이상의 컬럼에 생성될 수 있다.

58. 정규화(Normalization): 데이터 중복을 최소화하고 데이터 무결성을 최대화하기 위해 데이터베이스 테이블 구조를 최적화하는 과정.

59. 좋은 데이터베이스: 효율적인 데이터 저장, 검색, 관리를 가능하게 하는 데이터베이스의 특성을 나타내는 용어. 좋은 데이터베이스는 높은 데이터 무결성, 우수한 성능, 확장성, 안정성, 사용자 접근성 및 보안을 제공한다. 이를 위해 정규화를 통한 중복 제거, 적절한 인덱싱을 통한 검색 최적화, 데이터 무결성을 보장하는 제약 조건의 설정, 백업 및 복구 전략의 구현 등의 데이터베이스 설계 및 관리 기법이 적용되어야 한다. 또한, 사용자의 요구와 애플리케이션의 목적에 맞는 데이터 모델을 선택하고, 변경 요구에 유연하게 대응할 수 있는 구조를 갖추는 것도 중요하다. 좋은 데이터베이스는 조직의 데이터 관리 효율성을 극대화하고, 정보를 기반으로 한 의사 결정을 지원하는 데 필수적인 역할을 한다.

60. 최소성(Minimality): 후보키의 속성 중 어느 것도 제거할 수 없는 성질.

61. 컬럼(Column): 테이블 내에서 특정 유형의 데이터를 저장하는 열.

62. 테이블(Table): 데이터베이스 내에서 데이터를 구조화하여 저장하는 데 사용되는 행과 열의 집합.

63. 트리거(Trigger): 데이터베이스 테이블에 대한 특정 변경 사항(삽입, 삭제, 업데이트)이 발생할 때 자동으로 실행되는 SQL 코드.

64. 복합키(Composite Key): 두 개 이상의 컬럼을 결합하여 테이블 내의 각 레코드를 유일하게 식별하는 키.

65. 후보키(Candidate Key): 레코드를 유일하게 식별할 수 있는 속성(또는 속성의 집합).

66. 기본키(Primary Key): 테이블의 각 레코드를 고유하게 식별하는 데 사용되는 후보키 중 하나.

67. 대체키(Alternate Key): 기본키로 선택되지 않은 후보키.

68. 함수 종속성(Functional Dependency): 데이터베이스 이론에서, 한 테이블 내의 어떤 속성(열)의 값이 다른 속성의 값에 의해 결정되는 관계이다. 즉, 한 속성의 값이 다른 속성의 값에 '함수적으로 종속'될 때, 이를 함수 종속성이라 한다. 함수 종속성은 데이터의 무결성을 유지하고, 데이터 모델링 시 중복을 제거하는 데 중요한 역할을 하며, 정규화 과정에서 기본적인 역할을 한다.

찾아보기

번호

1:1의 관계	64
1차 정규화	52
1:N의 관계	63
2차 정규화	54
3차 정규화	55

A - Z

ABS	147
ADDDATE	150
AS	118
AVG	160
BETWEEN	128
CASE	155
CEIL	148
ChatGPT	173, 212
CHECK	31
COALESCE	153
Column	8
CONCAT	145
Constraint	31
COUNT	157
CREATE TABLE	93
Data Dictionary	5
DATE	149
DATEDIFF	151
DAY	150
DBMS	4
DDL	93
DELETE	108
DENSE_RANK	164
DISTINCT	121
DML	102
DROP TABLE	99
Entity	62
ER 모델	62
ERD	61
File System	4
FLOOR	147
FOREIGN KEY	31
FROM	123
Functional Dependency	49
Functional Dependency Diagram	50
GROUP BY	166
Hadoop File System	6
HAVING	171
IF	152
IFNULL	152
IN	129
INNER JOIN	185
INSERT	102
INTERSECT	206
JOIN	182
Key	22
LAST_DAY	150
LEFT	146
LENGTH	144
LIKE	130
LIMIT	140
LocalServer	17
LOWER	144
LPAD	145
MAX	159
MIN	159
MINUS	207
MOD	148
MONTH	150
MySQL	9
MySQL Workbench	16
NATURAL JOIN	199
Navigator	84
N:M의 관계	65
Normalization	46
NoSQL DB	7
NOT NULL	31
NULL	120
NULLIF	153
ORDER BY	135
OUTER JOIN	191
Output	86
OVER	162

Preferences	17	단일 행 함수	143
PRIMARY KEY	31	대체키	23
Query	86	데이터베이스	1
RANK	162	데이터베이스 관리 시스템	4
RDBMS	7	데이터 불일치	46
Relationship	63	데이터 사전	5
Reverse Engineer	74	데이터 유형	93
RIGHT	146	데이터 정의서	93
Root	14	데이터 조작어	102
ROUND	147	데이터 중복	46
Row	8	물리 모델	57
ROW_NUMBER	164	반정규화	57
RPAD	145	별칭	118
sakila 스키마	78	부정 연산자	134
Schema	89	비교 연산자	123
SELECT	116	삭제 이상	49
SELF JOIN	195	산술 연산자	119
SET	201	서브쿼리	208
SIGN	148	수정 이상	48
SPACE	146	수직 분할	58
SQL	81	수평 분할	59
SQL Additions	85	슈퍼키	23
SUBSTR	145	스키마	89
SUM	159	엔티티	62
TIME	149	연산자 우선순위	119
TIME_TO_SEC	150	열	8
TRUNCATE	147	외래키	24
UNION	202	유일성	22
UNION ALL	202	이상 현상	47
UNIQUE	31	입력 이상	48
UPDATE	104	정규화	46
UPPER	144	제약 조건	31
USE	89	집합 연산자	201
USING	189	최소성	22
WHERE	123	컬럼	8
world 스키마	74	컬럼 중복 저장	59
YEAR	150	키	22
		테이블	8
		파일 시스템	4
		폰트	17
		하둡 파일 시스템	6

ㄱ - ㅎ

관계성	63
관계형	7
그룹 함수	156
기본키	23
논리 모델	57
논리 연산자	127
다중 행 함수	156
함수	142
함수 종속 다이어그램	50
함수 종속성	49
행	8
후보키	23